智·库·丛·书
（2022年）

成渝地区比较分析与发展指数研究

CHENGYU DIQU BIJIAO FENXI
YU FAZHAN ZHISHU YANJIU

唐秋生 刘 松 王 钦
秦 瑶 陆 昕 廖英含　等 著

西南大学出版社
国家一级出版社 全国百佳图书出版单位

图书在版编目(CIP)数据

成渝地区比较分析与发展指数研究 / 唐秋生等著. -- 重庆：西南大学出版社, 2022.11
(智库丛书. 2022年)
ISBN 978-7-5697-1681-8

Ⅰ.①成… Ⅱ.①唐… Ⅲ.①区域经济发展—指数—研究—成都②区域经济发展—指数—研究—重庆 Ⅳ.①F127.711②F127.719

中国版本图书馆CIP数据核字(2022)第199423号

成渝地区比较分析与发展指数研究

唐秋生　刘松　王钦　秦瑶　陆昕　廖英含　等　著

责任编辑：曹园妹
责任校对：尹清强
封面设计：尚品视觉 CASTALY
排　　版：杜霖森
出版发行：西南大学出版社（原西南师范大学出版社）
　　　　　地址：重庆市北碚区天生路2号
　　　　　邮编：400715
印　　刷：重庆紫石东南印务有限公司
幅面尺寸：170 mm×240 mm
印　　张：19.25
插　　页：2
字　　数：248千字
版　　次：2022年11月　第1版
印　　次：2022年11月　第1次
书　　号：ISBN 978-7-5697-1681-8
定　　价：70.00元

2022年智库丛书编审组成员

编审组组长：童小平

主　编　审：吴家农

编审组副组长：严晓光　刘嗣方　米本家　易小光

编审委员：黄朝永　马明媛　王明瑛　欧阳林
　　　　　张　波　蔡　焘　李　敬　丁　瑶
　　　　　周林军　童昌蓉　江成山　孙凌宇
　　　　　何靖波

目 录
CONTENTS

成渝优势比较及重庆发展的策略取向研究

一、概述 ·················4

二、成渝城市优势概括分析 ·················8

三、成渝城市综合实力评价指标体系的构建 ·················44

四、成渝城市综合实力的测定与比较分析 ·················64

五、基于比较优势重庆取高品质特色发展之策略 ·················107

附录　六大领域对比原始数据 ·················144

成渝地区双城经济圈统计体系研究

一、绪论 ·················165

二、成渝地区双城经济圈发展监测指标体系与实证分析 ···175

三、经济统计分算方法研究与实证——以川渝高竹新区为例···223

四、政策建议与展望 ·················255

附录1　成渝地区双城经济圈发展监测三级指标选取说明 ··· 271

附录2　经济普查年度川渝共建经济区生产总值核算方法 ··· 287

成渝优势比较及重庆发展的策略取向研究

CHENGYU YOUSHI BIJIAO JI CHONGQING FAZHAN DE CELÜE QUXIANG YANJIU

成渝优势比较及重庆发展的策略取向研究*

（2022年7月）

2020年1月3日,习总书记在中央财经委员会第六次会议上,亲自谋划、部署,按下成渝地区双城经济圈建设"启动键",擘画了新时代成渝地区高质量发展的美好蓝图。其中提到,要研究推动成渝地区双城经济圈建设,在西部形成高质量发展的重要增长极。

为贯彻落实《成渝地区双城经济圈建设规划纲要》和《重庆市国民经济和社会发展第十四个五年规划和二〇三五年远景目标纲要》,立足新发展阶段、贯彻新发展理念、融入新发展格局,推动重庆高质量发展,本文对成都市和重庆市进行优势概括分析,如发展背景、区位优势和政府政策三方面的比较分析;然后是关乎成渝城市综合实力关键领域的定量分析,即经济水平、现代产业、营商环境、民生服务、开放水平和环境可持续六大功能的比较分析;最后提出在"双圈"建设的大环境下重庆高质量发

---

*课题指导:于学信;课题组长:唐秋生;课题副组长:王明瑛;课题组成员:唐路元、石超峰、谢劲松、代春艳、刘松、马先婷、何鹏川、王钦、袁渝、陈玉如、谭倩、张容、李诗琦、张玉凤、贾新海。

展的未来应对策略。

新征程当有新担当,重庆要向成都学,成都也要向重庆借鉴,成渝两地要多摆融合发展的"龙门阵",积极开展高质量切磋互动活动,答好新时代成渝融合发展的"必答题",推动成渝关系从竞争为主向竞合转变,共同打造我国经济发展的"第四极"。

一、概述

(一)研究背景

过去的"十三五"时期,是国家发展的重要时期,是全面建成小康社会的决胜阶段,同时也是重庆经济和社会发展的关键时期。"十三五"期间,重庆经济规模不断攀升,2020年地区生产总值达到2.5万亿元,人均地区生产总值超过1万美元。人民生活水平不断提高,居住环境大大提升,"一区两群"城镇化率达到68%,190.6万农村贫困人口全部脱贫,脱贫攻坚任务圆满完成。但同时,重庆经济社会的高质量发展也面临着严峻的形势,新冠疫情的突袭、经济全球化面临逆流、国内东西部发展不平衡不充分等问题给重庆未来的发展提出了巨大的挑战。如何发展,怎样发展成为重要论题。

2020年习总书记亲自谋划、部署,为成渝地区高质量发展提供了重要指引,开启了成渝地区双城经济圈建设的新局面。《成渝地区双城经济圈建设规划纲要》要求,努力将成渝地区建设成为具有全国影响力的重要经济中心、科技创新中心、改革开放新高地、高品质生活宜居地。"十三五"以来,成渝地区的发展已步入正轨。在两大城市的发展带动下,常住人口规模、地区经济总量占全国比重持续上升。成渝两地已然成为西部经济社会发展、生态文明建设、改革创新和对外开放的重要引擎。同时,我们也要认识到两地之间的差距。实际上,成渝双城一直或明或暗地开展竞争,近年来成都在一些重庆处于优势地位的领域大有赶超之势,因而成都整体趋势上已处于超越重庆的状态。

2022年5月底召开的重庆市第六次党代会描绘了重庆市未来的美好发展蓝图,提出了此后五年的三项重大任务,其中便有奋力书写成渝地区双城经济圈建设新篇章。新征程当有新担当,重庆要向成都学习,成都也要向重庆借鉴。重庆要尊重客观规律,发挥比较优势,集中精力办好自己的事情,齐心协力办好合作的事情。重庆需要发挥自己的优势力量,用优势弥补劣势,增强自身的综合实力,从而在双城经济圈的发展中处于更有利的地位。

因此,有必要对成渝两地进行全方位的优势比较研究(包括潜在的),并且对重庆暂时处于劣势的一些领域提出应对之策,以使重庆迎头赶上。

(二)目的意义

第一,本研究是一项对成渝之间多年来长期你追我赶的各个领域的优劣势的一次系统梳理,具有时代意义。

第二,项目成果不仅有利于重庆"看清"自己的长处,更有利于发现自己的"短板",从而弥补自己的不足。

第三,项目成果不仅有利于自己的优势领域更上一层楼,而且有机会使自己的劣势领域迎头赶上。

第四,项目成果有利于重庆在双城经济圈的建设中更好地发挥引领作用。

第五,项目成果为政府决策提供有力的依据。为成渝一体化融合发展提供重庆的方案,为成渝一体化发展走向更加健康、良性的道路贡献重庆的智慧。

(三)范畴界定

时间范畴:从2021年到2030年。

地域范畴:截至2020年末,成都市辖锦江、青羊、金牛、龙泉驿、武侯、成华、青白江、双流、新都、温江、郫都、新津12个区,邛崃、简阳、都江堰、彭州、崇州5个县级市,金堂、大邑、蒲江3个县,另加国家级成都高新技术产业开发区和经济技术开发区、四川天府新区成都直管区,成都东部新区。重庆市主城都市区包括:渝中区、江北区、南岸区、九龙坡区、沙坪坝区、大渡口区、北碚区、渝北区、巴南区9个中心城区,以及合川区、江津区、永川区、长寿区、涪陵区、南川区、潼南区、铜梁区、大足区、荣昌区、綦江区、璧山区12个主城新区,共计21个市辖区。

表1-1 2020年末成都与重庆基础数据对比

指标	成都市辖区	重庆市主城都市区
常住人口/万人	2093.8	1999.38
城镇常住人口/万人	1015.61	1529.40
年末户籍人口数/万人	1519.70	1921.29
面积/km^2	14335	28646

(四)比较内容

1. 方案一

首先进行成渝城市优势概括分析,如发展背景、区位优势和政府政策三方面的简要比较分析。然后是关乎成渝城市综合实力关键领域的定量分析,包括经济水平、现代产业、营商环境、民生服务、开放水平和环境可持续六大功能的比较。其中,经济水平包括经济增长和总部经济;现代产业包括产业现代化和科技创新;营商环境包括交通物流环境、金融环境和创业环境;民生服务包括公共服务资源和居民生活质量;开放水平包括对外交流和城市知名度;环境可持续包括节能减排水平和生态状况。最后在比较过去的状态的同时,研究其变化发展趋势和展望其未来。

2. 方案二

比较的领域分为:交通物流、产业布局、经济发展、科技创新、公共资源、金融环境、营商环境、民生服务、旅游资源、对外开放、城市发展等十一个领域。

3. 方案三

比较的领域分为:交通物流、产业布局、经济发展、科技创新、公共资源、营商环境、民生服务、旅游资源、对外开放、城市发展等十个领域。其中,营商环境包括金融、商务和创业三个方面。

本报告采用的是方案一。

(五)比较方法

主要运用线上数据搜集、线下调研、均方差赋权和综合评判模型等进行分析研究。

(六)比较思路

一是进行成渝城市优势概括分析,如发展背景、区位优势和政府政策三方面的简要比较分析。二是在参考大量与城市竞争力和城市综合实力相关资料文献的基础上,结合成渝城市优势概括分析,建立评判指标体系。三是进行关乎成渝城市综合实力关键领域的定量分析,运用均方差赋权和综合评判模型对成渝两地进行综合实力评判和对比分析。四是根据成渝城市优势概括分析和综合实力的测定比较分析,提出在"双圈"建设的大环境下重庆高质量发展的未来应对策略。

二、成渝城市优势概括分析

这部分内容是对成都、重庆两地的概括分析。首先是各自发展背景的介绍,对其进行了简要的对比;然后对成渝的综合区位优势进行梳理分析;最后整理了成渝两地的一些政府政策,主要是关于营商环境的内容,即支持创业政策、商务环境和法治环境。

(一)发展背景

1.成都的过去与现在

成都属于全国15个副省级城市之一,也是国家经济与社会发展计划单列市之一,坐落于中国四川省中部,是四川省省会,是其政治、经济以及文教中心,同时也是中国极具历史文化底蕴的古城。

解放初期,四川省被撤销,川西行署驻地设于成都。1952年,撤销各行署、恢复四川省建制,将成都设为省会。1976年,温江的双流、金堂2县划归成都市。1983年,温江地区除广汉和什邡外全部归于成都。1989年,成都市成为全国14个计划单列市之一。1994年,成都市被定为副省级市,成为全国15个副省级城市之一。2016年,成都代管了由资阳市代管的县级市简阳市。

在20世纪90年代,成都曾有过"东穷""西贵""南富""北乱"之现象。因为当时依托杜甫草堂的文化底蕴,以浣花溪为主,打造了成都首个高端住宅区浣花溪板块,西贵由此而来。随后桐梓林、神仙树等南门的富人区也跟上了时代的步伐,成就了成都的"南富"。

2000年以后,成都借助于高新区、南区和西区的发展,成功开启了全新的一面。以城南金融城、软件园为中心的国际城南时代到来了。高新区拥有市场主体超18万,全球500强企业入驻128家。

2012年2月,成都"北改"工程正式启动,旨在通过五年时间,将城北建设成为产业现代化、形态国际化、环境生态化、极具成都文化特色的新城市,摆脱之前的老旧形象和落后的生产力布局。

2017年,成都提出"十字方针"城市空间发展战略——"东进、南拓、西控、北改、中优",旨在加快成都进入"双城"时代,构建以龙泉山脉为中心,南北双向拓延、东西两侧发展的空间布局,力使周围城市提升外溢能力,优化中心城区布局,推动整体城市均衡发展。

为提升城市整体运行效率和综合价值,成都形成了"中心城区+郊区新城"的空间层次,在之前一、二圈层的11个行政区组成的中心城区基础上,将高新区和天府新区包含组内,进一步促进资源的流动,缩短城市核心区与非核心区功能的差距,增强中心地区的外溢与辐射能力,达到全城均衡协调发展。

成都东进是推动成渝城市群发展、西部开发开放的有力支撑。其中近期热点为以空港新城、简州新城、淮州新城、东安新城为主的东进新城。依托于第31届世界大学生夏季运动会项目和东进的导向,"东安新城"如今正在快速崛起。

2019年成都常住人口仅次于北京、上海和重庆,居中国第4位(超过广州和深圳),达1658.10万人,户籍人口超过1500万。成都是中国开始推出西部大开发政策以来,中国发展最快的城市之一,在四川省中排第一位,遥遥领先第二名,在主要经济省份中,成都首位度是最高的。GDP在全国主要城市的增长率中居前列,而在四川省内属于中游。

成都经济发展迅速,吸引了世人目光,获取了一系列荣誉,先后获世界最佳新兴商务城市、中国内陆投资环境标杆城市、国家小微企业双创示范基地城市、中国城市综合实力十强等荣誉称号。

2021年,成都发展取得辉煌成果,经济高质量发展向前迈进。唱好双城记、共建经济圈,高质量发展的区域协同体系成势见效,牢固树立"一盘棋"思想、"一体化"理念,全面落实《成渝地区双城经济圈建设规划纲要》,细化制定实施方案和重大项目、重大平台、重大改革、重大政策"四张清单",公园城市极核主干辐射带动能力不断增强。[①]实施产业建圈强链行动,高质量发展的现代产业体系加快构建,突出生态本底、美学呈现、价值实现、场景惠民,实施生态惠民示范工程,首批76个公园城市示范片区建成23个,公园城市绿色低碳发展全面推进。力推民生实事落地落实,高品质的民生福祉体系日益增进,实施幸福美好生活十大工程,推进重大项目352个、完成投资1904亿元,深入开展"我为群众办实事"实践活动,落实重点民生事项3601项,十大民生实事全面完成,连续13年登上"中国最具幸福感城市"榜单。坚持把发展经济的着力点放在实体经济上,整合构建12个产业生态圈、20个重点产业链,实行"链长制",推动公园城市产业高质量发展,三次产业增加值分别增长4.8%、8.2%和9%,产业结构持续优化。

2.成都的产业之路

成都在基于自身的城市基础和产业优势的前提下,结合长远的发展战略,对其进行了科学的分析和定位。从宏观上看,成

---

① 丁任重,王河欢.成渝地区双城经济圈产业竞争力评价及协同发展研究[J].中国西部,2020(06):1-13,133.

都按照"东进、西控、南拓、北改、中优"十字方针,建立"双核联动、多中心支撑"网格化功能体系。在上述战略思想指导下,落实产业发展。

成都于2017年提出全市规划建设66个产业功能区和17个产业生态圈,加速城市产业发展活力、提高城市品质、完善城市服务功能,打造现代化城市新区。

成都于2018年提出发展电子信息产业、装备制造产业、医药健康产业、新型材料产业、绿色食品产业为五大重点产业,以会展经济、金融服务业、现代物流业、文旅产业、生活服务业为五大重点领域和以发展新经济、培养新动能为产业体系的"5+5+1"产业细分领域。

成都于2020年将产业生态圈由17个调整为14个,这14个产业生态圈覆盖电子信息、医疗健康、绿色网联汽车、航空航天、轨道交通、智能制造、先进材料、绿色食品、会展经济、现代金融、现代物流、文旅、现代商贸、都市现代农业相关领域,以此避免区域间的同质化竞争,建立城市相对优势。[1]

自2021年起,成都规划把"碳中和"作为第15个产业生态圈进行建设,其中新增成都医疗卫生中心(未来医学城)、成都未来科技城、新津天府牧山数字新城三大产业功能区,以此加快全市比学赶超、争先进位,加快面向未来的新增长极和新动力源。

成都确立了以工业发展为主导、以城市发展为核心的新时代理念,今后将构建一个"5+5+1"产业体系—15个产业生态圈

---

[1]《成都市国民经济和社会发展第十四个五年规划和二〇三五年远景目标纲要》,成都市人民政府,2021.

—69个产业功能区三级协同支撑体系,并实现成都地区具有鲜明特色的主要区域布局,其中电子信息行业的规模于2020年已超万亿元。

成都作为中国最重要的二线城市,其知名度越来越高,常年被评为全国新一线城市第一名。但经济上没有亮点,没有特长,2019年被列为五大支柱产业的电子信息、装备制造、医药健康、新型材料、绿色食品五大制造业营业收入突破10000亿元。成都产业发展规划的重点在于发展电子信息产业(集成电路、新型显示、信息安全、软件与信息服务、智能终端、新一代网络技术、大数据、人工智能、虚拟现实等产业)、装备制造产业、先进材料和数字经济产业、航空航天产业等。[①]

3.成都的短板

第一,成都位于四川盆地底部,多数时候由副热带高气压带控制,空气不容易扩散,极易造成空气污染。

第二,成都水资源有限,人均拥有量约为500立方米,约占中国人均拥有量的1/4。有限的环境资源和承载量限制成都经济,尤其是工业的进一步发展。

第三,负债过高,制约投资。在过去十多年中,在西部大开发的背景下,成都投资在交通/城市建设等方面的资金相当庞大,2019年成都市债务余额3222.97亿元,负债率达86.7%。但成都市城投债券余额也高达2300亿元,债务率高达169.3%。此外,还有政府担保/承诺的资金注入等隐性债务,数量之大无法

[①]《四川省人民政府办公厅关于优化区域产业布局的指导意见》,四川省人民政府办公厅,2018.

估算。比如,都江堰2018年债务高达500亿元,而2018年上半年的财政收入只有16.9亿元,负债远大于财政收入。①

近两年成都处在还债高峰期,资金压力大,加上中央对地方政府和融资平台控制趋严,进一步制约了成都的投资行为,进而影响成都经济的增长。

第四,成都规划中的重点产业几乎覆盖了全部新兴产业,没有突出重点。在其他重要城市,都有自己的主业或特色,如北京以金融、信息和软件创新见长(北京的高新技术企业数比第二名深圳的两倍还多),上海以金融、汽车制造、航空行业闻名,深圳以信息产业、硬件创新著称,杭州的互联网、长沙的建筑机械都是极具名气的。

4.重庆的三次蜕变

重庆是中国四个直辖市之一。新中国建立初期,重庆为中央直辖市,是中共中央西南局、西南军政委员会驻地和西南地区政治、经济、文化中心。重庆市于1954年被撤销后变为四川省辖市。重庆于1983年被列为全国首个实行计划单列的全面的经济体制改革的试点城市。为了促进西部和长江上游经济社会一体化、百万三峡移民统一规划的实现,经八届全国人大五次会议审批,重庆直辖市于1997年3月成立。

重庆之所以有今天的成就,主要仰仗历史上的四次大的机遇:民国时期的陪都、大三线建设、重庆直辖、对外通道建设。

---

① 红星新闻网.《成都市人民政府关于成都市2019年财政决算和2020年上半年财政预算执行情况的报告》,2020.9.10.

(1)民国时期的陪都。

上海、南京等沿海地区数以百计的工厂为保存中国的抗战力量,实行大规模迁移,迁往重庆。"铁血西迁"事件是中国近现代工业史上规模空前、意义非凡的一项大事件,而这些工厂也逐渐成为中国抗战的工业"脊梁",也形成了以重庆为中心的新工业区。一大批工厂迁往重庆,不但极大地促进了重庆的工业发展,同时也让重庆成为为战场提供工具、材料,为战士提供日常所需的供应基地。

随着重庆政治中心地位的确立,它的文化和教育事业得到了前所未有的繁荣,它也因此成为文化教育中心。那时,重庆聚集了几乎全中国当时最顶尖的艺术家,更涌现出一大批艺术精品,如郭沫若的《屈原》、陈白尘的《大地回春》和阳翰笙的《天国春秋》等。

(2)大三线建设。

三线建设是二十世纪六十年代中叶,中共中央和毛泽东主席作出的重要战略决策,是我国生产力结构东移西进的重要战略调节。重庆的工业经济发展、城市规划建设、道路交通管理等方面都由于历经十余年的三线建设而产生重要变化,于某种意义而言,三线建设成为重庆现代化发展的一大助力。

三线建设期间,重庆准备打造西南地区的一系列工业产业,如汽车、机床、仪表以及与国防有关的动力机械工业。由此,重庆建立了门类较为齐备的国防工业生产体系,该体系以常规兵器制造为主,与电子、造船、航天、核工业等相结合。改革开放后,这些产业在由军事装备向民用生产领域转移期间发挥了巨大的作用,形成了众多具有极大竞争力的产品,如小轿车、摩托车、微型车等产品,重庆经济也开始重新振兴起来。

三线建设时期,重庆形成了4条主要对外交通通道,分别为川黔铁路干线、襄渝铁路干线、成渝铁路干线和长江黄金水道。4条对外交通通道与公路运输、航空运输形成了重庆完整的综合交通网络,提高了重庆交通发展水平,重庆也因此成为长江上游的水陆交通枢纽。交通便利的优势,不仅使沿线经济有所发展,还使重庆初步形成了独特的城镇体系,促进了重庆整体经济的发展。

(3)重庆直辖。

直辖以来重庆发展取得显著成就。重庆依靠国家重要中心城市、长江上游地区经济中心、航运中心、国家重要先进制造业中心、西部金融中心、西部国际综合交通枢纽和国际门户枢纽等国家赋予的定位,将其区位优势、生态优势、产业优势、体制优势突显出来,谋划和推动经济社会发展,将重庆建设成为国际化、绿色化、智能化、人文化的现代城市。重庆经济结构转型升级加速前进,重振老工业基地,发挥其优势力量,形成全球重要电子信息产业集群和国内重要汽车产业集群,大力发展战略性新兴产业,深入推进大数据智能化创新,严格落实两江新区、西部(重庆)科学城建设项目,促进重庆经济高质量发展。圆满完成三峡百万移民搬迁安置任务,全面提高各项社会事业实施水平,打赢脱贫攻坚战。基础设施建设加快步伐,高速公路里程3841千米,建成"一枢纽十干线"铁路网,"米"字形高铁网加快建设、在建和营业里程1768千米,国际航线达106条。

(4)对外通道建设。

严格来说,对外通道建设不能算一个独立阶段,只能说是重庆直辖下的一个子节点。但是,因为对外通道建设解决了重庆改革开放的前沿问题,所以将其独立出来作为一个阶段进行阐述。

重庆直辖解决了重庆发展的平台问题。可是,随着改革开放的深入推进,重庆的发展渐渐遇到了瓶颈,那就是重庆的外向型经济越来越受到物流成本的制约,阻碍了重庆融入国际经济大循环的进程。中欧班列和陆海新通道的逐步开通,使重庆从远离改革开放前沿的内陆地区一跃成为改革开放的前沿,解决了重庆融入国际经济大循环的最后一块挡板,从而使重庆经济实现了二次起飞。

5. 重庆的产业特点

产业振兴是经济发展稳步提升的关键因素之一,一个城市的主导产业是该城市的经济命脉。重庆是我国重要的国防科研与生产基地,也是六大老工业基地之一和国家重要的现代制造业基地,工业在重庆国民经济发展中起着巨大的推动作用。

从1891年到现在,重庆工业历经四个重要发展阶段:一是开埠通商的萌芽发展期;二是全面抗战时期大量企业搬迁到重庆的基础培育期;三是依托三线建设布局一批重大项目的巩固发展期;四是直辖以来的快速发展期。历经这四个发展阶段,重庆建成了目前全球最大的电子信息产业集群和中国国内最大的汽车摩托车产业集群,形成了众多千亿级产业集群,包含装备制造、综合化工、能源、材料和消费品制造等产业,在电子产品领域,重庆也建成了全球最大的笔记本电脑生产基地、全球第二大的手机生产基地。同时重庆也已形成了以金融、商贸物流、服务外包、旅游等现代服务业为主的国内重要的现代服务业基地。

随着改革开放的逐步深入,重庆的主导产业也在逐步融入现代技术元素,逐步培养和壮大了一批以现代高新技术为主的现代产业,主要有大健康、新一代信息技术、先进制造、高技术服务4大主导产业方向,以及数字经济、人工智能、生物医药、检验检测等13个细分领域。由于高新技术产业的快速发展,重庆形成了十大战略性优势产业,包括液晶面板和显示屏、物联网产业、机器人智能产业、新材料产业、智能装备制造产业、智能汽车产业、MDI及化工新材料、生物医疗产业和环保产业等。

2021年,重庆规模以上工业增加值在全国排第7位,高达2.6万亿元,增长10.7%。战略性新兴产业、高新技术产业增加值占工业比重分别为29%、19%,呈现出"增势强、质效高、贡献大"的特征。近年,重庆共培育140家国家级专精特新"小巨人"企业,建设40家国家级企业技术中心,同时还建设了国家级制造业创新中心,实现零的突破。[①]

6. 重庆的短板

第一,重庆地处四川盆地边沿,夏季气候炎热,地势错综复杂,道路狭窄崎岖不平,可用土地面积不足,城市建设成本高昂。

第二,城市不仅被两江分割,而且被两山夹围,道路结构不完善,容易形成交通拥堵,给人们的工作和生活带来诸多不便。

---

① 重庆日报网.重庆国家级专精特新"小巨人"企业增至257家,2022.8.14. https://baijiahao.baidu.com/s?id=1740854082057134977&wfr=spider&for=pc

第三，重庆大城市带大农村、带大山区，犹如小马拉大车，主城不但不能吸收所辖地区城镇的资源，反而还要反哺以实现共同发展，主城负担重。

第四，重庆经济腹地窄，周边环境竞争压力大。虽然重庆是中央直辖市，名义上可以利用全国乃至世界的资源。可周边地区各自为政，并且在强省会战略下依托全省资源来发展自己，努力实现自我超越。相反，重庆作为一个"市"，由于战略纵深有限，不仅不能越界争夺资源，还必须辐射辖区以实现普惠发展。此外，中央给予重庆的各种优惠政策一个都没有少给成都，充其量只是时间稍晚。这就使重庆处于一种尴尬的境地。

7. 成渝的优与劣

（1）区位优势比较。

重庆一方面位于中国内陆西部地区，另一方面又属于沿江城市，处于嘉陵江与长江的交汇处，是长江黄金水道上游的航运中心，也是"一带一路"与陆海新通道的结合点，是西部地区唯一一个五种交通方式齐全的超大城市，尤其是水路运输，拥有长江黄金水道的天然优势。由于地处"一带一路"与陆海新通道的结合点，重庆从不沿边不靠海的内陆地区直接走向改革开放的前沿，与东盟和欧盟腹地市场相连接，实现了独特的陆海内外联动、东西双向互济的开放格局。重庆相比成都还有一个优势，就是地理上更靠近中东部地区。

成都虽然与重庆一样，处于中国内陆西部地区，但成都却位于四川盆地西部的平原腹地，也是四川最富饶的成德绵眉乐的经济区中心。成都是四川省省会城市，是四川省商业中心，也是进入西藏的必经之地。四川在地理位置上,位于西南地区的中心,在经济上,也是西南地区的经济中转站(东通往长江流域,北通往西安、丝绸之路,南进入东南亚、南亚,西通往西藏)。与重庆的五种交通运输方式相比,成都没有水运交通方式,但其航空运输发达。成都拥有双4F机场,也是全国第三个拥有双4F机场的城市。与此同时,成都还可以依托泸州和宜宾进入长江黄金水道;依托陆海新通道和中欧班列进入东盟,连接"一带一路"。可见,成都拥有整个四川乃至广大西部的腹地,这点犹如长江黄金水道之于重庆,是一种天然的优势。

(2)行政级别比较。

在行政级别上,成都和重庆有明显的不同,重庆是直辖市,省级行政区;而成都则是省会城市,副省级级别。虽然重庆的政治地位明显高于成都,但重庆背负的是广大的农村地区,资源相对分散;而成都虽然是副省级城市,却是拥有两千万庞大人口的四川省的省会城市,在强省会战略下,举全省之力建设成都。此外,由于历史的原因,成都还拥有不少区域性总部机构,如铁路系统的成都铁路局、民航西南空管局、国家电网西南分部等。以上造成了虽然重庆在行政级别上高于成都,但成都却拥有大量区域性总部机构,从而使得许多现实资源向成都倾斜。

(3)城市特点比较。

重庆是山城,虽然山城的特点主要体现在渝中区,跳出渝中区,整体而言,无论是"三北地区"——江北、渝北、北部新区,还是西永、白市驿、茶园都堪称小平原。可是整个城市却又被真武山和中梁山分割而成槽谷形带状城市,中间丘陵起伏,沟壑纵横,加之长江、嘉陵江流经重庆,整个城市就成为典型的组团式带状城市,隧道和桥梁成为组团之间的主要连通方式,因此城市路网结构不完善。由于城市建设需要取峰填谷,因此不仅造成道路及城建成本高于一般平原城市,而且城市可用地面积有限,所以重庆的容积率高于一般城市,以至于中心城区高楼林立,人们出行集中,且交通流主要集中于几条主干路上,这也是造成重庆城市常态化拥堵的主要原因。

成都由于地处平原,可扩展性较高,建筑成本低,城市交通路网规范。随着都市规模扩张的新要求,成都市更是决心突破原有结构圈层,将原有的一、二圈层的十一个行政区中心城区再拓展,纳入了高新区、天府新区,"东、南、西、北、中"五大方位,"向、拓、控、改、优"五大战略合并为"十字方针",大力发展以龙泉山脉为中心,南北双向拓延、东西二侧发展的战略空间布局,推动成都市进入"双城"时代,形成"中心老城+郊区新城"的城市空间结构层次。成都这样布局的目的,一是为了缓解中心城区的人口密度;二是为了迅速增加人口总量;三是为了通过扩城来容纳更多的资源。事实证明,通过最近几年的扩城战略,成都的人口从一千多万迅速增至两千多万,地区生产总值也从第二梯队跃升为第一梯队。更为重要的是,由于实施强省会战略,不仅成都的工业基础有了质的飞跃,而且对人才的吸引也尽显国家级中心城市的优越性。

(4)城市产业比较。

历史上重庆所经历的陪都、三线建设和直辖三大机遇,造就了今天重庆雄厚的工业基础。可是,也因为体制的原因,直辖之前,重庆长期仅仅是四川省的一个工业重镇,一个纳税大户而已。与此同时,成都却因为是四川的省会,对内吸纳全省资源;对外发展为西南地区的中心城市,占尽天时地利人和之优势。直辖之后,重庆虽然迎来了快速发展的机遇,但大城市带大农村的状况迟滞了重庆的前进步伐。

成都虽然历史上产业基础薄弱,却赶上了新技术新产业发展的浪潮,以致后发优势反而免去了传统产业的桎梏。如今,成都最大的优势,一是电子信息产业,由于后发优势,几乎涵盖了该领域所有的产业方向(软件与信息服务、智能终端、大数据、人工智能等产业);二是装备制造,不仅弥补了汽车领域的短板,而且还在轨道交通、航空航天(以歼-10和歼-20为代表)等领域表现出良好的发展势头,甚至以此打响了城市的品牌,提高了城市的知名度;三是软件服务业,近年以软件开发、文化创意、旅游休闲和会展经济等为代表的服务业迅速崛起。其实,以慢节奏休闲而闻名的城市并非什么值得炫耀的亮点,可是,成都硬是把这种不是什么亮点的亮点,结合美食、旅游以及影视文化创意、公园城市等元素,变"废"为"宝",并且把它发挥到极致,乃至成了一张响当当的城市名片!

8. 成都的经验

第一,坚韧不拔突破"盆地意识"成就了成都敢为人先的魄力。主要表现在所开展的两次较大的思想革新运动:一是于改革开放初期,四川省就清楚理解什么是"盆地意识"。在1988年,四川省号召全省努力突破"盆地意识",并且《四川日报》给"盆地意识"画了像。历史上,四川省多次组织开展思想革新运动、突破"盆地意识"大风暴。2018年4月,四川省委再次号召开展"大学习大讨论大调研",其目标就是突破"盆地意识"这块坚冰。可见,四川省思想革新潮流,就是一段突破"盆地意识"的历史,由于思想解放、观念进步,四川省才能乘胜追击,抓住机遇、不断发展。

第二,成都发展依靠的是毫不动摇实施强省会战略。强省会战略使得成都在短时间内迅速地聚集起足够的人口规模和发展资源。在改革开放初期,成都市的管辖范围只有7个区县,但是到现在发展为20个区市县再加上高新区、天府新区直管区。经调查,成都东部新区,占地面积约为1.4335万平方千米,常住人口2093万。成都始终把"同城化"战略贯彻到底,先后将资阳、眉山等1.77万平方千米的面积和1909万人口扩充至自己的管辖范围。强省会战略的好处：首先,体量上给人的感觉是可以比肩一线城市。其次,心理上给人以赶超一线城市的强大信心和勇气。最后,事实上,成都对资金、技术、人才等经济要素形成了一种强大的吸附效应,并带动了全省企业在全国争夺市场,国内外大公司、跨国公司、研究机构、驻外总领馆等相继在成都落户。在外务工经商的"川军"、外流的外国资本,都在加快返乡。而传统上在成渝边界一线的市民,都奔向成都发展,乃至西藏、新疆等西北地区的人也来成都安居置业,带火了成都的房地产市场。

第三,高瞻远瞩的宏伟战略是托起成都腾飞的希望之翼。正因为2017年4月成都提出的"十字方针"发展计划,才成就了今天的成都,使成都从一个普通的二线城市迅速跃升为新一线城市,实现了城市质的飞跃,也为未来的发展奠定了基础。2018年6月四川省提出的"一干多支、五区协同"和"四向拓展、全域开放"战略,从更高角度深层次地策划了对内协调、对外全面开放的新格局。南向:主动汇入国家新合作体制,不断发展四川经济新空间。东向:努力加入长江经济带,与东南沿海地方和环太平洋国家的先进生产力接轨。西向:发挥西部地区特有的国际航空枢纽优势,融入丝绸之路经济带。北向:为国家外交服务做贡献,大力参与中俄蒙经济建设发展战略。与此同时,还把成都的6大定位全部提升至国家层面,分别是全国重要的经济中心、科技中心、文创中心、对外交往中心、国家西部金融中心和国际性综合交通通信枢纽。

第四,高效便捷的交通是实现成都腾飞的助推剂。成都的交通发展主要抓住了两条线,一是对内的轨道交通;二是对外的民航、高铁和高速公路这三种出行交通。轨道交通对一个城市尤其是超大城市发展的重要性不亚于技术之于企业,也是衡量一个城市发达与否,甚至对人才吸引力大小的主要标志。如果没有轨道交通,人们出行只能依赖公交和私家车等社会车辆。公共交通的舒适性无法满足一部分人的需要,也容易受地面交通拥堵的影响。私家车等社会车辆虽然能够满足人们对舒适性的诉求,却带来环境污染且容易造成交通拥堵。只有轨道交通既干净舒适,又环保准时,是人们出行尤其是远距离出行最理想的交通工具。因此,为了提高城市的知名度和对人才的吸引力,成都轨道交通虽然起步不早,却在举全省之力建设之后,如今已跻身全国第五。与此同时,成都的民航也由于布局较早,抢得了先机,如今已成为全国第三个拥有双4F机场的城市,尤其是第二机场天府机场的建设,不仅增加了吸引外资和总部经济的力度,而且还开辟了一片新天地,成为成都城市"双核驱动"的主要抓手。此外,成都对高铁的建设虽然与重庆一样没有及早引起足够的重视,但知耻而后勇,甚至通过精准卡位、下先手棋,"砸锅卖铁建高铁"的决心和化腐朽为神奇的谋略,使成都成为与重庆一样的国际性综合交通枢纽,从战略上扭转了被动局面。

第五,成都成功的关键在于细节。成都今天之所以赢得国内外的认可,关键在于其方方面面的细节处理到位。如果说鸿篇巨制的宏伟战略可以指引人们正确的前进方向,实现跨越式发展,那么细致入微、人性化的服务政策更能给人以幸福感和归属感。再好的战略只有落到实处才能发挥其价值,否则只是纸上谈兵。成都之所以取得成功,不仅与其拥有审时度势的发展战略有关,更与其职能部门踏实为民服务、真抓实干的意识分不开。成都之所以能成为"一座来了就不想离开的城市",一方人们投资创业、理想工作和理想生活的热土,不仅在于其舒适的环境、便捷的交通和休闲的慢节奏生活品质,更在于这里给人以"家"的感觉和发展前景。政府不仅为各个行业和领域制定了以人为本的全面政策,而且处处彰显细节。职能部门能够真正沉下心来为民办实事,提供周到贴心的服务,将纸面政策落到实处,一切想人民之所想,急人民之所急,而不是流于形式。

另外,成渝在区位优势、行政等级、地理特点、交通和经济发展水平、主导产业、总体空间组织结构等发展背景存在如下的差异:[①]

[①] 孙平军,罗宁.西南经济核心区中心城市城镇化结构质量比较分析——以成都、重庆为例[J].地理科学,2021(06):1019-1029.

表1-2 成渝发展背景对比

	重庆	成都
行政等级及规模	省级行政区、直辖市,总面积8.24万km²,建成区面积1515.4 km²,常住人口3212.43万人	省会城市、副省级城市,计划单列市,总面积1.43万km²,建成区面积1421.6 km²,常住人口2119.2万人
地理特点	地势复杂,以丘陵、山地为主	地势平坦,属于平原城市
经济发展水平	2020年GDP为2.50万亿元、人均GDP为7.8万元,具有较强的国家财政转移支付和大量农民工外出务工"输血"发展特征	经济体量较重庆低,但人均水平是重庆的1.5倍,表明成都的经济发展水平高于重庆
主导产业	是西南地区最大的工商业城市、国家主要的现代制造业基地	国家小微企业双创示范基地城市、全球重要的电子信息产业基地
总体空间组织结构	是"大城市带大农村(两区一群)"的空间组织形式	"大城市"向"现代化大都市圈"逐渐转型的空间组织形式

因此,在成渝地区双城经济圈建设中,针对成渝两地进行全方位的优势比较研究,具有典型的代表性和现实意义。

(二)区位优势

1.城市资源禀赋

立足资源禀赋,发挥比较优势。成渝独特的地理区位和丰富的自然资源以及环境生态决定了两个城市不同的发展走向,因此,资源禀赋是影响成渝两地发展的关键因素。所谓资源禀赋,既有"天然"的条件,如矿产资源、水力资源、旅游资源和生物资源等纯天然的资源;也有历史沉淀下来的"半天然"资源,如交通资源、产业资源和科技资源等资源。考虑到生物资源对城市的发展没有直接的促进作用,所以实际比较中将"生物资源"一项舍弃。另外,考虑到矿产资源和旅游资源虽然是全市(重庆)或全省(成都)范围内的资源,却主要为主城(重庆)或省会(成都)所用,因此,这两种资源采用的是全市或省域内的资源数据。

表1-3 成渝双城城市资源禀赋比较

指标类型		重庆主城21区	成都市辖区	比较说明
资源禀赋	矿产资源	已发现并开采的矿产资源68余种;煤炭探明储量1.7亿吨;天然气储量3200亿立方米;铝土矿、岩盐、锶矿的储量全国第一	已探明矿产资源60多种;炭探明储量1.46亿吨;天然气探明储量16.77亿立方米;钙芒硝储量全国第一,高达98.62亿吨	重庆矿产资源较丰富
	水力资源	21区水资源总量达180.17亿立方米;过境水资源总量4005亿立方米;主城区内流域面积大于1000平方千米的河流包括长江、嘉陵江、乌江等	年均水资源总量304.72亿立方米;过境水量184.17亿立方;主要有驰名中外的都江堰水利工程;成都人均水资源占有量仅有世界人均占有量的30%	重庆水力资源丰富
	旅游资源	重庆自然类旅游资源2449个,人文类旅游资源1593个。其中5A级景区10个,4A级景区106个 重庆旅游资源主要分布在两条旅游带上,一是长江三峡旅游带,二是渝南黄金旅游带。重庆以其丰富的地势地形,拥有山城都市、长江三峡、大足石刻、乌江画廊等旅游精品	成都自然类旅游资源11个,人文旅游资源172个。国家5A级景区1个,4A级景区32个 市内有大熊猫生态文化、金沙古蜀文明、都江堰-青城山世界文化遗产。同时成都是连接峨眉山、九寨沟等旅游胜地重要的旅游中转站	重庆市内旅游资源丰富,成都周边旅游资源鼎盛

续表

指标类型		重庆主城21区	成都市辖区	比较说明
资源禀赋	交通资源	道路与交通设施用地274.11平方千米;内河通航里程4472千米;港口码头岸线长度78878米;公路桥梁数量13195座;轨道运营里程369.5千米;国际航线101条	道路与交通设施用地158.32平方千米;公路桥梁数量1618座;轨道运营里程558千米;国际航线130条	重庆的交通资源种类更全面,但市域交通质量却不及成都
	产业资源	经过抗日战争、三线建设和改革开放,重庆已经奠定了坚实的工业基础。拥有工业之都、重化工业基地等美誉。如今已拥有汽车产业、电子信息业、装备制造业、材料工业、能源工业、建筑业、金融业等支柱产业	经过抗日战争、三线建设和改革开放,特别是21世纪的政府大量招商引资,成都的工业基础也经历了从无到有,从小到大,奠定了现代工业的基础。拥有电子信息、汽车制造、食品饮料、装备制造、生物医药五大支柱产业	重庆的工业基础有独特的优势
	科技资源	重庆拥有985和211国家重点院校2所,以及市级以上实验室210个,新型研发机构83家,从事科研工作人员有21490人	成都拥有985和211国家重点院校4所,以及市级以上实验室320个,新型研发机构78家,从事科研工科人员有24214人	成都科技实力基础深厚

2. 区位优势

区位优势即区位的综合资源优势,是成渝在发展经济方面客观存在的有利条件或地位优势,能够对城市经济社会的发展起主导作用。成渝的区位优势直接决定了各自的城市功能定位(政治、经济、交通、文化等)、城市产业定位(制造业、金融业、高科技产业、物流业、旅游产业等)等,能够很地好反映重庆和成都的本质性特征,也代表了当代城市的发展方向和理想模式。

在区位优势的比较中,重庆和成都各有所长,课题组经过慎重考虑,筛选出三个比较的领域,分别是:地理优势、城市功能定位和城市支撑产业定位。其中,城市功能定位又包括城市政治、经济、文化(含旅游)及交通物流四个方面的定位;城市支撑产业定位虽然内涵很丰富,但为了突出重点,且为了避免与城市功能定位相冲突,本报告仅从"制造业、金融业和高科技产业"三个方面进行比较。以此确定成渝的综合区位优势。

表1-4　成渝区位优势比较

指标类型		重庆	成都	说明
地理优势		重庆地处"一带一路"与长江经济带"Y"字形联结点上,具有联动东西、带动南北的区位优势,长江横穿全境,使重庆成为长江上游唯一汇集水、陆、空交通资源的超大型城市和国际性综合交通枢纽	成都地处欧亚航路中点,面向欧洲、中东门户枢纽,具有先天优势;成都是进藏的门户,是西南地区的地理中心,也是西南地区经济中转站	地理位置的优劣是区位优势最突出的表现,成渝都处在西南地区的核心位置
城市功能定位	政治定位	中国中西部唯一直辖市、中西部国际交往中心、国家重要中心城市、西部国际综合交通枢纽和国际门户枢纽、国际消费中心试点城市,丝绸之路经济带重要的战略支点,陆海新通道运营中心,长江上游地区经济中心,航运中心,国家重要先进制造业中心,西部金融中心,海上丝绸之路的腹地,西部开发开放的重要支撑,成渝双城经济圈的核心城市,城乡统筹发展的直辖市	四川政治、经济、文教中心,国家经济与社会发展计划单列市,国家重要中心城市、西部国际综合交通枢纽、西部金融中心、全国重要的对外交往中心、西部大开发的战略高地;国家历史文化名城、成渝双城经济圈的核心城市、城乡统筹发展试点城市;世界最佳新兴商务城市、中国内陆投资环境标杆城市、国家小微企业双创示范基地城市	城市功能定位是区位优势的又一重要表征,它包括一个城市的政治定位、经济定位、文化定位等方面,从成渝双城经济圈的角度两者在伯仲之间

29

续表

指标类型		重庆	成都	说明
城市功能定位	经济定位	国家(西部)科技创新中心、国家重要先进制造业中心、西部金融中心、长江经济带绿色发展示范区。重庆是长江上游地区的经济中心,西部地区重要增长极	全国重要的经济中心、中国国际化营商环境建设标杆城市;国际化营商环境建设标杆城市;特色型信息消费示范城市;国家服务贸易创新发展试点城市	
	文化定位	巴渝文化发祥地,红色城市,国家历史文化名城,中国美食之都;三都之地,历史文化名城,汇集巴渝文化、三峡文化、红岩文化、抗战文化、陪都文化、步行街文化,火锅之都、温泉之都,汇通南北的综合交通枢纽,山城、雾都	全国重要的文创中心、中国文化多样性的传承与创新城市;三国文化圣地;中国鲜花之都;中国茶文化之都;世界自然文化遗产环抱的城市;中国艺术第三城,国家历史文化名城	
	交通物流定位	国际性综合交通枢纽、国际航空枢纽、国家综合性铁路枢纽;陆海新通道运营中心、长江上游航运中心、长江上游商贸物流中心;是陆港型、港口型、空港型、生产服务型、商贸服务型国家物流枢纽承载城市(5个类型)	国际性综合交通枢纽、西南航空局所在地、国际航空枢纽、国际性综合交通通信枢纽、中铁成都局所在地、国家综合性铁路枢纽、西部航空枢纽;是陆港型、空港型、生产服务型、商贸服务型国家物流枢纽承载城市(4个类型)	
城市支撑产业定位	制造业	西部现代产业高地;中国老工业基地之一,国家重要的现代制造业基地,国家重要的先进制造业中心	中国西部最大的科研制造中心、中国先进制造业第八名、中西部先进制造业领军城市	城市支撑产业是指对一个城市起关键作用的产业。
	金融业	西部国际金融中心	中国西部金融中心,全国重要的金融中心	

30

续表

指标类型		重庆	成都	说明
城市支撑产业定位	高科技产业	智慧重庆,"智造重镇"与"智慧名城"携手同行;大力推进"云化名城""网络名城""数字名城""算能名城""应用名城"建设	全国重要的科技中心、国家信息技术产业基地;高端装备产业制造基地;中国软件名城	为了突出重点,这里仅从"制造业、金融业和高科技产业"三个方面进行比较

(三)政府政策

1.支持创业政策

从成渝双城的政府网站可获取大量政策性文件,对政策文件进行梳理可厘清成渝双城在政策上给予创业人员、企业的优待及城市创业环境。对成渝双城的支持创业政策梳理将从促进高校毕业生就业创业政策、创业培训项目、青年就业见习等展开。

表1-5 成渝政府政策综合比较[①]

政府政策	成都市辖区	重庆市	比较说明
促进高校毕业生就业创业	创业培训补贴、创业补贴、科技创新苗子补助、省级创业大赛获奖项目前期孵化补助、创业吸纳就业奖励、创业担保贷款贴息、青年创业贷款、创业提升培训、高素质农民培育、税费减免	鼓励用人单位吸纳、引导自主求职、提升就业能力、过渡性安置政策、培训补贴、创业补助、创业担保贷款、"渝创渝新"创业加速计划	成都就业创业政策覆盖更全面、更实在,力度大

---

① 资料来自成都市人民政府、重庆市人民政府、成都市人力资源和社会保障局、重庆市人力资源和社会保障局等网站。

续表

政府政策	成都市辖区	重庆市	比较说明
创业培训	创业培训项目数为3(SYB创业培训、创业模拟实训、网络创业培训补贴),补贴金额最高可达1800元	创业培训项目数为5(GYB创业意识培训、SYB创办你的企业培训、IYB改善你的企业培训、网络创业培训和微型企业创业培训),补贴金额最高可达1500元	重庆创业培训项目数更多,但成都创业补贴金额更高
青年就业见习	就业见习基地申报条件中就业见习留用率不低于30%。给予见习人员的基本生活补贴不得低于当地最低工资标准(1780元),由见习基地和政府分担;政府按当地最低工资标准的80%(1424元)给予见习人员补贴。其中,国家级见习基地补贴标准可上浮20%(1708.8元),省级、市级见习示范基地补贴标准可上浮10%(1566.4元)	就业见习基地申报条件中就业见习留用率不低于20%;基本生活补贴按见习人员每人每月1300元标准执行(见习留用率达到50%以上的,留用人员补贴按每人每月1500元标准执行)	成都不仅见习就业留用率高;而且补贴也高于重庆
返乡农民工创业	返乡农民工一次性创业补贴10000元/人;贷款最高额度为300万元,按照贷款合同签订日贷款基础利率的50%给予贴息;返乡农民工创业培训基地18个,返乡农民工创业实训基地19个	重庆市以农民工返乡创业园为依托,吸纳企业,带动就业。重庆市市级农民工返乡创业园,按60万元/个的标准给予一次性补助;申请乡村振兴青年贷,贷款项目利率不超过5%,最高额度可达300万元。重庆21区2020年市级农民工返乡创业园区共6个	重庆仅补贴创业园,但没有落实到人;重庆虽然控制贷款利率,但5%的利率已经不低

续表

政府政策	成都市辖区	重庆市	比较说明
退伍军人创业	一次性奖励:持续经营1年以上10000元,2年以上再给予3000元;合伙经营的按照合伙经营士兵人数享受一次性奖励,最高不超过50000元 享受创业担保贷款政策以及两个百分点的贴息政策 29个退役军人创业孵化基地,实现了区(市)县全覆盖,为退役军人创业提供必要的空间、水电减免、宣传推广等优惠服务开展退役军人创业创新大赛成都选拔赛活动	从事个体经营的,自办理个体工商户登记当月起,在3年内按每户每年14400元为限额依次扣减其当年实际应缴纳的税费 企业招用:自签订劳动合同并缴纳社会保险当月起,在3年内按实际招用人数予以定额依次扣减税费。定额标准为每人每年9000元 打造退役军人就业创业园地、退役军人创业孵化基地、开展退役军人创业创新大赛	成都给予创业退伍军人不仅以税收减免,而且还有现金补贴。相对而言,重庆仅有税收减免
留学生回国创业	创业培训补贴(每人1200元)、创业补贴(每个创业实体或创业项目给予1万元的补贴)、创业吸纳就业奖励(不超过10万元)、创业税费减免(每年9600元为限额)、引进人才安家补贴和财政奖励、留学人员回国创业启动支持计划(最高可享受50万元的资助)、高层次留学人才回国资助(最高可享受30万元的资助)、留学人员科技活动项目择优资助(最高可享受10万元资助)	"留创计划"分别给予最高50万元、最低10万元资助;创新类资助分别给予最高12万元、最低5万元资助,项目落户[按最高100平方米标准给予不超过18元/(平方米·月)的补贴,连续发放3年]、金融服务[按上年实际发生的银行贷款额(最高不超过300万元)给予贴息支持,不超过3年]、生活保障(对引进的高层次创业创新人才给予2000元/月的生活补贴和1500元/月的住房补贴,连续发放3年)、财政扶持(按所在单位对区级实得税收贡献给予扶持)	涉及范围相近,均有财政扶持、安家补贴等,但重庆给予留学生的创业资助金额更高,金融支持力度强于有限的税费减免

续表

政府政策	成都市辖区	重庆市	比较说明
人才引进	1. 住房保障：保障人才住房（人才公寓、在产业新城建设配套租赁住房、提供青年人才驿站7天内免费入住）。符合标准的人才可申请人才公寓，在5年后以入住时的市场价格购买 2. 户籍政策：高校毕业生"零门槛"落户 3. 就业保障：（1）给予高层次人才创新创业扶持，给予最高300万元的资金资助。（2）激励产业人才。对市域实体经济和新经济领域年收入50万元以上的人才，按其贡献给予不超过其年度个人收入5%的奖励。对毕业5年内在蓉创业的大学生，给予最高50万元、最长3年贷款期限和全额贴息支持。对全市重点产业、战略性新兴产业企业新引进的急需紧缺专业技术人才和高技能人才，3年内给予每人最高3000元/月的安家补贴。建立人才技能等级、专业技术职称提升奖励制度，给予每人最高6000元补贴。	1. 住房保障：发放安家补贴并加强住房保障，首次来渝应聘的青年人才可申请免费入住青年人才驿站1个月。全市筹集6万套公有住房对青年人才定向配租，并鼓励区县发放租房补贴。符合条件的青年人才可申请租住人才公寓并享受租金减免 2. 户籍政策："鸿雁计划"引进人才签订3年及以上劳动合同可自愿办理落户 3. 就业保障：（1）支持创业融资。全市统筹提供1万个创业工位，在渝创业青年人才可最长免费使用1年，并可申请最高200万元的创业免抵押贴息贷款。每年遴选200个以上青年人才创新创业优质项目，给予种子投资引导基金支持或最高50万元的资助	成都的人才准入门槛低于重庆，虽然重庆出台了住房保障政策，但是相比于成都的"零门槛"落户住房保障而言还有较大提升空间；在人才培养标准方面，成都比重庆更加清晰，更有层次性、针对性，覆盖面更广

续表

政府政策	成都市辖区	重庆市	比较说明
人才引进	4.人才培养政策:(1)支持校地校企合作培养产业发展人才。支持在蓉高校和职业技术(技工)院校根据成都产业发展需要调整学科(专业)设置,给予最高2000万元补贴。鼓励在蓉企业与高校、职业技术(技工)院校合作开展人才培养,给予最高500万元补贴。对合作建设学生实训(实习)基地的,给予最高100万元补贴。(2)提供全民免费技术技能培训。设立1.6亿元专项资金,面向社会开放培训资源,向有就业创业愿望的市民提供免费培训,对新取得职业资格证书的,全额报销考试费用。(3)支持用人主体引才育才。建立企业引才奖励制度,对重点创新创业团队和知名企业引进"高精尖缺"人才,在其上一年度对成都发展作出的贡献额度内,给予最高500万元的奖励。鼓励企业通过猎头公司等人力资源服务机构引进人才,按其引才成本的50%给予企业补贴,最高10万元。支持企业建立首席技师制度,对设立首席技师工作室的给予最高10万元经费资助 5.其他配套保障:人才绿卡制度;配偶就业;子女入学;出入境和停居留;创业扶持等服务;享受医疗"绿色通道";人才绿卡	(2)优秀科学家在渝成功转化科技成果,按技术合同成交实际到账额5%奖补,单项成果奖补最高不超过100万元。优秀科学家领衔的企业承担协同创新重大研发项目给予最高500万元补贴。并按优秀科学家及其团队成员对地方经济社会所作贡献进行奖励,并发放"重庆英才金融卡",提供免担保、免抵押、可执行基准利率的信用贷款,以及最高500万元的知识价值信用贷款、最高2000万元的流动资金贷款。并且鼓励用人单位实行协议薪酬、股权激励等灵活分配制度。对获得重大创新奖励的,市级财政将给予1:1配套奖励补贴 4.人才培养政策:重庆英才计划每年遴选支持100名左右青年人才,给予人才奖励金和最高40万元的研究支持经费,对取得标志性成果的青年人才,可不占人才项目推荐名额并直接进入评审环节,可不受岗位结构比例限制破格申报评审正高级职称 5.其他配套保障:解决随调配偶就业;享受医疗"绿色通道";优先安排子女入学	

续表

政府政策	成都市辖区	重庆市	比较说明
小微企业相关	1. 贷款支持。担保贷款：企业(申请资格审核前12个月内)新招用符合创业担保贷款申请条件的人员数量达到企业现有在职职工人数的15%(超过100人的企业达到8%) 2. 降低企业融资成本：免除金融服务手续费；鼓励国有融资担保公司、市级再担保公司减少融资担保、再担保费，将小微企业平均融资担保费率降至1%以下；鼓励融资租赁公司通过延长租赁期、变更还款方式等调整还款计划，减免小微企业3个月的租金利息，免收租金罚息	1. 贷款支持。(1)担保贷款：小微企业当年新招用符合创业担保贷款申请条件的人员数量达到企业现有在职职工数的25%(超过100人的企业达到15%)并与其签订1年以上劳动合同的，可申请最高不超过300万元的创业担保贷款。(2)降低企业担保抵押成本：降低担保费率。担保机构为中小微企业贷款担保，担保费率不超过2%的，市财政补贴0.5% 2. 降低企业融资成本：(1)给困难的中小微企业贷款贴息，贴息比例不超过贷款基准利息的50%。(2)在重庆区域性场外市场挂牌的企业，挂牌孵化板的一次性奖励5万元，挂牌成长板的一次性奖励25万元。(3)微型企业可申请15万元以内2年期的创业扶持贷款，贷款利率执行同期基准利率的，市财政给予承贷银行1个百分点的奖励。对符合国家有关规定的人群，可享受小额担保贷款财政贴息	在降低企业融资成本和税收扶持方面，重庆政策更为具体，更加具有针对性，明显优于成都，但对小微企业的担保贷款条件比成都更为严格

续表

政府政策	成都市辖区	重庆市	比较说明
小微企业相关	3.税收扶持政策:全市增值税小规模纳税人减按1%征收率征收或预缴增值税;确有困难的小微企业延期申报或延期缴税,在批准的期限内缴纳税款,不加收滞纳金;小微企业、个体工商户所得税缴纳一律延缓到第二年;依法合理调整个体工商户税收定额;依法落实减半征收小规模纳税人资源税、城市维护建设税、房产税、城镇土地使用税、印花税(不含证券交易印花税)、耕地占用税和教育费附加、地方教育附加,对符合条件的小微企业免征文化事业建设费	(4)担保机构为中小微型企业融资性贷款收取的担保费率在2%以下的新增担保发生额,由市财政补助担保机构0.5%。市属担保公司为中小微型企业融资性贷款担保费率控制在2%以内 3.税收扶持政策:对月销售或营业额不超过2万元的小微企业,暂免征增值税或营业税。对年应纳税所得额不超过10万元的微利企业,其所得按50%计减征所得税。对新办微型企业和鼓励类中小企业,按其缴纳企业所得税、营业税和增值税地方留成部分给予2年补贴	
政府办事效率	1.政务服务标准化:加强政务服务事项标准化建设,精简办事材料比例要达到60% 2.一体化政务服务平台:政务服务"一网通办",政务服务审批事项实现100%网上可办。压减企业开办时间至0.5个工作日以内实行企业开办"一窗通办" 3.政务服务"好差评":办件数28.3万件,满意度99.99%	1.政务服务标准化:全市各级行政审批和公共服务事项实现标准化上线运行,实现同一事项无差别受理、同标准办理 2.一体化政务服务平台:"渝快办"整合四大服务端口,实现线上线下全覆盖。97%的市级行政许可事项如今仅需"最多跑一次"。开办企业相关手续1日办结,最快两小时。所有区县开办企业"一网、一窗、一次、一日"全流程办结 3.政务服务"好差评":办件数338.6万件,满意度99.98%	重庆在政务服务标准化上比成都更具针对性,重庆线上办理业务远高于成都,成渝政务服务满意度相当

37

续表

政府政策	成都市辖区	重庆市	比较说明
负面清单	1. 2014年,成都高新区2014年发布首份负面清单"包干+负面清单"制 2. 2017年,重点生态功能区的产业准入负面清单出台 3. 2018年,成都自贸试验区实施新版负面清单;建立政府采购"负面清单"严禁变相举债融资;建立餐饮行业"地址负面清单";整治"红顶中介",改革市场准入负面清单制度 4. 2020年,推进生态共建和环境共保负面清单 5. 2021年,发布义务教育招生入学"正、负面清单"8条招生入学红线不能踩 6. 2022年,成都市教育局发布关于印发《义务教育阶段考试正面清单与负面清单》的通知	1. 2018年,重庆市开展市场准入负面清单制度改革试点;成立重庆市全面实施市场准入负面清单制度工作领导小组 2. 2019年,出台"三江"流域环保负面清单,29种项目类别将被严格管控 3. 2020年,重庆市发展和改革委员会发布关于印发《市场准入负面清单(2020年版)》任务分工的通知;推进生态共建和环境共保负面清单发布;市场监督管理局发布印发广告活动负面清单;出台市级部门预算绩效管理购买专业服务办法(试行)第三方机构出现"负面清单"事项,市级部门3年内不向其购买服务;"正负面清单"助服务业复工 4. 2021年,整顿校外培训机构,多个区县公布"黑名单"或出台"负面清单";重庆首次制定城市更新规划负面清单;构建"亲""清"新型政商关系,两江新区出台政商交往"正负面清单";出台10条"负面清单",加强商业保理行业监管	重庆虽然开展负面清单制度改革试点年份迟于成都,但是最近两年开展力度、覆盖面优于成都

2.商务环境政策

商务环境包括两个内容,分别是商业法治环境与商务政策环境。商业法治环境即商法、劳工法等法律制度是否健全,政策是否连续、稳定。商务政策环境包括对商务环境建设的态度、对企业在经营领域的限制与鼓励、相关政策的连续性和稳定性等内容。

根据重庆市商务委员会与成都市商务局的2020年度法治政府建设工作情况可知,重庆着力营造法治化营商环境,已建立健全"一口受理"的外商投资企业投诉工作机制,全力推进商务领域立法立规等;而成都则是推进了商务法治体系建设,从法治商务制度建设、国际化法治营商环境、行政权力监督和执法改革、提升商务依法治理能力、开展法治宣传教育、完善法治工作推进机制等方面着重强化法治商务建设工作。

为了便于比较成渝双城的商务环境,本报告将根据政府出台的各种保障权益政策、税收优惠政策、政府办事效率、创办实体企业的批复时间和手续的数量来进行综合评判,比较的具体信息详见表1-6。

表1-6 成渝商务环境综合比较[①]

比较项目	成都	重庆	比较说明
商务建设	1.商务发展:场景营城,引领国际消费中心城市建设;稳存促增,提升外贸发展能级;协同发展,构筑内陆开放经济高地;商务为民,增进公园城市民生福祉 2.法治商务:(1)成都市商务局已将法治建设纳入商务发展的总体规划	1.商务发展:(1)发展成就。开放型经济发展稳中提质,消费拉动作用巩固提升,内贸流通发展迅速,商务领域经济体制改革取得积极成效,营商环境持续优化。(2)发展规划。发展目标:2025年将基本建成内陆开放高地和国际消费中心城市,到2035年全面建成内陆开放高地。①扩大内需:全面促进消费,完善现代内贸流通体系;②推动高水平对外开放:加快发展开放型经济,联通国内国际两个市场,推动外贸外资外经联动发展,推动内外贸一体化,深化中国(重庆)自由贸易试验区改革创新;③完善商务治理体系、提升商务治理能力:推动商务经济协调发展和数字商务发展,打造国际一流商务环境	成都和重庆均在推进商务发展,在法治商务上成都已将法治建设纳入商务发展的总体规划中,正在推进商务法治体系建设,重庆虽然在多方面有促进商务法治建设的措施,但未成体系;在商务发展角度上,重庆已取得一些商务发展成果

---

① 资料来自成都市人民政府、重庆市人民政府、成都市商务局、重庆市商务局等网站。

续表

比较项目	成都	重庆	比较说明
商务建设	（2）推进商务法治体系建设：从法治商务制度建设、国际化法治营商环境、行政权力监督和执法改革、提升商务依法治理能力、开展法治宣传教育、完善法治工作推进机制等方面着重强化法治商务建设工作；（3）推进商务诚信建设："诚信兴商月"活动，打造"互联网+"诚信平台等	2.法治商务。（1）行政审批制度改革：压缩承诺办理时限，推行"一表申报、一窗受理、一次办成"，"不见面"审批服务，"零材料"审批，深化"证照分离"改革等；（2）行政权力运行：开展商务系统三级行政权力和责任事项清单调整工作，全面实施市场准入负面清单制度，完善公平竞争审查机制等；（3）商务领域立法立规：积极修订商务领域地方性法规和政府规章，及时开展规范性文件的立改废清理工作等；（4）增强法治观念：干部普法教育、商务领域普法宣传活动等	目前已出台商务发展"十四五"规划，商务发展目标明确，而成都则通过采取多种措施来促使商务得以良性发展，并取得不俗成果，但未来的发展目标尚不明确
税收优惠政策	有限公司模式（增值税和企业所得税最高返还地方留存部分的75%—90%）、个人独资核定征收政策（综合税负率0.5%—3.16%）、自然人代开（2.5%—3%）	重庆是推行税收优惠政策的元老城市，2008年开始的总部经济招商，成熟、稳定、可靠；税收注地优惠政策：核定征收政策（综合税率1.66%）、财政扶持政策（一般是按照地方存留的40%—70%进行返还）、五减五免政策、自然人代开政策（综合税率3%左右）	重庆税收减免范围更宽、力度更大

41

续表

比较项目	成都	重庆	比较说明
政府办事效率	网络理政平台受理群众诉求,解决率93.4%,群众满意率94.9%。政务服务"一网通办",政务服务审批事项实现100%网上可办。实行企业开办"一窗通办";压缩企业开办时间至0.5个工作日以内	"渝快办"整合四大服务端口,实现线上线下全覆盖。97%的市级行政许可事项如今仅需"最多跑一次"。所有区县全面实施开办企业"一网、一窗、一次、一日"全流程办结,最快两小时	成都推行100%网上政务审批,受理群众诉求以群众满意为标准,压缩企业开办时间至0.5个工作日
创办实体企业批复时间	压缩企业开办时间至0.5个工作日以内	开办企业相关手续1日办结,最快两小时	成都企业办结时间更短
创办实体企业手续数量	实行企业开办"一窗通办"	重庆实施线上"一网通办",线下则"一窗综办"	双方均"一窗通办"

3. 法治环境政策

法治环境是影响政府以及其他公共部门管理活动的一个重要环境。法治环境的优劣,是反映一个社会、一个国家公共管理水平高低的重要标志,其侧重点在于对法律和制度方面的建设。企业发展制度环境建设较好,则成本较低,企业的竞争力会较强。优化营商环境的法治重点主要是相关法律法规、标准等制度体系的建设情况,因此本报告搜集资料的一个重点就放在政府及其职能部门是否出台关于优化营商环境的专门规章和规范性文件上。

为了更好地比较成渝双城的法治环境,本报告将综合对比法律案件的受理情况、知识产品保护状况、2021年优化营商环境条例(法治保障)、政府官网关于社会治安状况以及企业发展制度的数目,比较的具体信息见表1-7。

表1-7 成渝法治环境综合比较[①]

比较项目	成都	重庆	比较依据及结果说明
法律案件的受理情况与政务服务满意度	2020年,全市法院共受理案件43.8万件,审结41.8万件,结案率95.38%,法官人均办案349.35件	2020年全市法院共受理案件101.2万件,审结92.9万件,结案率99.9%,生效裁判服判息诉率98.7%,法官人均结案330.6件	重庆受理案件数与结案率高于成都,但成都法官人均办案件数高于重庆
知识产权保护情况	2020年成都市两级法院审理各类知识产权案件共计13318件,审结12508件,审结率93.9%	2020年全市法院共受理一、二审知识产权纠纷案件24447件,审结各类知识产权纠纷案件22743件,审结率93.03%	成都审理知识产权案件数少于重庆,但结案率略高于重庆
优化营商环境条例	均有较为完善的优化营商环境的条例,如《重庆市优化营商环境条例》《成都市优化营商环境条例(草案)》		双方的优化营商环境条例都较全面
社会治安状况	2020年全市检察机关办理刑事检察案件36632件,其中批准和决定逮捕8671人,不捕3625人;提起公诉15237人,不起诉2348人。办理民事检察监督案件1349件。办理行政检察监督案件539件。办理民事、行政、公益诉讼案件,提起民事公益诉讼32件,向行政机关提出诉前检察建议778件	2020年来,全市检察机关共批捕各类犯罪嫌疑人13987人,提起公诉32580人,提出刑事抗诉57件,监督纠正刑事执行违法违规3629人次。受理民事行政监督案件4777件,提起民事行政抗诉121件;立公益诉讼案2267件,发出诉前检察建议2021件,提起诉讼154件;审查办理控告申诉11232件	重庆批准逮捕的人数高于成都,受理的民事行政案件数量也高于成都,但在社会治安方面成都优于重庆

[①] 资料来自成都人民政府、重庆市人民政府、成都市法院、重庆市法院等网站。

续表

比较项目	成都	重庆	比较依据及结果说明
企业制度性交易成本相关举措	1.制度型改革成果：实现"一窗通办"、推行"全程网上办理"、推广"电子营业执照"、试点"证照联办"、探索"注销制度改革" 2.便利型改革成果：免费提供印章、税务Ukey；证照免费邮寄服务；便利住所登记；便利名称登记，免费"跨域通办" 3.基层创新型服务案例：金牛区"金帮办"、青白江区"无感申报"、温江区"效期叫早"、武侯区"数字卡包"、双流区"免费集群注册"、高新区深化"零接触"服务、天府新区创设"融合E窗"等	1.2021年重庆新增减税降费超350亿元，为重庆制造业中小微企业办理缓税(费)15.8亿元 2.依托"渝快办"平台推行涉企事项"一网通办"；深化不动产登记、公安服务等领域"一窗综办"；探索"一业一证"改革，实现"一证准营"、跨地区互通互认；推行企业办事"一照通办"；持续优化企业办税服务，深化"多税合一"申报改革等	在创办企业上成渝均推出"一窗通办""网上办理"等举措；在税收上，成渝均落实减税降费政策，深化多税合一政策，成渝两地在相关信息的互通互认使得跨省办案、降低企业制度性交易成本成为现实

三、成渝城市综合实力评价指标体系的构建

成渝优势比较及重庆的策略取向研究，是以国家中心城市的核心功能为基础，从六大领域涉及的社会经济要素的各个方面共同对成渝综合实力进行分析，得到一个综合实力指标体系框架，然后再采用均方差赋权法对79个细分指标赋予准确科学

的权重。在指标权重确定的基础之上,采用综合评判模型对成渝两地的综合实力进行评判,以此得出成渝两地的综合实力得分以及在各领域的优劣情况。

(一)指标体系的构建原则

在构建指标体系时,本报告在参考了大量与城市竞争力和城市综合实力相关的文献基础上,结合《成渝地区双城经济圈建设规划纲要》中提到的合作领域:交通、产业、创新、市场、资源环境、公共服务,同时本着科学性、客观性、可比性和创新性原则,拟订了经济水平、产业水平、营商环境、民生服务、开放水平以及可持续发展等六大比较领域,共13项二级指标。同时,成渝两地综合实力评价指标体系的构建还应遵循以下原则。[1]

科学性原则。指标体系建立在对城市概念、特征、功能等理论分析的基础上,通过指标的选取以及体系的设计充分体现城市的功能定位,凸显成渝两城市在成渝双城经济圈中的高度。

客观性原则。选取的指标要具有代表性和典型性,在避免指标的交叉和重复的同时,也要保证指标体系整体的全面、完整,客观真实地反映成渝的建设水平,选取过程尽量避免主观意愿的影响。

可比性原则。选取该领域常用的指标,保证不同时间两城市的统计口径一致,提高评价体系的可调整性和评价结果的权威性。

---

[1] 李玲玲.郑州与其他八大国家中心城市综合实力比较研究[D].郑州:郑州大学,2019.

创新性原则。指标选取时,不仅选取政府统计年鉴中的指标数据,也选取其他权威性研究机构的相关报告,使整个指标体系更加丰富和全面。

(二)指标体系的具体构建

依据上述原则,考虑到"区位优势"这一指标定性的成分,且理论上的高位优势与实际上的低位作用或意义无法量化比较,如重庆的直辖市从理论上讲是更高的区位优势,但相比成都的"成都铁路局""中国民用航空局西南地区管理局"以及"国家电网西南分部"等区域性机构而言,谁的现实意义和作用更大很难比较。更何况还有发展依托的基础不同,原则上重庆是直辖市,可以依托全国的资源,可是现实中不仅无法实现上述目标,而且还要辐射和带动武陵山区和三峡库区等地区共同发展;与此相反,成都虽然是四川的成都,原则上只能依托四川来发展,可是,四川却有庞大的八千多万人口基础,工业基础雄厚,且历来都是集全省资源来发展成都,近年来更是达到巅峰。此外,成都(或四川)周边是西藏、青海和甘肃等欠发达省区,因此对周边地区具有"极化"效应,可以吸收周边地区的资源。与此同时,重庆的周边地区——云贵川,全都是过度作为的地区。因此重庆不仅不能从周边地区吸收"营养",反而被"强力磁化"。因此本报告的比较指标中没有考虑"区位优势"这一指标,而是从"经济水平、现代产业、营商环境、民生服务、开放水平、环境可持续"六个方面进行比较,并建立起4个层次的指标体系来对成渝的综合实力进行评判。

目标层:成渝城市综合实力;准则层共6个指标:经济水平、现代产业、营商环境、民生服务、开放水平、环境可持续;子准则层共13个指标:每个准则层下的子准则层,取2—3个用来综合反映所对应的功能;指标层共79个指标:在梳理总结国内外有关城市竞争力和城市综合实力相关资料文献的基础上,结合成渝的实际发展情况,共计设置79个指标。

1.经济水平

成渝双城经济圈建设上升为国家战略,且经济增长水平能够反映一个城市的发展潜力和发展趋势,与过去的高速增长模式有所区分,成渝两地更注重高质量发展下实现的增长,以提升内外联通水平为导向,全面促进内外经济发展。因此本报告选择人均地区生产总值、第二产业增加值等6项指标来分析成渝的经济增长水平。[①]

总部经济是指国内外经济、非经济、官方、非官方的带有总部或总部派出性质的各种机构和组织相对集聚所产生的经济活动的统称。这些机构包括政治、文化、教育、科研组织,也包括生产、研发、营销、管理等各种经济组织。由于总部具有指挥、决策和调动资源的能力,因此总部所在地往往能拉动整个行业领域或城市、区域经济的高速、高质量发展,促进民生福利高质量改善。成渝两地把发展总部经济作为促进经济转型升级的重要战略,因此两地的总部经济数据是衡量成渝经济水平的重要指

---

① 李惠娟,龙如银.城市转型能力与产业动态优势耦合研究——以资源型城市徐州为例[J].科技进步与对策,2012(21):40-44.

标。[①]本报告选择国际组织机构数、高级外交访问数等7项指标来分析成渝的总部经济。

表1-8 成渝经济水平指标

准则层	子准则层	指标层	备注
经济水平	经济增长	人均地区生产总值	亿元
		第二产业增加值	亿元
		第三产业增加值	亿元
		规模以上工业增加值	亿元
		进出口总额	亿元
		居民人均消费支出	元
	总部经济	国际组织机构数	个
		高级外交访问数	次
		使领馆数	个
		上市公司数目	个
		城市空港年旅客吞吐量	万人次
		年举办大型国际会议数	个
		年接待入境旅客数	万人次

2. 现代产业

产业现代化和科技创新之间存在着相互促进、相互依赖的良性互动关系，这种良性互动关系有利于促进经济增长的动力转换与产业的转型升级。因此把现代产业展开为产业现代化和科技创新，进而比较分析成渝两地的现代产业实力水平。[②]

经济新常态下的产业从技术水平上来说要求向自主创新和高端制造发展，必须从战略高度对产业布局加以规划，跳出地域

---

① 黄爱光.北京总部经济发展研究[J].时代经贸,2018(10):6-13.
② 李政,杨思莹.科技创新、产业升级与经济增长:互动机理与实证检验[J].吉林大学社会科学学报,2017(03):41-52,204-205.

局限带来的"锁定效应"与全国甚至全球产业新布局进行对接，结合现有产业基础重构现代产业发展新框架，主动塑造有利于成渝城市现代产业发展战略的新布局。因此本报告选择全社会劳动生产率、工业总资产贡献率、工业成本费用利润率、技术市场交易额、现代服务业增加值、金融业增加值6个指标来分析成渝的产业现代化水平。[1]

国内外产业发展路径表明，产业演进呈现出"劳动密集—资本劳动密集—资本技术密集—知识技术密集"的趋势，加强科技创新能力建设是提升产业竞争力的重要手段。另外，科技创新是引领发展的首要动力，诸如成渝这种国家中心城市是创新的重要载体和平台，城市的建设需要科技创新来引领。因此，科技创新功能也是成渝城市现代产业实力的一个重要体现，城市科技创新功能体现在以下6个方面：科技活动人员数、获得专利授权数、科技进步贡献率、科研经费（R&D经费支出）、高新技术企业数、国家重点实验室数量。[2]

表1-9 成渝现代产业指标

准则层	子准则层	指标层	备注
现代产业	产业现代化	全社会劳动生产率	元
		工业总资产贡献率	%
		工业成本费用利润率	%
		技术市场交易额	亿元
		现代服务业增加值	亿元
		金融业增加值	亿元

[1] 李俊华.新常态下我国产业发展模式的转换路径与优化方向[J].现代经济探讨,2015(02):10-15.

[2] 刘冰,王安.现代产业体系评价及构建路径研究：以山东省为例[J].经济问题探索,2020(05):66-72.

续表

准则层	子准则层	指标层	备注
现代产业	科技创新	科技活动人员数	万人
		获得专利授权数	项
		科技进步贡献率	%
		科研经费（R&D经费支出）	亿元
		高新技术企业数	家
		国家重点实验室数量	个

3.营商环境

良好的营商环境有利于经济的繁荣发展，构建一个良好的营商环境将大大提高城市或地区的综合竞争力，进而促进城市高质量发展。营商环境的优劣一方面直接影响招商引资的多寡，对区域内的经营企业有直接影响；另一方面对人才的培养与吸引、各项政策的制定也有重要作用。[1]为了较为系统地比较成渝双城的营商环境，本文将从交通物流环境、创业环境以及金融商务环境三方面进行比较。

交通物流作为构建现代流通体系的重要组成部分，是推动经济高质量发展不可或缺的重要力量，成渝两地的建设离不开基础厚实的交通物流环境。因此，交通物流环境也是成渝综合实力的一个重要体现，故本报告选取铁路交通设施规模、航空能力富裕度、港口泊位数、机动车保有量、年客运总量、年货运总量6个指标来分析成渝的交通物流环境。

在当今时代，金融商务活动是影响一个国家或地区经济发展的重要因素，经济的发展离不开金融，金融的发展离不开经济，二者相辅相成，互为依托。良好的金融商务环境可充分发挥

---

[1] 弓顺芳.基于营商环境指标下中部六省比较分析与对策[J].经济研究导刊，2019(19):65-67,82.

金融支持实体经济功能,加强和改善中小微企业融资服务,促进城市经济金融良性互动、协调健康发展。因此,金融商务环境也是成渝城市竞争力的重要体现,故本报告选取证券公司数量、金融机构贷款余额、实际利用外资额、社会消费品零售总额、地方财政收入等5个指标来分析成渝的金融商务环境。

良好的创业环境将吸引大量海内外人才聚集,为人才培育提供沃土,助推城市的高质量发展,因此创业环境也是城市综合实力的一个重要体现。在"大众创业、万众创新"的时代背景下,优化创业环境,改善创业生态,深入实施创新驱动发展战略,以创业带动创新、以创新谋求发展,将为经济社会发展注入新动力。故本报告选取R&D经费支出占GDP比重、技术市场成交合同金额占GDP比重、新增市场主体、国家级孵化器数量、每年独角兽企业数量、大学及以上学历人员毕业数6个指标来分析成渝的创业环境。

表1-10 成渝营商环境指标

准则层	子准则层	指标层	备注
营商环境	交通物流环境	铁路交通设施规模	千米
		航空能力富裕度	%
		港口泊位数	个
		机动车保有量	万辆
		年客运总量	万人次
		年货运总量	万吨
	金融商务环境	证券公司数量	个
		金融机构贷款余额	亿元
		实际利用外资额	亿美元
		社会消费品零售总额	亿元
		地方财政收入	亿元

续表

准则层	子准则层	指标层	备注
营商环境	创业环境	R&D经费支出占GDP比重	%
		技术市场成交合同金额占GDP比重	%
		新增市场主体	万户
		国家级孵化器数量	个
		每年独角兽企业数量	个
		大学及以上学历人员毕业数	万人

4.民生服务

现代意义上的民生,是对居民生存和发展所需的物质和精神条件的一种基本满足及在此基础之上寻求的提高与改善。根据民生福祉的内涵,为选取科学、合理、快捷的评价指标,本报告从居民的衣食住行、收入保障、环境设施等角度,结合相关文献资料,以民生服务为准则层,公共服务资源、居民生活质量为子准则层,构建了15个评价指标。[①]

公共服务资源影响着人民生活质量的文化教育普及、医疗卫生服务、公共设施建设等服务保障方面。社会的公共服务资源优劣主要由科学文化教育和医疗卫生与公共设施的建设体现;科学文化教育是居民最基本的受教育权利的保障,医疗卫生与公共设施的建设保障了居民身体与心理的健康发展需要。

文化教育是一个地区或城市居民的整体文明修养程度的体现,可以有效地帮助居民获得所需的社会资源并且改善居民生活质量,是提高居民生活质量的有效手段;医疗卫生与公共设施是居民生活质量的体现,医疗卫生是居民身体健康的基本保障,

---

① 阳义南.民生公共服务的国民"获得感":测量与解析[J].公共行政评论,2018(05):117-137,189.

良好的医疗卫生水平是居民生活质量提升的重要基石,良好的公共设施保证了居民的生活与休闲,良好的公共设施建设是人们精神世界丰富的体现。本报告选取了在校大学生人数和每万人拥有中小学生人数来说明各城市教育水平的高低,也反映成渝两地在文化教育方面的投入情况;选取了三甲医院数、每万人拥有医生数、每万人拥有医院床位数、人均公园绿地面积、年旅游收入以及年吸引游客数指标来反映城市医疗等公共设施投入及其发展状况。

居民生活水平是指居民在某一社会生产发展阶段中用以满足物质、文化生活需要的社会产品和劳务的消费程度。居民生活水平又称生活程度。具体内容包括:居民的实际收入水平、消费水平和消费结构、劳动的社会条件和生产条件、社会服务的发达程度等。

居民可支配收入是居民可用于最终消费支出和储蓄的总和,被认为是消费开支的决定性因素,因而常被用来衡量一个城市生活水平的变化情况。社会服务是为满足人民群众生活基本需求提供的服务活动,社会服务的发达程度事关城市居民最关心最基本的生活、住房、教育等方面的利益问题。报告选取人均可支配收入、轨道交通出行比重、人均车辆保有量为影响消费开支与行业的劳动者生产条件的指标;选取全年空气优良天数、文化教育成本、医疗成本和住房成本指标来反映成渝两地人民的物质生活需要的满足程度。[①]

---

① 邓海骏. 建设高品质宜居城市探究[D]. 武汉:武汉大学,2011.

表1-11 成渝民生服务指标

准则层	子准则层	指标层	备注
民生服务	公共服务资源	在校大学生人数	万人
		每万人拥有中小学生人数	个
		三甲医院数	家
		每万人拥有医生数	位
		每万人拥有医院床位数	床
		人均公园绿地面积	平方米
		年旅游收入	亿元
		年吸引游客数	亿人次
	居民生活质量	人均可支配收入	元
		轨道交通出行比重	%
		人均车辆保有量	辆
		全年空气优良天数	天
		文化教育成本	%
		医疗成本	%
		住房成本	%

5. 开放水平

随着全球化趋势日益明显,城市对外交流水平、城市知名度和影响力已成为衡量一个城市开放水平的重要标志,因此本范畴将围绕对外交流水平以及城市知名度展开。

对外开放交流一方面是指积极主动地扩大对外经济交往;另一方面是指放宽政策,放开或者取消各种限制,不再采取封锁市场和投资场所的保护政策,发展开放型经济。"对外开放"是中国一项基本国策,是中国经济腾飞的一个秘诀,也是中国全面建成小康社会的一大法宝。《成渝地区双城经济圈规划纲要》(以下简称《纲要》)指出要以共建"一带一路"为引领,打造陆海互济、四向拓展、综合立体的国际大通道,加快建设内陆开放枢纽,深入推进制度型开放,聚焦要素市场化配置等关键领域,深化综合配套改革试验,全面提升市场活力,在西部改革开放中发挥示范带动作用。因此,对外开放交流水平是成渝城市综合实力的最重要体现之一。

成渝作为我国不断发展的国际化城市,具有较强的经济实力、一定的人口规模、优越的区位条件、良好的国际服务功能,能够吸引一定的跨国公司和国际组织,并对全球或区域经济具有相当的影响力、控制力。根据成渝的实际情况对下列指标进行对比分析:首先,年入境旅游人数反映了城市在人流方面对国外的吸纳能力;其次,国际友好城市数量、外国使领馆数量和举办国际会议数,反映了该城市的国际政治化水平和包容力;再者,全球500强企业入驻数量,反映了一个城市金融国际化的程度或水平;最后,实际利用外资额和进出口总额占GDP比重,反映了城市产业产品对国外的吸纳能力。①

城市的知名度与城市的吸引力成正比,一个城市如果有较高的知名度和美誉度,对其经济效益、发展效率提升来说,都是极其有益的。一个城市的国际知名度,带给国家和城市的贡献影响也十分深远,一般而言,一个具有国际知名度的国家,不管是在城市规模还是经济发展层面,都拥有其他城市不可比拟的作用。通过观测和分析关键词在语料库中使用频率的变化,可以发现相关的关键词在人类文化发展史中存在鲜为人知或饶有趣味的趋势和现象。因此将百度、抖音两个国内媒体平台,以及

---

① 孙海华.中国西部各省对外开放竞争力评价研究[D].西安:西北大学,2007.

《中国城市国际传播影响力报告》[①]相关数据作为测量城市知名度及城市国际知名度的指标。

表1-12 成渝开放水平指标

准则层	子准则层	指标层	备注
开放水平	对外交流	年入境旅游人数	万人次
		国际友好城市数量	个
		外国使领馆数量	个
		举办国际会议数（ICCA）	次
		全球500强企业入驻数量	个
		实际利用外资额	亿美元
		进出口总额占GDP比重	%
	城市知名度	百度城市名搜索信息数量	亿次
		抖音城市名搜索信息数量	亿次
		海外媒体传播影响力指数	/

6.环境可持续

建设城市环境的可持续是实现可持续发展的重要根本,对我国实现现代化至关重要。由于城市是一个由自然、经济、社会等因素构成的复杂生态系统,因此用单一因素单独、定性地解释城市因素之间的联系,很难完全把握可持续发展问题的本质。只有从整体出发,在城市环境系统理论和可持续发展理念的指导下,研究城市环境可持续性的含义,构建支持城市环境可持续性的体系,才能建立相应的评价指标系统,并提出相应的调控对策。有效改善生态环境,主要体现在保持城市的生态承载能力和环境容量,控制适合的城市发展速度。因此,将城市环境的可持续发展延伸到节能减排、现有生态条件等层面,并进行成都和

[①]《中国城市国际传播影响力报告》,浙江大学传媒与国际文化学院,2021.

重庆的环境可持续性水平比较分析。

城市的生态环境是由自然因素和社会因素构成的。城市环境的可持续性不仅象征着由自然环境和人工环境构成的为人类提供生态系统服务的生态系统可持续发展，而且还象征着城市居民的健康与社会、经济活动的相互协调。城市环境可持续性的重心是环境与发展、自然与社会、人类需求与生态完整性之间的协同，这关系到较少的环境污染、较少的资源和能源消耗与较高的资源和能源的利用率，还涉及更大的社会进步、更多的经济效益、城市居住者更健康的成长，以及更健全的政策调控制度。回归城市生态系统的基础特征，有效改善生态环境和集中利用能源资源是城市环境可持续性的本质，调整和完善政策制度是城市生态可持续性的可靠保证，而社会民生的不断进步是城市生态可持续性的最后体现。[①]

为此，本报告选择了单位工业增加值污水排放量、单位工业增加值废气排放量、单位工业增加值粉尘排放量、单位GDP污水排放量、单位GDP能耗、单位GDP城市用水量、单位工业增加值固体废物综合利用量7个指标，分析了成渝的城市节能减排水平。选择人均城市绿地面积、建成区绿化覆盖率、空气质量优良天数比例、生活垃圾无害化处理率、环境噪声等效声级5个指标，分析成渝的城市现有生态状况。[②]

[①] 李艳春.区域生态系统服务功能重要性研究[D].太原:太原理工大学,2011.

[②] 田泽升,程莉,文传浩.城市生活空间生态化评价指标体系构建及水平测度研究——以长江上游地区为例[J].重庆第二师范学院学报,2021(05):24-29.

表1-13 成渝环境可持续指标

准则层	子准则层	指标层	备注
环境可持续	节能减排水平	单位工业增加值污水排放量	吨/万元
		单位工业增加值废气排放量	立方米/元
		单位工业增加值粉尘排放量	吨/万元
		单位GDP污水排放量	立方米/万元
		单位GDP能耗	吨标准煤/万吨
		单位GDP城市用水量	立方米/万元
		单位工业增加值固体废物综合利用量	吨/万元
	生态状况	人均城市绿地面积	平方米
		建成区绿化覆盖率	%
		空气质量优良天数比例	%
		生活垃圾无害化处理率	%
		环境噪声等效声级	%

综上，可得成渝城市指标体系，如表1-14所示。

表1-14 成渝城市指标体系

准则层	子准则层	指标层
经济水平	经济增长	人均地区生产总值
		第二产业增加值
		第三产业增加值
		规模以上工业增加值
		进出口总额
		居民人均消费支出
	总部经济	国际组织机构数
		高级外交访问数
		使领馆数
		上市公司数目
		城市空港年旅客吞吐量
		年举办大型国际会议数
		年接待入境旅客数

续表

准则层	子准则层	指标层
现代产业	产业现代化	全社会劳动生产率
		工业总资产贡献率
		工业成本费用利润率
		技术市场交易额
		现代服务业增加值
		金融业增加值
	科技创新	科技活动人员数
		获得专利授权数
	科技创新	科技进步贡献率
		科研经费(R&D经费支出)
		高新技术企业数
		国家重点实验室数量
营商环境	交通物流环境	铁路交通设施规模
		航空能力富裕度
		港口泊位数
		机动车保有量
		年客运总量
		年货运总量
	金融商务环境	证券公司数量
		金融机构贷款余额
		实际利用外资额
		社会消费品零售总额
		地方财政收入
	创业环境	R&D经费支出占GDP比重
		技术市场成交合同金额占GDP比重
		新增市场主体
		国家级孵化器数量
		每年独角兽企业数量
民生服务	公共服务资源	大学及以上学历人员毕业数
		在校大学生人数
		每万人拥有中小学生人数
		三甲医院数
		每万人拥有医生数

续表

准则层	子准则层	指标层
民生服务	公共服务资源	每万人拥有医院床位数
		人均公园绿地面积
		年旅游收入
		年吸引游客数
	居民生活质量	人均可支配收入
		轨道交通出行比重
		人均车辆保有量
		全年空气优良天数
		文化教育成本
		医疗成本
		住房成本
开放水平	对外交流	年入境旅游人数
		国际友好城市数量
		外国使领馆数量
		举办国际会议数（ICCA）
		全球500强企业入驻数量
		实际利用外资额
		进出口总额占GDP比重
	城市知名度	百度城市名搜索信息数量
		抖音城市名搜索信息数量
		海外媒体传播影响力指数
环境可持续	节能减排水平	单位工业增加值污水排放量
		单位工业增加值废气排放量
		单位工业增加值粉尘排放量
		单位GDP污水排放量
		单位GDP能耗
		单位GDP城市用水量
		单位工业增加值固体废物综合利用量
	生态状况	人均城市绿地面积
		建成区绿化覆盖率
		空气质量优良天数比例
		生活垃圾无害化处理率
		环境噪声等效声级

(三)综合评价方法

综合评价通常指的是综合评价对象的多指标数据,利用恰当的评价方法,对评价对象进行整体性、全局性的优劣评估。对城市综合竞争力和人才资源水平进行综合评价的步骤包括:指标数据采集、指标数据无量纲化、指标体系权重确定和综合评价。

1. 指标数据采集

根据评价指标体系设定的各项评价指标,通过公开渠道对各评价对象的相关指标数据进行采集,确保数据的真实、客观。

2. 数据无量纲化和指标权重确定

在城市综合竞争力和人才资源水平的多指标综合评价中,同时存在正向指标和逆向指标,且各指标数据大小和量纲不一,无法直接进行评价,需要对指标数据进行正向化和无量纲化,并统一数据范围,为进一步的权重计算和综合评价提供数据支撑。[1]

建立 n 个样本、m 个评价指标的判断矩阵 $X=(x_{ij})_{nm}(i = 1, 2, \cdots, m; j = 1, 2, \cdots, n)$。将判断矩阵归一化处理,得到归一化判断矩阵 $Y = (y_{ij})_{nm}$,如下式所示:

$$y_{ij} = \frac{x_{ij} - x_{j\min}}{x_{j\max} - x_{j\min}} (正向指标)$$

$$y_{ij} = \frac{x_{j\max} - x_{ij}}{x_{j\max} - x_{j\min}} (负向指标)$$

---

[1] 高佳焕. 城市间人才竞争与城市综合竞争力研究[D]. 南京:南京大学,2020.

式中：y_{ij}为判断矩阵Y第i行、第j列的元素；x_{ij}为第i个样本、第j个评估指标测度值；x_{min}为同一指标下不同样本中的最小值；x_{max}为同一指标下不同样本中的最大值。

在考虑多重指标的评价问题时，权重的选择将极大地影响评价结果。因此需要对评价指标进行恰当的赋权，并有针对性地根据评价对象的特点来进行权重选择。目前，比较常用的赋权方法可以分为客观赋权法和主观赋权法。

客观赋权法是指权重的确定来自于客观实际，由于本课题是进行成渝优势比较，主要衡量的是成渝两城市综合实力和分领域的相对水平，因而采用客观赋权法中的均方差赋权法，以消除主观偏差，使所确定的权重能够真实客观、完整准确地反映成都市辖区和重庆主城都市区21区的实际情况。

基于均方差求解多指标决策权系数的方法——均方差赋权法，通常用均方差来反映各个随机变量的离散程度。该方法是以各个评价指标X_{ij}为随机变量，以各方案P_j在指标X_{ij}下无量纲化处理后的属性值为随机变量的取值，然后在计算各个指标随机变量均方差的基础上进行归一化处理，其结果为各指标的权重系数。[1]

计算随机变量的均值、均方差，并确定指标的权重系数，如下式所示：

（1）随机变量均值：$\quad E(S) = \dfrac{1}{n}\sum_{i=1}^{n} y_{ij}$

---

[1] 高宝棣,王成新,崔学刚.人口—经济—空间视角下山东省城镇化时空演变[J].经济地理,2016(05):79-84.

（2）S_j均方差：$\sigma(S_j) = \sqrt{\sum_{i=1}^{n}(y_{ij} - E(S_i))^2}$

（3）指标S_j权重系数：$w_j = \sigma(S_j) / \sum_{j=1}^{n} \sigma(S_j)$

式中：y_{ij}为经过正向化和无量纲化后的评价指标值，w_j为评价指标j的权重。

3. 极值法标准化处理原数据

正向指标：$z_{ij} = \dfrac{x_{ij}}{x_{\max}}$

负向指标：$z_{ij} = \dfrac{x_{\min}}{x_{ij}}$

式中z_{ij}为极值法标准化处理的数据，得到矩阵Z；x_{ij}为第i个样本第j个评估指标测度值；$x_{\min}$为同一指标下不同样本中的最小值；$x_{\max}$为同一指标下不同样本中的最大值。

指标正向化和极值法处理的结果反映该指标在整体评价系统的相对水平，越接近0则相对水平越差，贡献度越低。

4. 综合评价

通常一个评价体系的综合评价值是通过评价指标、各评价指标的权重及其组合规则共同确定的。常用的组合规则包括加法、乘法和代换规则。考虑到指标体系的评价目标及相应规则的适用性，本文采用乘法规则对成渝综合实力进行评判。

极值法标准化处理原数据，得到矩阵Z；均方差赋权法得到j个指标的综合权重向量W_j。成渝综合实力评价得分矩阵的计算公式为：

$$G = Y_{ij} \times W_j$$

根据综合评价模型,可计算出成渝各个对比领域的得分情况。

四、成渝城市综合实力的测定与比较分析

在成渝地区双城经济圈建设的背景下,要确立影响当前和未来城市竞争力的战略性关键优势。充分辨识出重庆自身的优势,与成都进行有效分工与合作,并在相关功能上协调互补,以发挥重庆的比较优势。因此对成渝两地关乎国计民生的领域进行梳理并比较分析,包括经济水平、现代产业、营商环境、民生服务、开放水平和环境可持续这六大领域。

在前面建立的成渝综合实力指标体系的基础之上,采用均方差赋权法计算出各个功能和细分指标的得分,并对比较结果做相应的分析。所有的数据直接或间接来源于2011—2020年《中国城市统计年鉴》《重庆统计年鉴》《成都统计年鉴》《四川统计年鉴》以及两城市的统计公报。

(一)城市综合实力评比

1.整体趋势分析

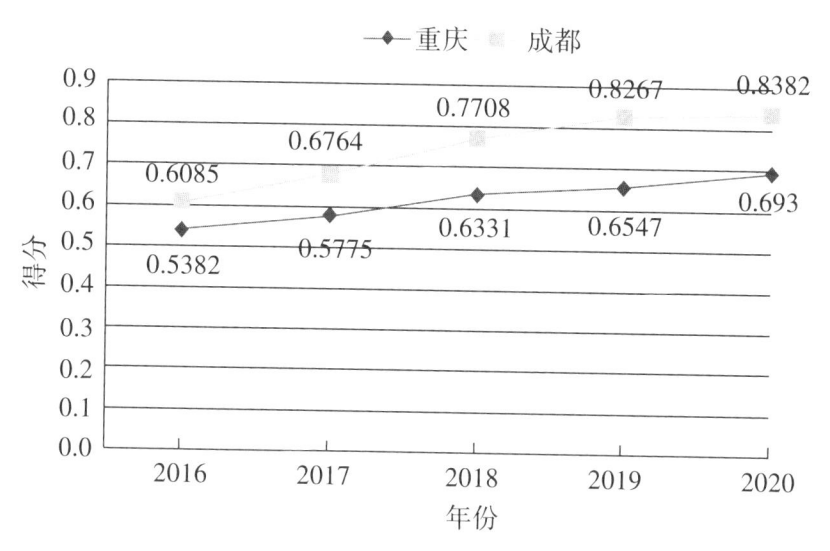

图 1-1　2016—2020 年成渝城市综合实力得分对比折线图

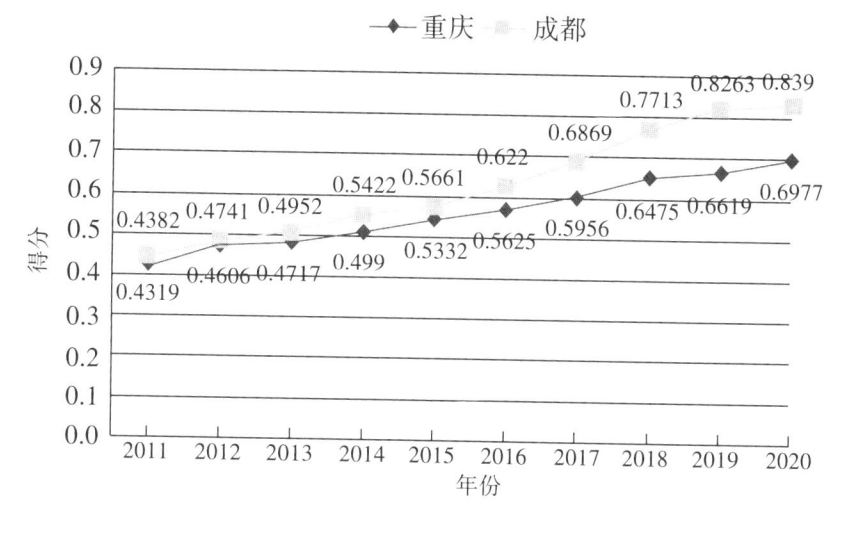

重庆：2016: 0.5382, 2017: 0.5775, 2018: 0.6331, 2019: 0.6547, 2020: 0.693
成都：2016: 0.6085, 2017: 0.6764, 2018: 0.7708, 2019: 0.8267, 2020: 0.8382

图 1-2　2011—2020 年成渝城市综合实力得分对比折线图

重庆：2011: 0.4319, 2012: 0.4606, 2013: 0.4717, 2014: 0.499, 2015: 0.5332, 2016: 0.5625, 2017: 0.5956, 2018: 0.6475, 2019: 0.6619, 2020: 0.6977
成都：2011: 0.4382, 2012: 0.4741, 2013: 0.4952, 2014: 0.5422, 2015: 0.5661, 2016: 0.622, 2017: 0.6869, 2018: 0.7713, 2019: 0.8263, 2020: 0.839

通过对比成渝两地五年（2016—2020年）时间段和十年（2011—2020年）时间段的综合实力发展趋势（图1-1和1-2），可以看出成渝两地的整体实力差距呈现出先扩大后缩小的趋势，从2011年开始直至2015年几乎相当，之后几年的差距呈逐步扩大的趋势，直到2019年达到高峰，2020年又开始减少。因此，后续研究主要从2016年开始。

另由图1-1可知，成渝两地虽然综合实力有差距，但值得注意的是，成都的增长呈现出先增后减的趋势，前四年保持较高的增长率，2020年增幅有所下降；而重庆虽然整体实力不及成都，却保持着稳定的增长幅度，大有后来者居上的赶超之势。

表1-15 成渝城市2016—2020年六大领域十三个子领域综合实力得分

对比领域		成渝两地各领域得分	
		成都市	重庆21区
经济水平	经济增长	0.23	0.25
	总部经济	0.35	0.13
现代产业	产业现代化	0.35	0.41
	科技创新	0.39	0.32
营商环境	交通物流环境	0.22	0.25
	金融商务环境	0.19	0.17
	创业环境	0.30	0.22
民生服务	公共服务资源	0.31	0.31
	居民生活质量	0.32	0.27
开放水平	对外交流	0.57	0.45
	城市知名度	0.17	0.19
环境可持续	节能减排水平	0.49	0.26
	生态状况	0.36	0.38

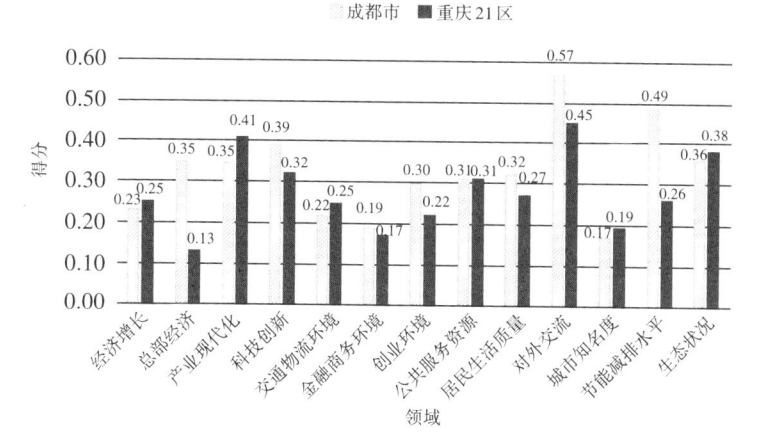

图1-3 成渝优势比较六大领域十三个子领域2016—2020年综合得分柱状图

结合六大领域及其子领域的对比分析可知（表1-15和图1-3），虽然重庆整体表现不及成都，但并非所有方面都处于劣势，只不过重庆的比较优势相对较少，主要表现在五个子领域（经济增长、产业现代化、交通物流环境、公共服务资源、生态状况）占优，且优势不大；与此相反，成都不仅在更多的子领域（总部经济、科技创新、金融商务环境、创业环境、居民生活质量、对外交流、城市知名度、节能减排水平）占优，且优势较为明显。

2.重庆的优势领域分析

由图1-3可知，重庆所占优势的五个子领域中，比较而言，其中最大的是"产业现代化"领域，优于成都0.06个积分；其次是"交通物流环境"领先0.03个积分；再次是"生态状况"，优于成都0.02个积分；优势最小的为"经济增长"和"公共服务资源"指标。下面对各指标逐个进行简要分析。

(1)重庆的优势领域之一:经济增长。

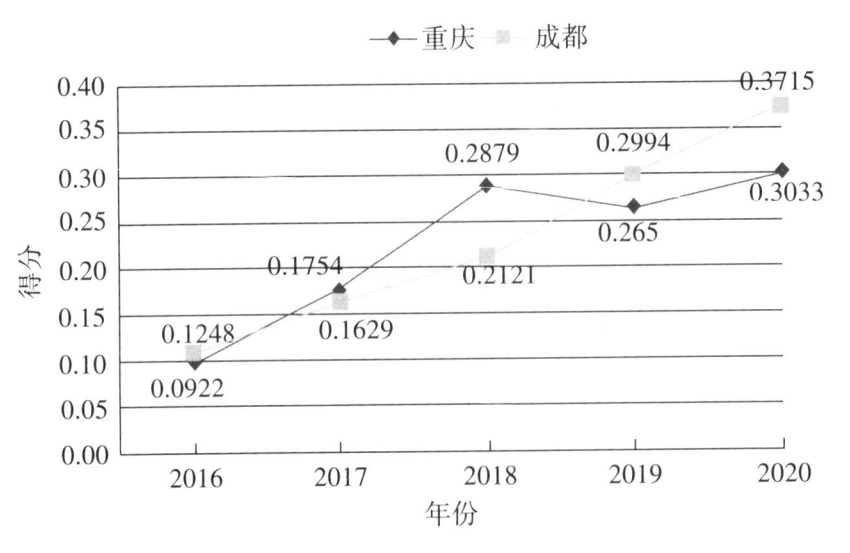

图1-4 成渝2016—2020年经济增长综合得分趋势图

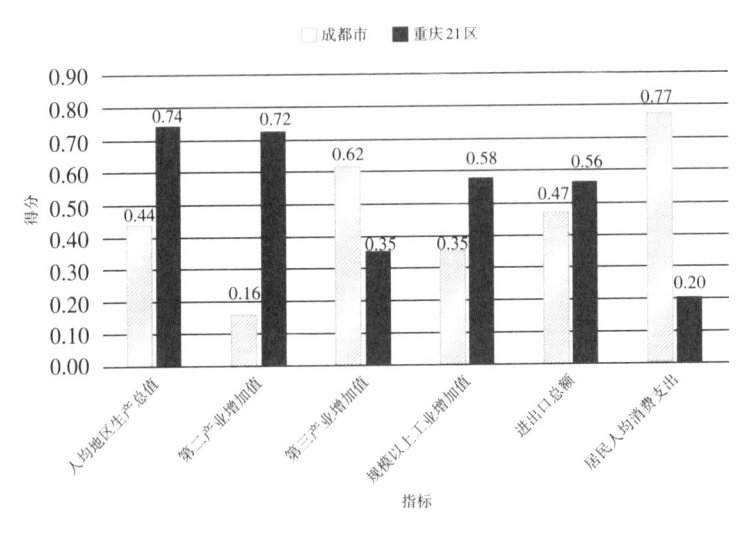

图1-5 成渝2016—2020年经济增长细分指标得分柱状图

第一,整体趋势看,重庆"经济增长"指标表现出2018年之前强于成都,2018年之后则被成都反超,根源于成都稳定的增长趋势和重庆2018年之后有一个较大幅度的降低。(图1-4)

第二,从细分指标看,重庆占优的指标主要表现在:规模以上工业增加值、进出口总额、第二产业增加值和人均地区生产总值四个方面,尤以后两个指标为甚。这主要得益于重庆工业基础雄厚;但在第三产业增加值、居民人均消费支出等指标上弱于成都,尤其是居民人均消费支出差距较大,这需要引起重庆足够重视。成都的第三产业之所以表现亮眼,主要得益于成都近年来实施的城市软实力提升战略,使包括软件开发、文创旅游、会展经济等三产经济迅速崛起,成效卓著。其实,这三大领域也是提升城市知名度的最直接手段。(图1-5)

(2)重庆的优势领域之二:产业现代化。

图1-6 成渝2016—2020年产业现代化综合得分趋势图

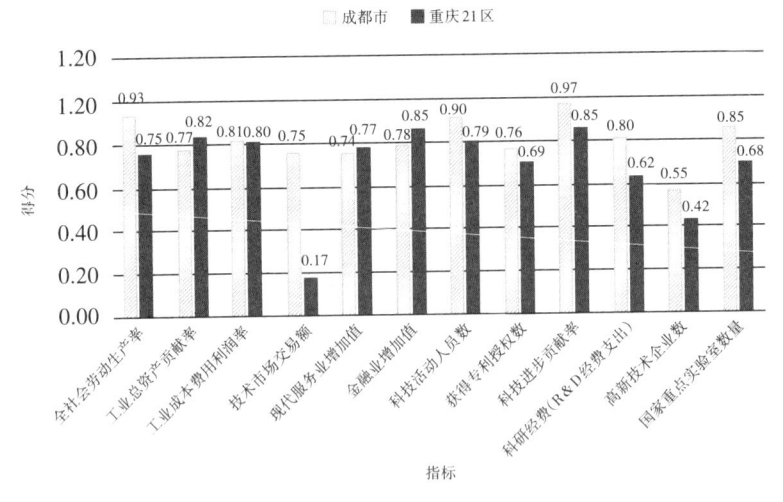

图1-7 成渝2016—2020年产业现代化细分指标得分柱状图

第一,整体上,重庆虽然在产业现代化方面整体占优,但2017年前表现出较大的增长速度;2017年之后却有一个较大的降幅,直到2019年之后才又重拾增势。与此相对的是,成都虽有小幅波动,但整体呈上升趋势,且2019年之后有加速的趋势,值得重庆注意。(图1-6)

第二,细分指标上几乎喜忧参半,重庆在全部6个指标中的一半(即:工业总资产贡献率、现代服务业增加值、金融业增加值)占优,但优势都不大,其中优势最大的是"金融业增加值"(重庆0.85,成都0.78)。然而,处于劣势的三个指标中"全社会劳动生产率"差距最大(成都0.93,重庆0.75),其次是"技术市场交易额"。虽然在"产业现代化"的衡量指标中"现代服务业增加值"和"金融业增加值"也非常重要,但更能说明问题的是"技术市场交易额"。所以重庆虽然在产业现代化方面占有优势,但更应该重视科技创新的力量。重庆目前实施的"智造重庆""智慧重庆"战略就是一个不错的选择。重庆虽然工业基础厚实,但传统老工业占比也较大,因此进行现代化改造的压力也比较大。希望以此为契机,继续加大产业现代化的力度。(图1-7)

(3)重庆的优势领域之三:交通物流环境。

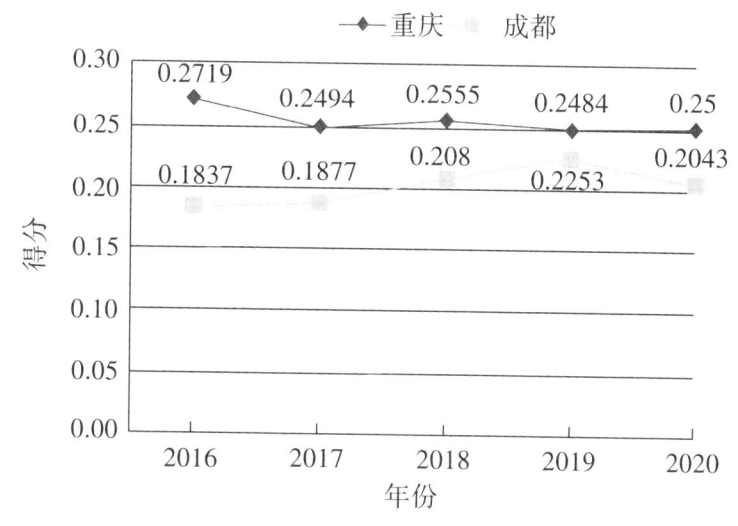

图1-8 成渝2016—2020年交通物流环境综合得分趋势图

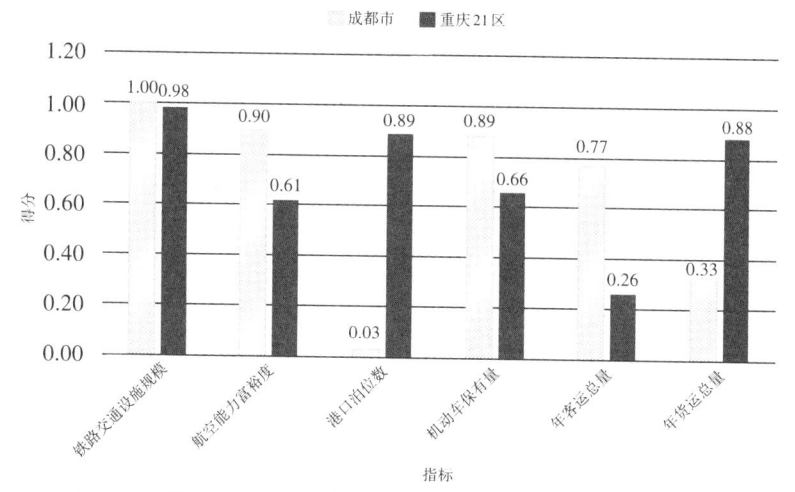

图1-9 成渝2016—2020年交通物流环境细分指标得分柱状图

第一,整体上,重庆的交通物流环境优于成都,但整体呈波动下降趋势,可喜的是2020年又有小幅度的提高。成都的态势与重庆恰恰相反,2019年之前表现出较快的增速,2019年之后却呈现较大幅度的下降,主要原因是疫情导致货运量下降。(图1-8)

第二,从细分指标看,重庆最大的优势主要是港口泊位数,其次是货运量,但客运量以及航空能力富裕度相较成都有较大的差距。(图1-9)

(4)重庆的优势领域之四:公共服务资源。

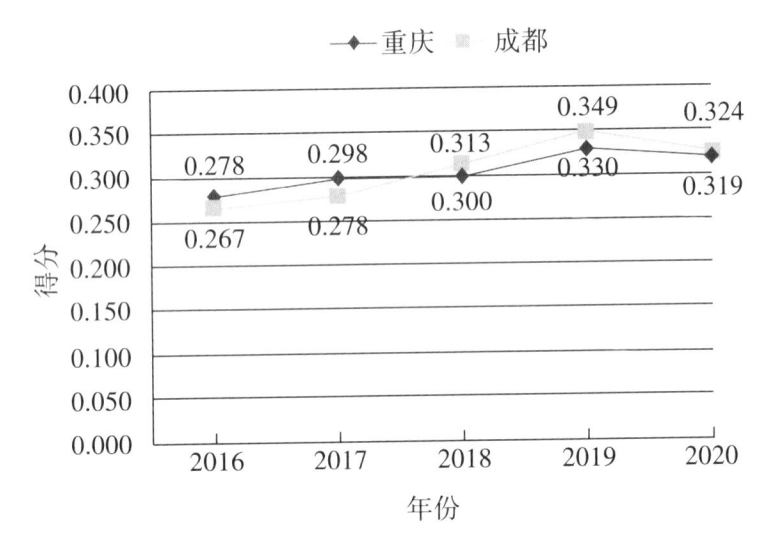

图1-10 成渝2016—2020年公共服务资源综合得分趋势图

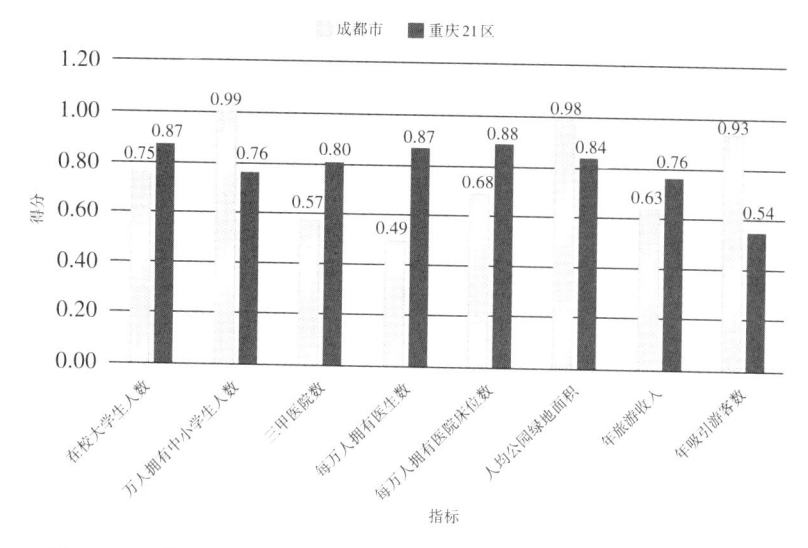

图 1-11　成渝 2016—2020 年公共服务资源细分指标得分柱状图

第一，整体上，重庆的公共服务资源 2018 年之前优于成都，但增速较低，因此 2018 年之后被成都反超，虽然 2020 年又保持了微弱的优势，不过这种"优势"是别人"送"的。成都的态势与重庆恰恰相反，2019 年之前表现出较快的增速，2019 年之后却呈现较大幅度的下降，主要原因是疫情导致吸引的游客数下降较严重。（图 1-10）

第二，细分指标上，重庆最大的优势就是年吸引游客数，这与重庆是网红第一城分不开，也与重庆对游客的人文关怀分不开。成都的优势主要表现在在校大学生人数。虽然成都的医疗资源更有优势，但客观情况是人均医疗资源的基数用的是成都市人口，却供整个四川乃至周边地区人们所共享。因此，成都的医疗、教育资源占优也就不足为虑。（图 1-11）

(5)重庆的优势领域之五:生态状况。

第一,整体上,重庆的生态状况优于成都,但增速较低,甚至在2019年有较大幅度的下降。成都的态势与重庆恰恰相反,2019年呈现较大幅度的提高,几乎超过重庆,2020年重庆恢复平稳增长。(图1-12)

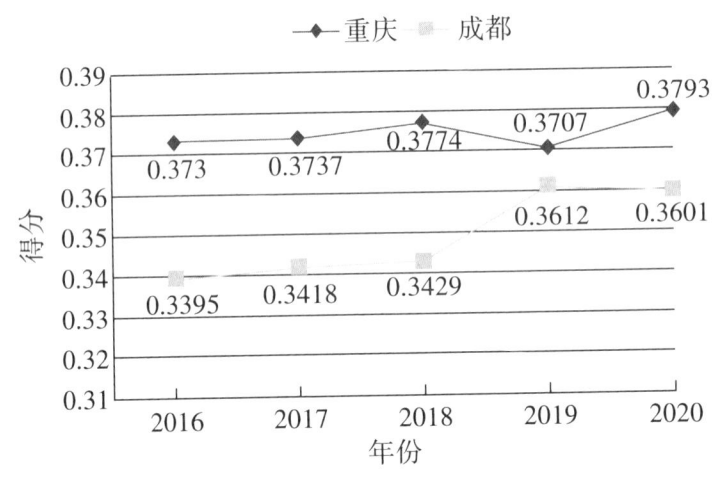

图1-12 成渝2016—2020年生态状况综合得分趋势图

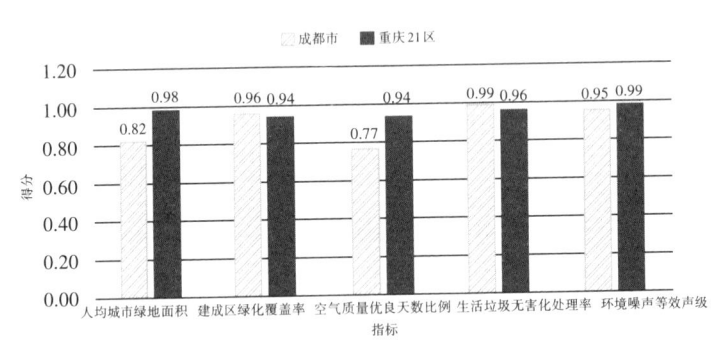

图1-13 成渝2016—2020年生态状况细分指标得分柱状图

第二,从细分指标看,重庆的"人均城市绿地面积"和"空气质量优良天数比例"两项指标相比成都有较大的优势,其次是"环境噪声等效声级"。成都的优势在"建成区绿化覆盖率"和

"生活垃圾无害化处理率"。其实这也是重庆所真正需要提高的。重庆的"人均城市绿地面积"占优主要是由重庆市内的几大山脉所致,但真正影响人们生活质量的是"建成区绿化覆盖率"。所以,与其说重庆在生态状况这项指标上占优,倒不如说重庆的真实情况是处于劣势的,应引起重庆的足够重视。(图1-13)

3. 成都的优势领域分析

(1)成都的优势领域之一:总部经济。

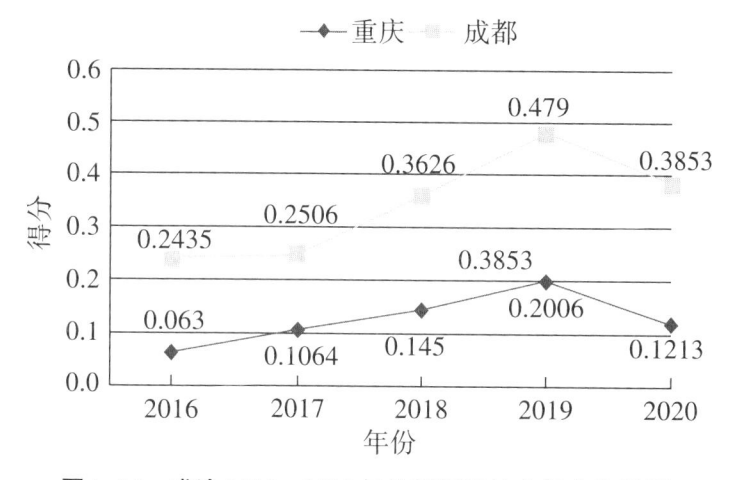

图 1-14 成渝 2016—2020 年总部经济综合得分趋势图

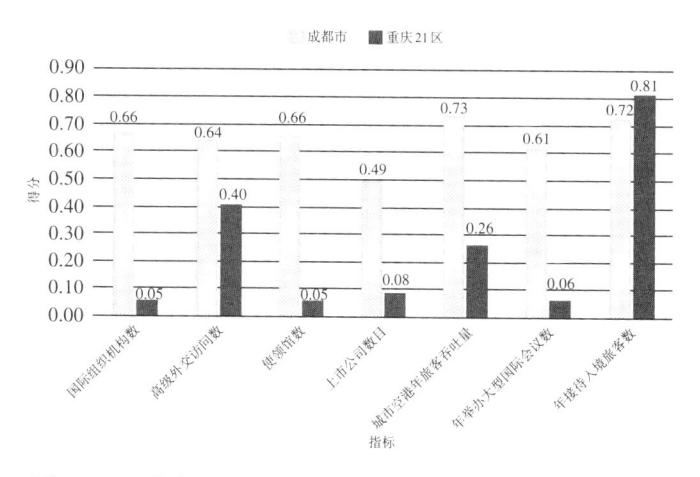

图 1-15 成渝 2016—2020 年总部经济细分指标得分柱状图

第一,整体上,成都的总部经济实力较重庆有较大的优势;两者的发展态势几乎相同,都是先增后降,但成都的增幅较重庆大,所以在2019年前差距有扩大的趋势,之后保持了平稳,但差距依然较大。(图1-14)

第二,从次级指标看,重庆在总部经济指标上的落后主要体现在:重庆的"国际组织机构数""使领馆数""上市公司数目""年举办大型国际会议数""城市空港年旅客吞吐量"等指标上,尤以"国际组织机构数""使领馆数""上市公司数目""年举办大型国际会议数"四项指标为甚。造成"国际组织机构数"和"使领馆数"较大差距的原因主要是历史的沉淀,历史上成都一直是四川的省府、西部的中心,拥有深厚的历史文化底蕴,加之成都得天独厚的地理条件;而重庆只是当年四川省下辖的一个工业城市而已,且工业污染严重。因此,在重庆直辖之前几乎所有的外国使领馆毫无疑问地选择成都。直辖后的重庆发生了翻天覆地的变化,但成都也与时俱进,甚至借重庆"沉思"的几年举四川全省之力奋力赶超了重庆。因此,这方面的差距重庆始终无法弥补。

如果说使领馆数的差距是先天原因所致,那么造成"年举办大型国际会议数"和"上市公司数目"的差距就有点儿人为的因素了。原因之一与重庆的秉性有关。因为重庆文化是一种"码头文化",注重的是实干,不擅也不屑宣传和包装。原因之二是重庆直辖前没有条件,直辖后又忙于城市建设,只争朝夕地改变落后的城市面貌,所以也没有功夫去组织、思考、设计那些"花里胡哨"的会议噱头。原因之三是硬件设施条件。由于历史的原因,成都很早就建成了一大批高质量高规格的会议展览中心,拥有比较完备的会议展览设施条件;同样由于历史的原因,重庆直到21世纪初才建成像样的会展中心,而且位置偏僻,缺乏群众参与的基础(条件)。原因之四是"历史惯性"。其实,一些国际会议是有历史惯性的,就像国际金融中心一样,无论后起之秀多么努力,却始终无法撼动伦敦和纽约的中心地位。虽然重庆携直辖之势一直在努力创造条件争取尽可能多的国际会议、展览在重庆召开,怎奈历史的"天平"不在重庆这一边。上述种种原因导致成渝之间的巨大差距。虽然客观原因是主要的,但后天努力的主观原因也不容否定。因此,重庆不能因为客观条件的限制而顺其自然;而应该充分利用现有的一切条件甚至创造条件奋起直追;要有敢为人先的勇气,充分挖掘一切机会;更要集思广益,充分听取各个领域专业人士的意见。

(2)成都的优势领域之二:科技创新。

图1-16 成渝2016—2020年科技创新综合得分趋势图

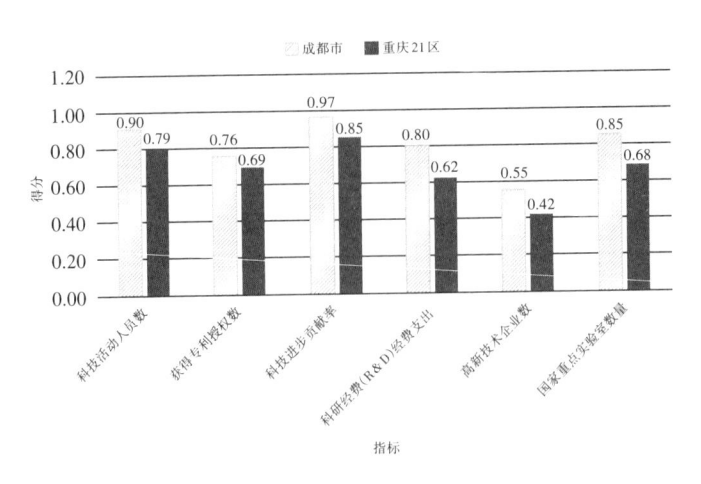

图1-17 成渝2016—2020年科技创新细分指标得分柱状图

第一,整体上,研究期内(2016—2020)重庆在"科技创新"这一指标上全面落后于成都,且发展趋势相同。(图1-16)

第二,次级指标上,六项指标"科技活动人员数""获得专利授权数""科技进步贡献率""科研经费(R&D经费支出)""高新技术企业数""国家重点实验室数量"全面落后于成都,这不仅与科技人员和企业数(包括实验室数)有关,也与研发投入有关,当然,根本原因还是研发投入。研发投入多了,自然吸引的科技人员和建立的实验室才会多。然而,研发投入只靠政府显然是不够的,高科技企业必须扮演重要的角色。因此,重庆必须加大政策扶持力度和资金投入以吸引更多的科技人才和企业落户重庆。(图1-17)

（3）成都的优势领域之三：金融商务环境。

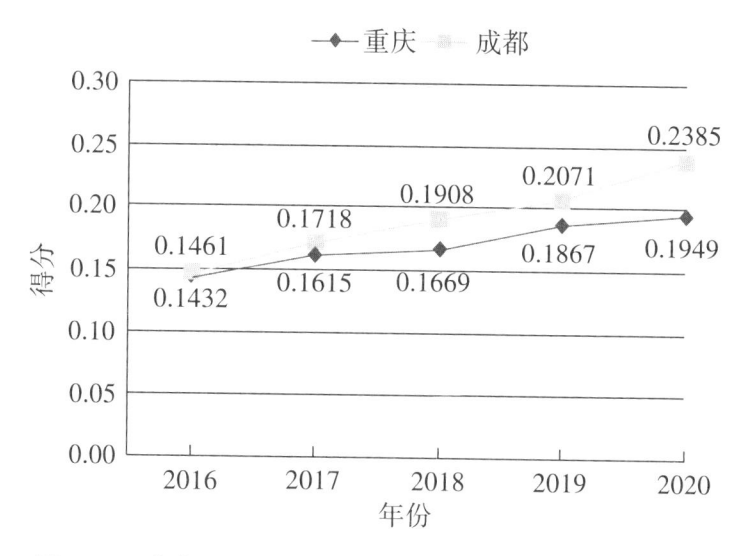

图1-18 成渝2016—2020年金融商务环境综合得分趋势图

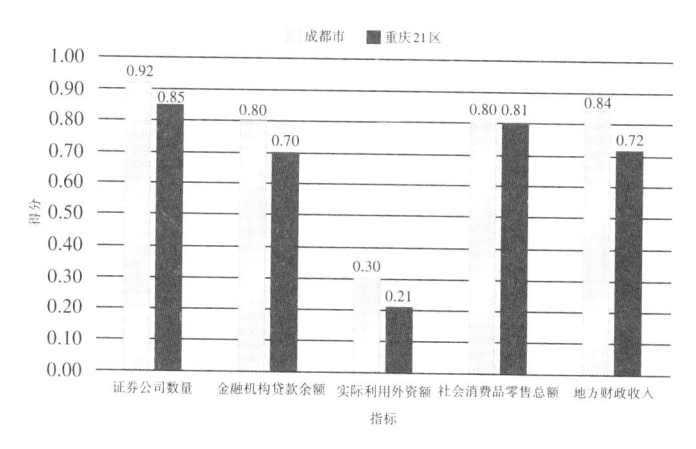

图1-19 成渝2016—2020年金融商务环境细分指标得分柱状图

第一，整体上，重庆在"营商环境"上的落后主要表现在"金融商务环境"和"创业环境"两项指标上。虽然成渝两地的金融商务环境都呈上升趋势,但重庆的上升趋势比较平缓,而成都则比较快速,因此,除起步年(2016)之外,重庆几乎全面落后于成都。(图1-18)

第二,在金融商务环境的次级指标上,重庆除了"社会消费品零售总额"与成都持平之外,其余指标都处于劣势,尤其以"金融机构贷款余额"为最。(图1-19)

(4)成都的优势领域之四:创业环境。

第一,发展趋势上,成渝两地的创业环境都呈上升趋势,且发展态势相似;只是重庆平缓,成都更快速。整体上重庆仍然全面落后于成都,且中间有差距扩大的趋势;2019年后重庆的增速略快于成都。(图1-20)

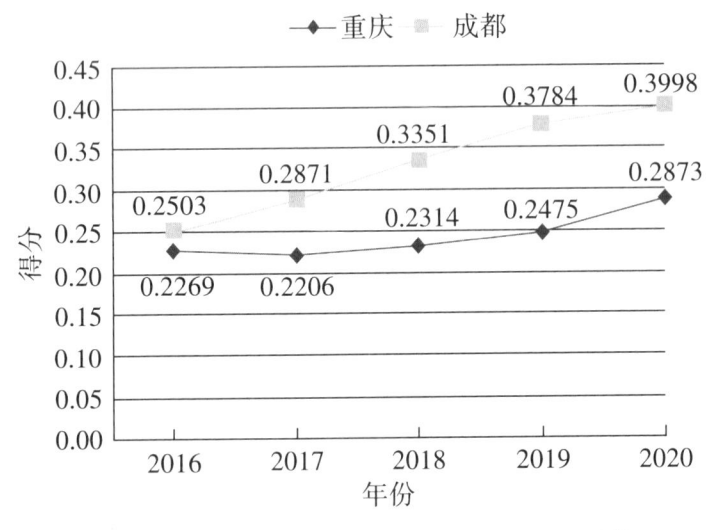

图1-20 成渝2016—2020年创业环境综合得分趋势图

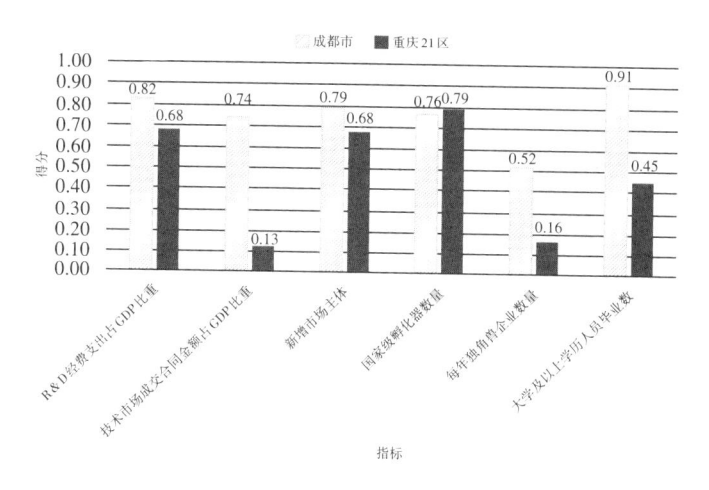

图1-21 成渝2016—2020年创业环境细分指标得分柱状图

第二,具体指标上,除"国家级孵化器数量"指标占优之外,其余指标"R&D经费支出占GDP比重""技术市场成交合同金额占GDP比重""新增市场主体""每年独角兽企业数量""大学及以上学历人员毕业数"等全面落后于成都,尤其是"大学及以上学历人员毕业数"和"技术市场成交合同金额占GDP比重"为最。(图1-21)

其实,这些指标的劣势与科技创新的落后表现原因如出一辙,还是人才、高科技企业数量和资金投入不足的问题。要在引进企业上把资源向科技型企业倾斜,同时鼓励企业创建更多的科技实验室和创新平台,这不仅可以减轻政府投资压力,而且可以使科技成果更直接为企业服务。

(5)成都的优势领域之五:居民生活质量。

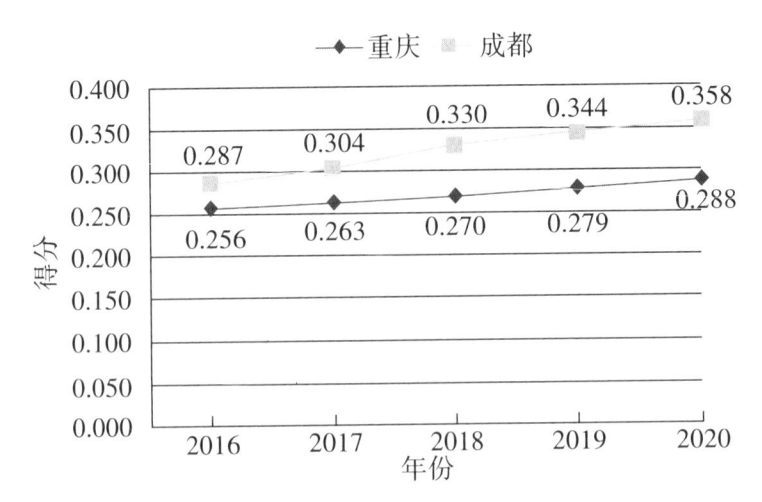

图1-22 成渝2016—2020年居民生活质量综合得分趋势图

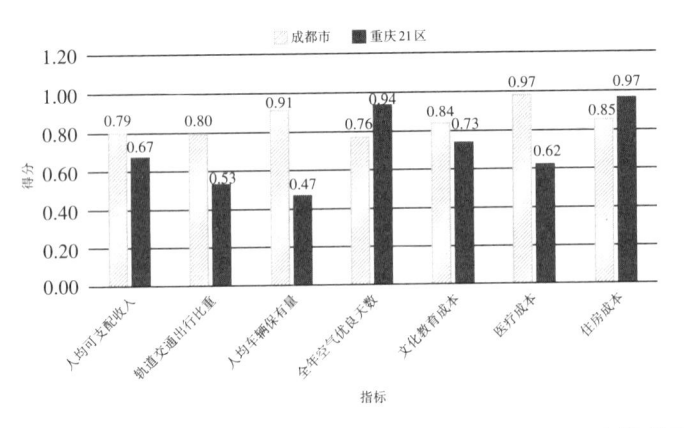

图1-23 成渝2016—2020年居民生活质量细分指标得分柱状图

第一,发展趋势上,成渝两地的居民生活质量都呈上升趋势,且发展态势相似;只是重庆平缓,成都更快速。整体上重庆仍然全面落后于成都,且差距呈扩大趋势,值得重庆重视。(图1-22)

第二,重庆在"居民生活质量"指标上的落后,主要表现在"人均可支配收入""轨道交通出行比重""人均车辆保有量""文化教育成本"及"医疗成本"的落后。值得注意的是"人均可支配收入"与"文化教育成本"及"医疗成本"是两种反向指标。重庆人均可支配收入低,文化教育成本及医疗成本反而高,这一低一高值得重庆重视。否则,重庆的居民生活质量必将受到更大影响。(图1-23)

(6)成都的优势领域之六:对外交流。

图1-24 成渝2016—2020年对外交流综合得分趋势图

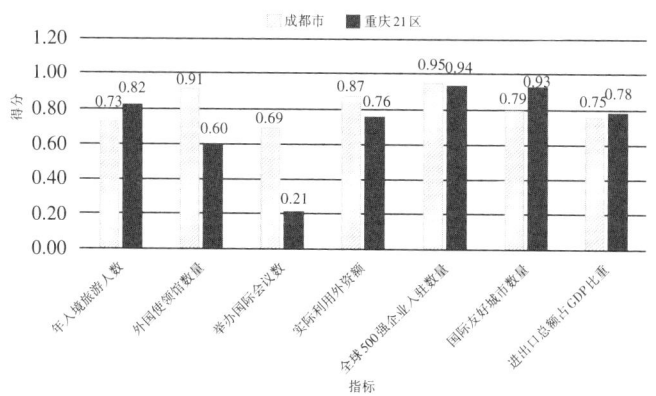

图1-25 成渝2016—2020年对外交流细分指标得分柱状图

第一,从发展趋势看,成渝两地基本呈增长态势,但因受疫情的影响,2019年之后都呈下降趋势。整体看,成都优于重庆,且2019年之前成都呈加速上升之势;重庆增势则较平缓。(图1-24)

第二,从具体指标看,除"年入境旅游人数""国际友好城市数量"和"进出口总额占GDP比重"三个指标重庆占优之外,其余指标"外国使领馆数""举办国际会议数""实际利用外资额""全球500强企业入驻数量"等全面落后于成都,尤其是"外国使领馆数量""举办国际会议数"差距较大。(图1-25)

(7)成都的优势领域之七:城市知名度。

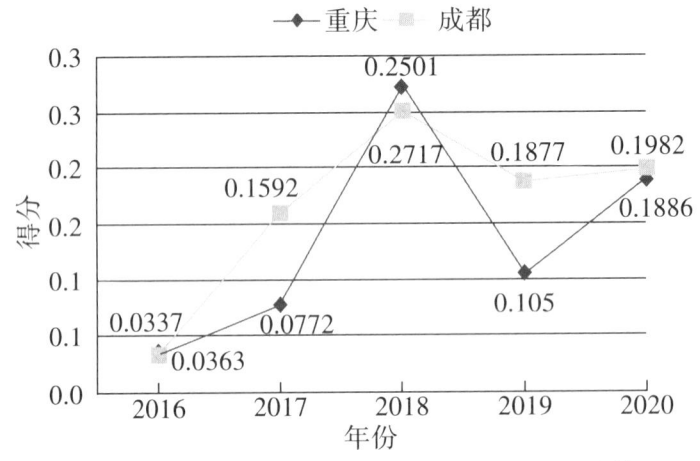

图1-26 成渝2016—2020年城市知名度综合得分趋势图

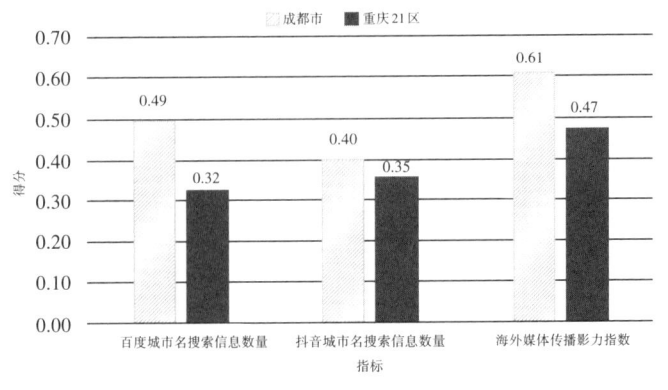

图1-27 成渝2016—2020年城市知名度细分指标得分柱状图

从发展趋势看,成渝两地知名度2016—2020年得分波动均较大,重庆的波动更大。(图1-26)但整体上,成都的城市知名度指标得分高出重庆一个层次,主要因为成都的"百度城市名搜索信息数量""抖音城市名搜索信息数量""海外媒体传播影响力指数"这三个指标都优于重庆。2018年是一个例外,这一"例外"显得特别突出,所以值得重庆总结。(图1-27)

(8)成都的优势领域之八:节能减排水平。

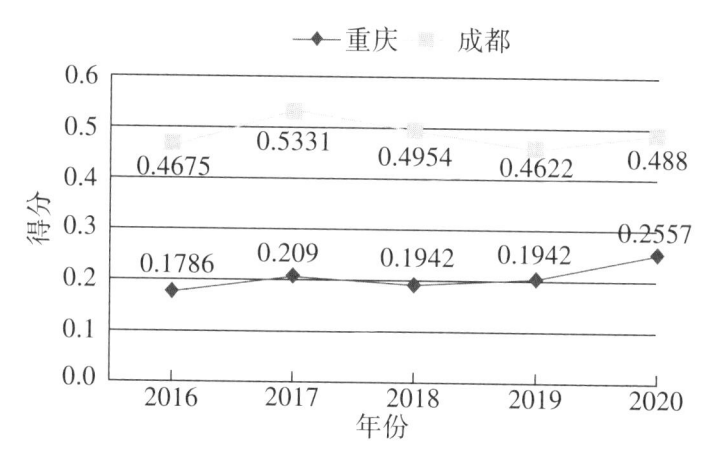

图1-28 成渝2016—2020年节能减排水平得分趋势图

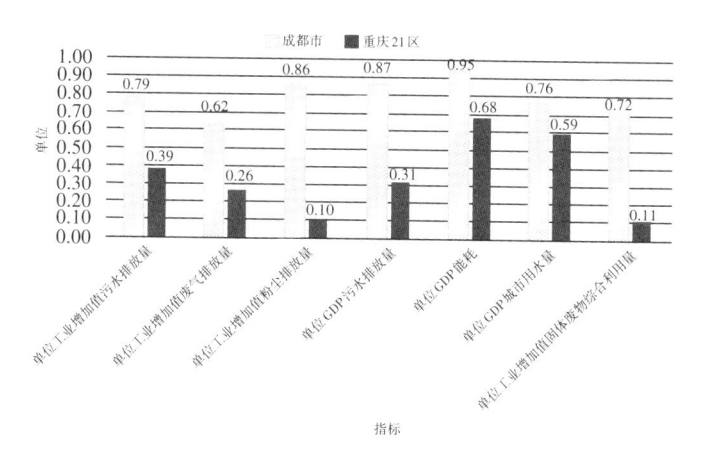

图1-29 成渝2016—2020年节能减排水平细分指标得分柱状图

从发展趋势看,重庆和成都整体态势相似,但成都波动相对较大。(图1-28)整体上,成都的节能减排水平指标得分高出重庆一个层次,主要因为成都的"单位工业增加值污水排放量""单位工业增加值废气排放量""单位工业增加值粉尘排放量""单位工业增加值固体废物综合利用量""单位GDP能耗"比重庆高出太多,值得重庆足够重视。(图1-29)

(二)六大子领域实力对比

以上主要从成渝两地的城市综合实力进行评判,进而从细分的13个三级指标进行优势比较并找出其中两地的优势指标进行分析。以下将从经济水平、现代产业、营商环境、民生服务、开放水平和环境可持续这六大二级指标(领域)进行评判,并对其下的细分指标进行优劣势比较,然后针对重庆的劣势提出重庆的发展对策。

1. 经济水平

一个地区经济实力的强弱主要通过经济发展水平来反映,而经济发展水平又主要通过经济增长和总部经济两个二级指标来体现,二级指标层下又分若干三级指标。统计2016—2020年各年度的三级指标历史数据,经综合加权计算得到成渝两地2016—2020年经济水平相应的指标得分、权重及得分对比折线图。

表1-16 2016—2020年成渝城市经济水平相关指标综合得分

准则层		指标	2016—2020年成渝两地指标得分				权重
			成都市		重庆21区		
经济水平	经济增长	人均地区生产总值	0.44	0.23	0.74	0.25	0.072
		第二产业增加值	0.16		0.72		0.076
		第三产业增加值	0.62		0.35		0.080
		规模以上工业增加值	0.35		0.58		0.082
		进出口总额	0.47		0.56		0.066
		居民人均消费支出	0.77		0.20		0.077
	总部经济	国际组织机构数	0.66	0.35	0.05	0.13	0.081
		高级外交访问数	0.64		0.40		0.075
		使领馆数	0.66		0.05		0.085
		上市公司数目	0.49		0.08		0.071
		城市空港年旅客吞吐量	0.73		0.26		0.077
		年举办大型国际会议数	0.61		0.06		0.075
		年接待入境旅客数	0.72		0.81		0.082

表1-17 2020年成渝城市经济水平相关指标得分

准则层		指标	2020年成渝两地指标得分				权重
			成都市		重庆21区		
经济水平	经济增长	人均地区生产总值	0.70	0.30	0.90	0.37	0.072
		第二产业增加值	0.33		1.00		0.076
		第三产业增加值	1.00		0.73		0.080
		规模以上工业增加值	0.69		1.00		0.082
		进出口总额	1.00		0.85		0.066
		居民人均消费支出	0.93		0.40		0.077
经济水平	总部经济	国际组织机构数	1.00	0.38	0.20	0.12	0.081
		高级外交访问数	1.00		0.67		0.075
		使领馆数	1.00		0.20		0.085
		上市公司数目	1.00		0.42		0.071
		城市空港年旅客吞吐量	0.22		0.00		0.077
		年举办大型国际会议数	0.71		0.11		0.075
		年接待入境旅客数	0.02		0.00		0.082

（1）整体看，重庆在2016—2020年的城市"经济增长"综合得分中占优（成都0.23，重庆0.25），成都的"总部经济"占优（成都0.35，重庆0.13），且成都"总部经济"的优势更为明显。（表1-16）结合2020年的指标看，成都在"总部经济"上的优势呈扩大趋势，主要因为重庆在总部经济上的得分不升反降，值得重庆重视。（表1-17）

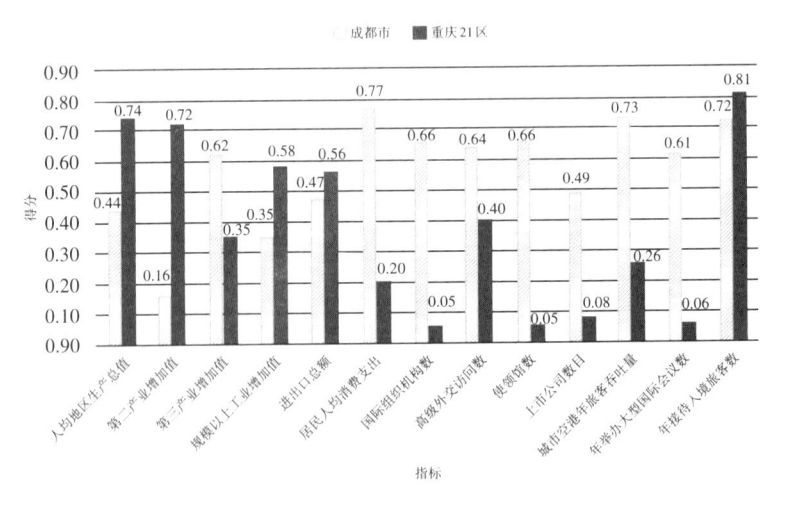

图1-30 成渝经济水平细分指标2016—2020年综合得分柱状图

（2）在细分指标上，重庆在"人均地区生产总值""第二产业增加值""规模以上工业增加值""进出口总额""年接待入境旅客数"这5个指标中占优，但其中的"进出口总额""年接待入境旅客数"两项指标却在2020年被成都反超，值得重庆反思。而成都在"第三产业增加值""居民人均消费支出""国际组织机构数""高级外交访问数""使领馆数""上市公司数目""城市空港年旅客吞吐量""年举办大型国际会议数"这8个指标中处于优势。

经济水平细分指标上,重庆权重较高的有"第三产业增加值""规模以上工业增加值""国际组织机构数""使领馆数""年接待入境旅客数",因此,在今后的经济发展过程中,重庆应重点考虑这5个方面的发展策略和政策制订。(图1-30)

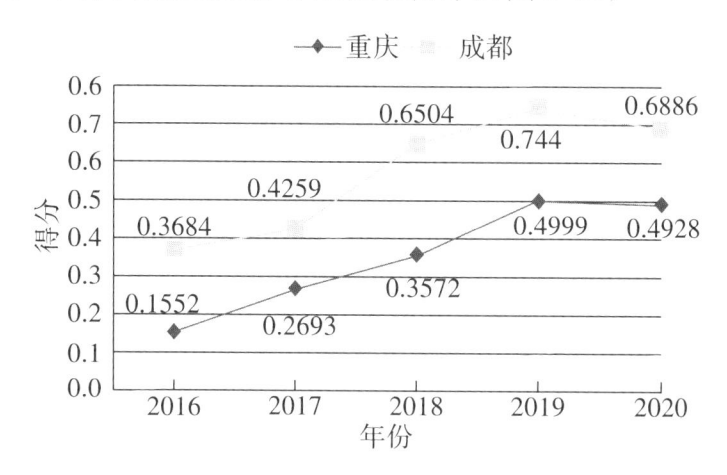

图1-31 成渝2016—2020年经济水平得分对比折线图

(3)发展趋势上,重庆和成都的经济水平在2020年以前都呈现了明显的增长趋势,且得分折线图波动趋势较为相似;但整体上成都的经济实力高于重庆,主要根源于目前成都的产业结构和城市辐射力优于重庆。另一方面,相比于重庆,总部落户成都的企业较多,成都发展总部经济优势明显。受疫情影响,经济发展水平都略有下降,但整体可控,主要原因在于疫情阻碍了城市的对外经济(图1-31)。

(4)通过对经济水平的分析,建议:优化产业结构;扩大重庆城市辐射范围;提高重庆总部企业数量,加强对外经济发展,提高开放水平和质量。

2.现代产业

"产业现代化"和"科技创新"之间存在着相互促进、相互依赖的良性互动关系,这种良性互动关系有利于促进经济增长的动力转换与产业的转型升级。

统计2016—2020各年度的营商环境历史数据,经综合加权计算得到成渝两地2016—2020年经济水平相应的指标得分、权重及得分对比折线图。

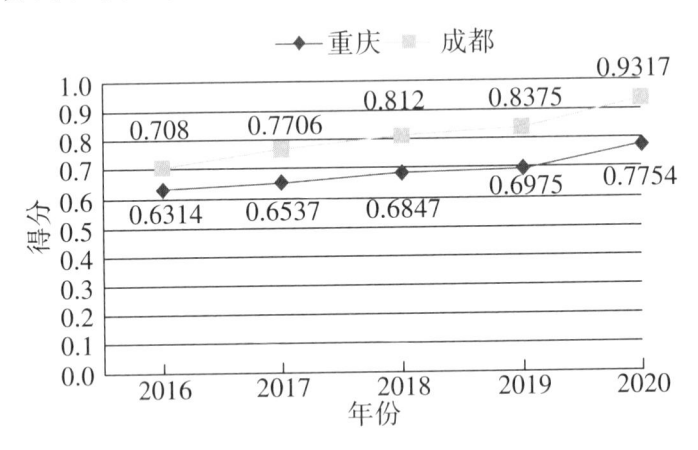

图1-32 成渝2016—2020年现代产业得分对比折线图

(1)整体上,成都的现代产业实力明显高于重庆,主要根源于"科技进步贡献率""高新技术企业数"等方面。

(2)发展趋势上,重庆和成都的现代产业在研究期内都呈现了明显的增长趋势,且增长稳定;阶段性和个体差异性特征并不突出,两地的得分折线图波动趋势较为相似;两地的现代产业水平并没有因为疫情的影响而倒退,增长率反而有所提高。(图1-32)

表1-18 2016—2020年成渝现代产业相关指标综合得分

准则层		指标	2016—2020年成渝两地指标得分				权重
			成都市		重庆21区		
现代产业	产业现代化	全社会劳动生产率	0.93	0.35	0.75	0.41	0.086
		工业总资产贡献率	0.77		0.82		0.097
		工业成本费用利润率	0.81		0.80		0.074
		技术市场交易额	0.75		0.17		0.100
		现代服务业增加值	0.74		0.77		0.084
		金融业增加值	0.78		0.85		0.078
	科技创新	科技活动人员数	0.90	0.39	0.79	0.32	0.082
		获得专利授权数	0.76		0.69		0.083
		科技进步贡献率	0.97		0.85		0.086
		科研经费（R&D经费支出）	0.80		0.62		0.076
		高新技术企业数	0.55		0.42		0.073
		国家重点实验室数量	0.85		0.68		0.081

表1-19 2020年成渝现代产业相关指标得分

准则层		指标	2020年成渝两地指标得分				权重
			成都市		重庆21区		
现代产业	产业现代化	全社会劳动生产率	0.95	0.40	0.88	0.45	0.086
		工业总资产贡献率	0.62		0.70		0.097
		工业成本费用利润率	0.79		0.82		0.074
		技术市场交易额	1.00		0.13		0.100
		现代服务业增加值	0.90		1.00		0.084
		金融业增加值	0.96		1.00		0.078
	科技创新	科技活动人员数	1.00	0.48	0.86	0.39	0.082
		获得专利授权数	1.00		0.85		0.083
		科技进步贡献率	1.00		0.87		0.086
		科研经费（R&D经费支出）	1.00		0.80		0.076
		高新技术企业数	1.00		0.69		0.073
		国家重点实验室数量	1.00		0.83		0.081

（3）准则层上，重庆在2016—2020年的城市"产业现代化"综合得分中占优，而成都的"科技创新"占优，二者优势相当；结合2020年的得分可知，重庆的产业现代化优势未变，而成都的科技创新优势却呈扩大趋势，值得引起重庆的足够重视。（表1-18）

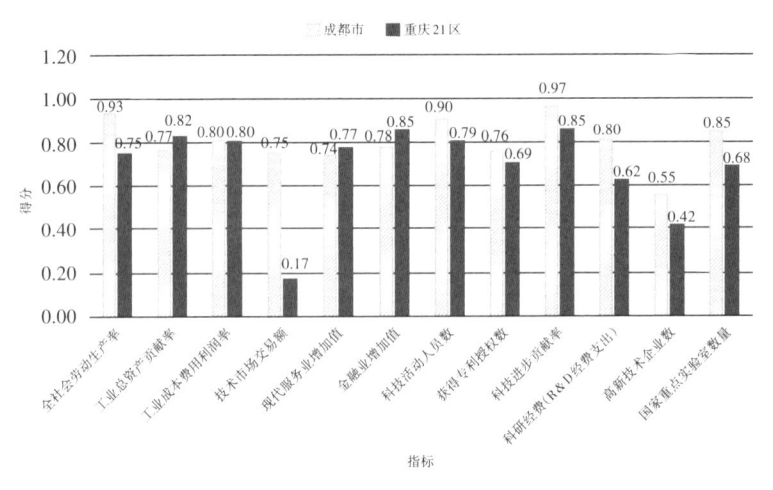

图1-33　成渝现代产业细分指标2016—2020年综合得分柱状图

（4）在细分指标上，重庆在"工业总资产贡献率""工业成本费用利润率""现代服务业增加值""金融业增加值"等4个指标上占优；而成都在"全社会劳动生产率""技术市场交易额""科技活动人员数""获得专利授权数""科技进步贡献率""科研经费（R&D经费支出）""高新技术企业数""国家重点实验室数量"等8个指标上处于优势。虽然成（从0.39到0.48）渝（从0.32到0.39）在科技创新领域都有进步，但成都在该领域处于绝对地位，六个指标都占优。（表1-19）

重庆现代产业细分指标权重占比最高的两个是："工业总资产贡献率""技术市场交易额"，在后面的现代产业发展策略和政策建议上，优先考虑这三个指标。

(5)通过对现代产业的分析,建议:在保持当前工业、服务业和金融业的发展态势下,加大科技创新的力度,提高科研经费支出;加大政策倾斜力度,引进高新技术企业,补齐重庆在高新技术产业链方面的短板和"断链";提高科技人员待遇,引进高层次科技创新人才;争取中央政策支持,在重庆尽可能多地设立市级以上科研或工程实验室。

3. 营商环境

良好的营商环境是一个国家或地区经济软实力的重要体现,是一个国家或地区提高综合竞争力的重要方面。一个地区营商环境的优劣直接影响招商引资的多寡,同时也直接影响区域内的经营企业,最终对经济发展状况、财税收入、社会就业情况等产生重要影响。为了较为系统地比较成渝双城的营商环境,报告将从"交通物流环境、创业环境以及金融商务环境"三方面展开比较。

统计2016—2020各年度的营商环境历史数据,经综合加权计算得到成渝两地营商环境相应的指标得分、权重及得分对比折线图。

图1-34 成渝2016—2020年营商环境得分对比折线图

(重庆：0.5801, 0.6318, 0.6538, 0.6826, 0.7322)
(成都：0.642, 0.6465, 0.7338, 0.8108, 0.8426)

（1）整体上，成都的营商环境明显优于重庆，主要是由于成都在创业和金融方面优势突出，产业的定位使得成都的科技、金融等在发展上更具优势，人才的培养、产业的虹吸效应等促使成都在科技创新方面优于重庆，从而使得成都成功赶超重庆。

（2）发展趋势上，重庆和成都的营商环境在研究期内都呈现了明显的增长趋势，且增长稳定。不过，重庆的起点（2016年）虽然高于成都，但因增速低于成都，结果却在2017年之后被成都反超，应引起重庆的足够重视。可喜的是，由于重庆增速稳定，所以2019年后差距有所收窄，且呈现赶超之势。（图1-34）

表1-20　2016—2020年成渝城市营商环境相关指标得分及权重

准则层		指标	2016—2020年成渝两地指标得分				权重
			成都市		重庆21区		
营商环境	交通物流环境	铁路交通设施规模	1.00	0.20	0.98	0.25	0.05
		航空能力富裕度	0.90		0.61		0.05
		港口泊位数	0.03		0.89		0.08
		机动车保有量	0.89		0.66		0.05
		年客运总量	0.77		0.26		0.05
		年货运总量	0.33		0.88		0.06
	金融商务环境	证券公司数量	0.92	0.19	0.85	0.17	0.06
		金融机构贷款余额	0.80		0.70		0.05
		实际利用外资额	0.30		0.21		0.04
		社会消费品零售总额	0.80		0.81		0.06
		地方财政收入	0.84		0.72		0.04
	创业环境	R&D经费支出占GDP比重	0.82	0.30	0.68	0.22	0.04
		技术市场成交合同金额占GDP比重	0.74		0.13		0.05
		新增市场主体	0.79		0.68		0.05
		大学及以上学历人员毕业数	0.91		0.45		0.06
		国家级孵化器数量	0.76		0.79		0.06
		每年独角兽企业数量	0.52		0.16		0.05

表1-21 2020年成渝城市营商环境相关指标得分及权重

准则层		指标	2020年成渝两地指标得分				权重
			成都市		重庆21区		
营商环境	交通物流环境	铁路交通设施规模	1.00	0.20	1.00	0.25	0.05
		航空能力富裕度	0.70		0.44		0.05
		港口泊位数	0.03		0.79		0.08
		机动车保有量	1.00		0.82		0.05
		年客运总量	0.84		0.19		0.05
		年货运总量	0.36		1.00		0.06
	金融商务环境	证券公司数量	0.99	0.24	0.90	0.20	0.06
		金融机构贷款余额	1.00		0.90		0.05
		实际利用外资额	1.00		0.20		0.06
		社会消费品零售总额	0.90		1.00		0.06
		地方财政收入	1.00		0.75		0.04
	创业环境	R&D经费支出占GDP比重	1.00	0.37	0.74	0.26	0.04
		技术市场成交合同金额占GDP比重	0.97		0.08		0.05
		新增市场主体	1.00		0.82		0.05
		国家级孵化器数量	0.95		1.00		0.06
		每年独角兽企业数量	1.00		0.60		0.05
		大学及以上学历人员毕业数	1.00		0.48		0.06

（3）营商环境的子领域，重庆在2016—2020年间的三大子领域的综合得分中只有"交通物流环境"子领域占优；而成都却在另外两大领域"金融商务环境"和"创业环境"占优，且优势较为明显。（表1-20）对比2020年的得分可知，成都不仅在创业环境（0.30到0.37）上比重庆（0.22到0.26）进步大，在金融商务（从0.19到0.24）方面也比重庆（0.17到0.20）进步大。（表1-21）

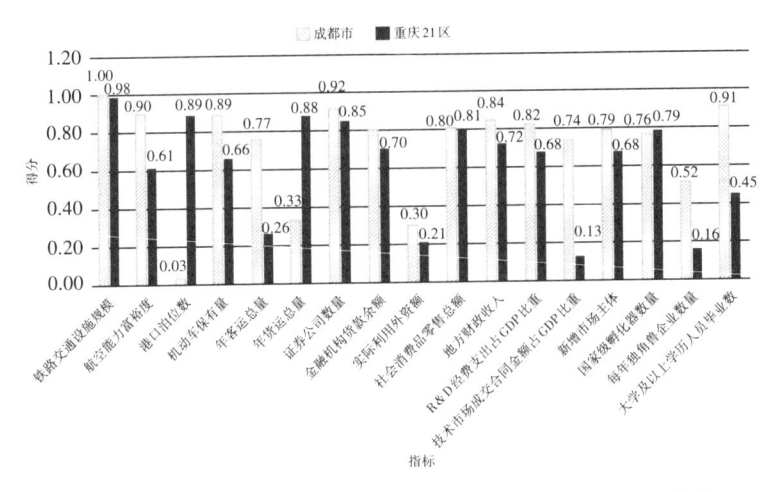

图 1-35 成渝营商环境细分指标2016—2020年综合得分柱状图

（4）在细分指标上，成渝两地的"铁路交通设施规模""社会消费品零售总额"不相上下，重庆在"港口泊位数""年货运总量""国家级孵化器数量"这3个指标中占优，而成都在"航空能力富裕度""机动车保有量""年客运总量""证券公司数量""金融机构贷款余额""实际利用外资额""地方财政收入""R&D经费支出占GDP比重""技术市场成交合同金额占GDP比重""新增市场主体""每年独角兽企业数量""大学及以上学历人员毕业数"这12个指标中处于优势。（图1-35）

营商环境细分指标权重占比较高的是："年货运总量""证券公司数量""社会消费品零售总额""国家级孵化器数量""本科院校数"，在今后的营商环境发展策略和政策制订上，应重点考虑这六个领域。

（5）通过对营商环境的分析，建议：在保持当前交通、金融、创业等方面的发展态势下，优化营商环境，实施创新驱动发展战略,加大对科技创新的培养和支持力度、构建人文底蕴深厚的创新文化和创新体系;提高政府的亲和力和政策的执行力等。

4.民生服务

现代意义上的民生,是对居民生存和发展所需的物质和精神条件的一种基本满足及在此基础之上寻求的提高与改善。

统计2016—2020各年度的民生服务历史数据,经综合加权计算得到成渝两地营商环境相应的指标得分、权重及得分对比折线图。

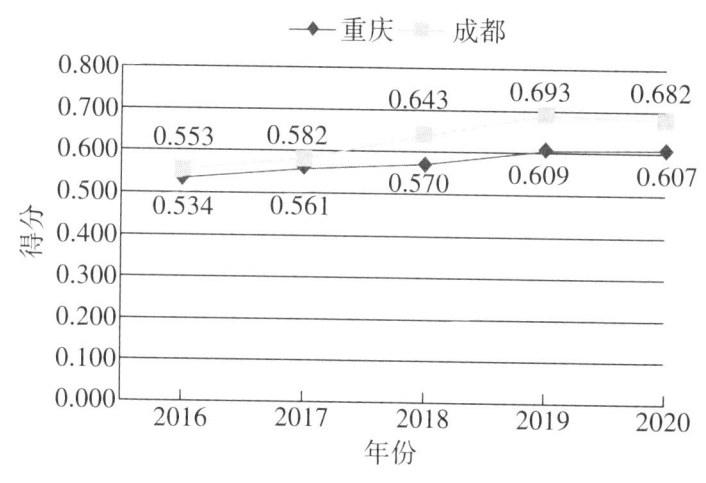

图1-36 成渝2016—2020年民生服务得分对比折线图

(1)整体上,重庆与成都两地的民生建设都呈现出明显的上升趋势。不过值得注意的是,2017年之后成都优势呈扩大趋势,2019年之后成都有所下降,但仍高于重庆。(图1-36)

究其原因:第一,成都医疗水平的快速增长以及两地高等教育资源的较大差距。第二,四川举全省之力建设成都,无论是医疗还是教育等公共资源,成都皆占优。不过,使用却并非成都独享,而是供全省乃至周边地区人们所共享。第三,重庆的轨道交通建设虽然较成都时间更早,但发展速度较慢,成都后来居上。

成都的轨道交通建设不仅快于重庆,甚至在整个中国都堪称奇迹,而且路网也更加完善,这也是成都赶超重庆的主要原因。

表1-22 2016—2020年成渝民生服务资源相关指标综合得分

准则层		指标	2016—2020年成渝两地指标得分				权重
			成都市		重庆21区		
民生服务	公共服务资源	在校大学生人数	0.87	0.31	0.75	0.31	0.045
		每万人拥有中小学生人数	0.76		0.99		0.061
		三甲医院数	0.80		0.57		0.039
		每万人拥有医生数	0.87		0.49		0.052
		每万人拥有医院床位数	0.88		0.68		0.039
		人均公园绿地面积	0.84		0.98		0.051
		年旅游收入	0.76		0.63		0.049
		年吸引游客数	0.54		0.93		0.060
	居民生活质量	人均可支配收入	0.79	0.32	0.67	0.27	0.042
		轨道交通出行比重	0.80		0.53		0.052
		人均车辆保有量	0.91		0.47		0.052
		全年空气优良天数	0.76		0.94		0.059
		文化教育成本	0.84		0.73		0.05
		医疗成本	0.97		0.62		0.06
		住房成本	0.85		0.97		0.06

表1-23 2020年成渝民生服务资源相关指标得分及权重

准则层		指标	2020年成渝两地指标得分				权重
			成都市		重庆21区		
民生服务	公共服务资源	在校大学生人数	1.00	0.32	0.87	0.32	0.045
		每万人拥有中小学生人数	0.83		1.00		0.061
		三甲医院数	1.00		0.69		0.039
		每万人拥有医生数	1.00		0.60		0.052
		每万人拥有医院床位数	1.00		0.75		0.039
		人均公园绿地面积	0.77		0.97		0.051
		年旅游收入	0.64		0.56		0.049
		年吸引游客数	0.47		0.93		0.060

续表

准则层		指标	2020年成渝两地指标得分				权重
			成都市		重庆21区		
民生服务	居民生活质量	人均可支配收入	1.00	0.36	0.73	0.29	0.042
		轨道交通出行比重	1.00		0.69		0.052
		人均车辆保有量	1.00		0.56		0.052
		全年空气优良天数	0.84		1.00		0.059
		文化教育成本	1.00		0.81		0.05
		医疗成本	0.96		0.56		0.06
		住房成本	0.82		0.94		0.06

（2）民生服务的子领域，成渝在2016—2020年间的民生服务两大子领域中的综合得分各有优势：重庆在"公共服务资源"子领域占优；成都在"居民生活质量"方面占优，且优势更加明显。（表1-22）值得注意的是，从2020年的数据可以看出，成都的民生服务质量有优势扩大的趋势；但重庆的公共服务资源却存在优势减少的趋势，这一增一减的趋势重庆应重视。（表1-23）

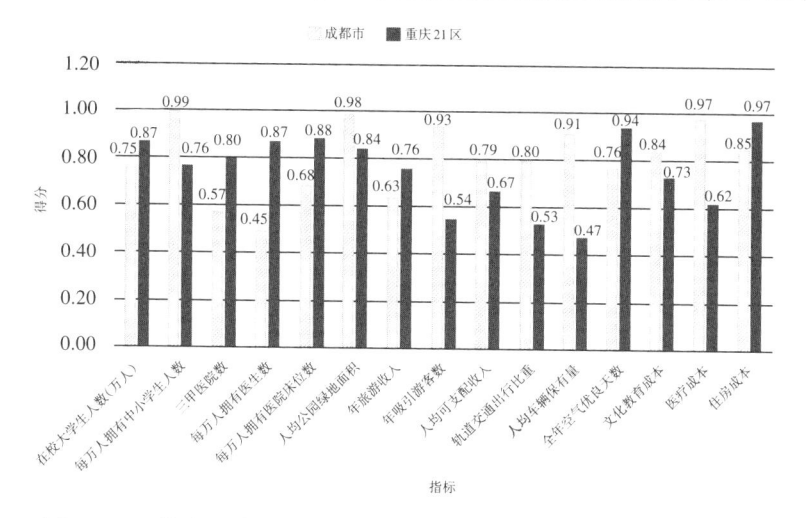

图1-37 成渝民生服务细分指标2016—2020年综合得分柱状图

（3）从细分指标看，成都在"每万人拥有中小学生人数""人均公园绿地面积""年吸引游客数""人均可支配收入""轨道交通出行比重""人均车辆保有量""文化教育成本"及"医疗成本"8个指标上占优，而重庆在"在校大学生人数""三甲医院数""每万人拥有医生数""每万人拥有医院床位数""年旅游收入""全年空气优良天数"和"住房成本"7个指标中处于优势。可见，成都的优势指标较重庆多，且占优的指标："轨道交通出行比重""医疗成本""人均可支配收入""人均公园绿地面积"等多半是关乎市民生活质量和幸福指数的人均资源占有量，因此，必须引起重庆的高度重视。（图1-37）

（4）建议：在保持当前生活环境、中小学生教育和住房成本的优势下，加大医疗建设、轨道建设及高校发展的投入力度，从而降低居民的医疗成本、教育成本及交通成本等各种生活成本，提高居民生活幸福指数。

5. 开放水平

随着全球化趋势日益明显，城市对外交流水平、城市知名度和影响力已成为衡量一个城市开放水平的重要标志，因此本范畴将围绕对外交流水平以及城市知名度展开。

经统计2016—2020各年度的开放水平历史数据，经综合加权计算得到成渝两地开放水平相应的指标得分、权重及得分对比折线图。

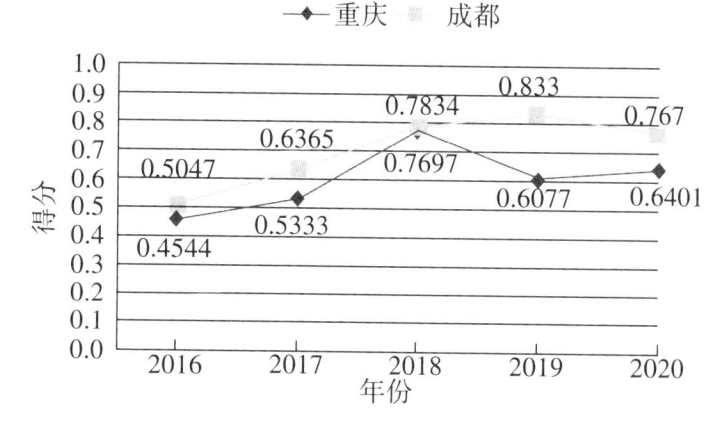

图 1-38 成渝开放水平 2016—2020 年得分对比折线图

（1）整体上，成都的开放水平得分高于重庆；从发展趋势看，重庆在2018年有赶超成都的趋势，令人意外的是2018年后由于重庆的急剧下降反而拉开了与成都的距离。（图1-38）

（2）从发展趋势看，成都的开放水平除2020年的略微下降之外呈现出持续增长的趋势；重庆的开放水平整体上呈现出先增后降的趋势，尤其是2018年之后呈现出剧烈的下降。主要原因有以下几点：

首先，成都的城市轨道交通和民航（双4F机场、航线较重庆更为丰富，尤其是国际航线全国第四、中西部第一）建设均比重庆为优。

其次，从对外通道建设来看，虽然重庆最先开通中欧班列，并且是陆海新通道的运营中心，但成都往往能做到后来居上，以至于开行的线路数、班列数和到达的城市数都超过重庆，并且还产生不少附加价值。比如可以直达成都的波兰和奥地利，最终就把领事馆建在了成都。

再次,从国际航线和出入境旅客吞吐量来看,2018年成都双流机场出入境旅客吞吐量位列全国第四,是重庆江北机场的1.85倍;截至2019年,成都共开通国际(地区)航线126条,其中定期直飞航线73条,重庆共开通国际(地区)航线95条。从世界500强企业来看,共有301家落户成都,296家落户重庆。从国际友城关系来看,目前成都的国际友城和国际友好合作关系城市已有47个,重庆为49个。

表1-24 2016—2020年成渝城市开放水平相关指标综合得分

准则层	指标	2016—2020年成渝两地指标得分		权重
		成都市	重庆21区	
开放水平	对外交流	年入境旅游人数 0.73	0.82	0.106
		外国使领馆数量 0.91	0.60	0.113
		举办国际会议数 0.69	0.21	0.111
		实际利用外资额 0.87　　0.55	0.76　　0.47	0.085
		全球500强企业入驻数量 0.95	0.94	0.095
		国际友好城市数量 0.79	0.93	0.086
		进出口总额占GDP比重 0.75	0.78	0.076
开放水平	城市知名度	百度城市名搜索信息数量 0.49	0.32	0.088
		抖音城市名搜索信息数量 0.40　　0.17	0.35　　0.13	0.114
		海外媒体传播影响力指数 0.61	0.47	0.125

表1-25 2020年成渝城市开放水平相关指标得分及权重

准则层	指标	2020年成渝两地指标得分		权重
		成都市	重庆21区	
开放水平	对外交流	年入境旅游人数 0.06	0.04	0.106
		外国使领馆数量 1.00	1.00	0.113
		举办国际会议数 1.00	0.24	0.111
		实际利用外资额 1.00　　0.57	0.24　　0.45	0.085
		全球500强企业入驻数量 1.00	0.24	0.095
		国际友好城市数量 0.96	0.24	0.086
		进出口总额占GDP比重 1.00	0.24	0.076

续表

准则层		指标	2020年成渝两地指标得分				权重
			成都市		重庆21区		
开放水平	城市知名度	百度城市名搜索信息数量	0.29	0.20	0.24	0.19	0.088
		抖音城市名搜索信息数量	0.47		0.24		0.114
		海外媒体传播影响力指数	0.95		0.24		0.125

（3）开放水平的子领域上，成都在"对外交流"和"城市知名度"上均占优，尤其是在对外交流上优势明显。（表1-24）结合2020年的数据可以看出，成都对外交流水平、城市知名度优势都有扩大的趋势，但重庆在这两方面的优势却有减少的趋势，这增减趋势应该引起重庆的足够重视。（表1-25）

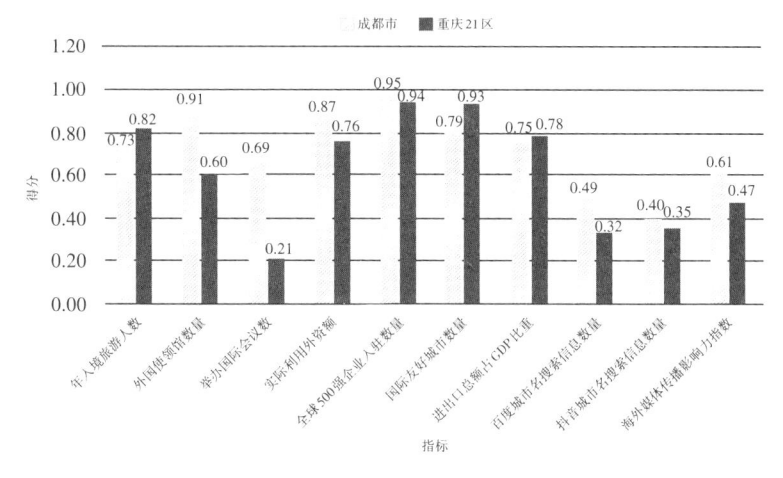

图1-39 成渝开放水平细分指标2016-2020年综合得分柱状图

（4）在细分指标上，重庆在"年入境旅游人数""国际友好城市数量""进出口总额占GDP比重"这3个指标中占优，而成都在"外国使领馆数量""举办国际会议数""实际利用外资额""全球500强企业入驻数量""百度城市名搜索信息数量""海外媒体传播影响力指数""抖音城市名搜索信息数量"等7个指标中处于

优势。(图1-39)

开放水平细分指标权重占比最高的四个是"海外媒体传播影响力指数""实际利用外资额""全球500强企业入驻数量""举办国际会议数",在今后的对外开放发展策略和政策制订上,应重点考虑这4个指标。

(5)建议:重庆应通过改善营商环境、提高交通等基础设施的建设力度以达到吸引外资和全球500强企业的入驻,同时积极创造条件多承办国际会议;此外,通过各种途径,尤其是具有世界影响力的海外媒体扩大宣传力度。

6.环境可持续

城市环境可持续性的建设是实现可持续发展的重要基础,对我国实现现代化具有决定性意义。

统计2016—2020各年度的城市环境可持续历史数据,计算得到成渝两地2016—2020年城市环境可持续相应的指标得分、权重及得分对比折线图。

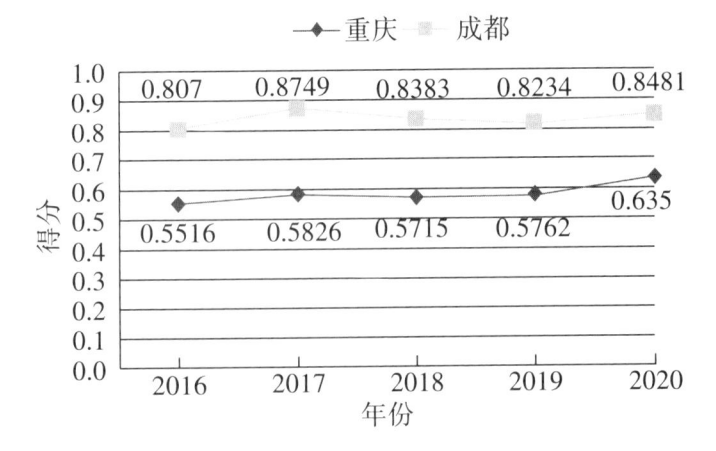

图1-40 成渝城市环境可持续2016—2020年得分对比折线图

（1）整体上成都的环境可持续实力明显高于重庆,但增速上重庆（五年的增幅0.08）则明显高于成都（五年的增幅0.04）,尤其是2020年,重庆进步较大,成都则无任何提高。

（2）发展趋势上,重庆和成都的环境可持续得分在研究期内都呈现了明显的增长趋势,成都增长趋势较为平缓,重庆则是先平缓再急剧上升。这主要根源于主导产业及其经济发展水平、发展阶段以及一些相关环保政策上的差异性。具体而言,主要因为重庆的工业体系较为庞大,所以节能减排任务艰巨;与此相反的是成都因为传统工业基础较为薄弱,大都为20世纪末至21世纪初建立的后现代工业,产值高、污染轻,因此,节能减排任务较轻。但在现有生态环境状态下,重庆由于拥有得天独厚的原生生态环境,所以重庆的生态状态略占优势。（图1-40）

表1-26　2020年成渝城市环境可持续指标得分及权重

准则层		指标	2020年成渝两地指标得分				权重
			成都市		重庆21区		
环境可持续	节能减排水平水平	单位工业增加值污水排放量	0.73	0.49	0.52	0.26	0.09
		单位工业增加值废气排放量	0.34		0.25		0.08
		单位工业增加值粉尘排放量	0.96		0.22		0.10
		单位GDP污水排放量	0.96		0.45		0.08
		单位GDP能耗	1.00		0.73		0.09
		单位GDP城市用水量	1.00		0.77		0.08
		单位工业增加值固体废物综合利用量	0.61		0.12		0.10
	生态状况	人均城市绿地面积	0.85	0.36	0.96	0.38	0.09
		建成区绿化覆盖率	1.00		0.98		0.08
		空气质量优良天数比例	0.84		1.00		0.07
		生活垃圾无害化处理率	1.00		0.94		0.07
		环境噪声等效声级	0.95		1.00		0.07

(3)环境可持续的子领域上,重庆生态状况(成都0.36、重庆0.38)占优,而成都节能减排水平(成都0.49、重庆0.26)占优,且成都节能减排水平的优势更为明显。(表1-26)

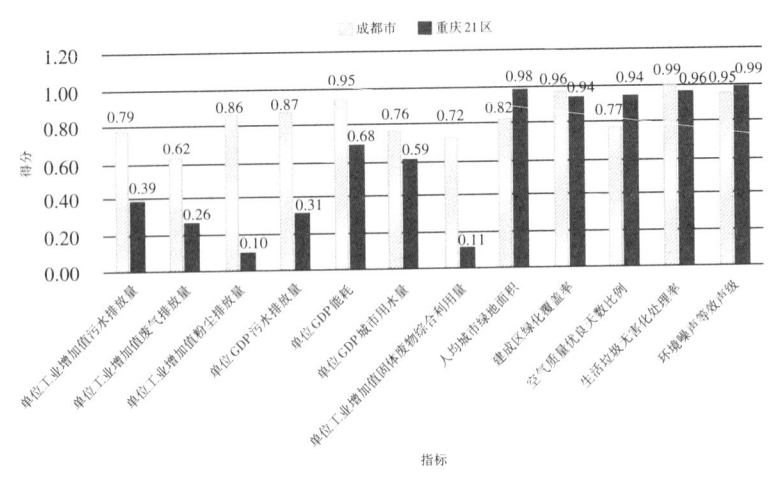

图1-41　成渝环境可持续细分指标2016—2020年综合得分对比柱状图

(4)在细分指标上,重庆在"人均城市绿地面积""空气质量优良天数比例""环境噪声等级声级"这3个指标中占优,而成都在"单位工业增加值污水排放量""单位工业增加值废气排放量""单位工业增加值粉尘排放量""单位GDP污水排放量""单位GDP能耗""单位GDP城市用水量""单位工业增加值固体废物综合利用量""建成区绿化覆盖率""生活垃圾无害化处理率"这9个指标中处于优势。环境可持续细分指标权重占比最高的两个是:"单位工业增加值粉尘排放量""单位工业增加值固体废物综合利用量",在今后的环境可持续发展策略和政策制订上,应重点考虑这两个指标。(图1-41)

(5)建议:将各种环境之间相互作用的负外部性尽最大可能

地控制在环境承载力容许范围之内,提高节能减排水平,严禁高能耗、高污染产业的投产,优化现有高能耗产业的排放标准,加大生态环境的环保力度。

五、基于比较优势重庆取高品质特色发展之策略

《纲要》中提到:要尊重客观规律,发挥比较优势,把成渝地区双城经济圈建设成为具有全国影响力的重要经济中心、科技创新中心、改革开放新高地、高品质生活宜居地。

通过对成渝2016—2020年在各个领域表现的对比分析发现,重庆的综合实力相对成都稍显落后,六大领域得分总体上也都次于成都,且前四年呈逐年扩大的趋势,第五年(2020)的差距有所减少(可以预见2021年有进一步缩小的可能,说明重庆经过"十三五"的努力已初见成效)。

经过本文的深入分析,重庆在六大领域13个细分指标中的5个指标(即经济增长、产业现代化、交通物流环境、公共服务资源和生态状况)具有一定的相对优势,后期需要继续努力、提高以保持优势。相比成都,重庆的较大短板是总部经济、科技创新、金融商务环境、创业环境、居民生活质量、开放水平(对外交流和城市知名度)和节能减排水平。

在成渝地区双城经济圈建设的大环境之下,重庆要把握好机遇,充分发挥比较优势,吸纳借鉴他人之长,推进自身更快更

高质量的发展。要把优势做得更优,用优势来带动劣势的改善。重庆的优势主要体现在:体制、工业、区位、生态和交通;重庆的劣势概括起来主要是两大方面:一是科技;二是营商环境。具体而言,就是要用体制优势来弥补营商环境不足的短板;同时要学习成都主动为企业员工提供优待医疗等措施,加强人文关爱,打造人性化的营商环境。其次,发挥工业优势来促进科技发展;发挥区位优势来促进对外贸易;发挥生态优势来打造宜居宜业环境;发挥长江黄金水道优势,加快互联互通。为此本报告建议做好如下几个方面。

(一)发挥比较优势,打造重庆特色品质

1.实现重庆高品质特色发展的总体思路

前述分析测评表明,成都在总部经济、科技创新、金融商务环境、创业环境、居民生活质量、开放水平等领域拥有相对优势。具体而言,成都最突出的亮点有:驰名中外的熊猫基地和以歼-20隐形战机为代表的装备制造业,以城市慢生活为代表的高品质生活,周边有美不胜收的九寨沟自然景观,如今还是公园城市新概念的倡导者与践行者。此外,成都也是中国第三个拥有双4F机场的城市并以天府机场为核心展开了公园城市的造城运动,享誉全国的会展经济,对城市基础设施的全面提升起促进作用。所有这一切都把成都的城市名片推向了一个新的高度。相比较而言,重庆的资源主要有国家政策赋予的新型直辖市,网民昵称的8D魔幻城市,国家重工业产业基地,周边有驰名中外的长江三峡和天坑地缝等自然奇观,以及重庆人自封的温泉之都、美食

之都、美女之都、世界桥都,新近又推出了重庆智造等城市名片。总之,重庆的城市名片似乎也不少,可重庆的名声却没有真正蜚声中外,原因有二:一是因为不管国家赋予的直辖市和现代工业产业基地,还是重庆人自封的温泉之都、美食之都、美女之都等等称谓,相比成都的熊猫故乡、举办世界大学生运动会以及歼-20隐形战机等这些世界性的元素而言,重庆的亮点大多仍然是国内层面的,无法产生海外轰动效应。二是因为与成都的九寨沟相比,重庆虽然也有世界级的长江三峡、三峡大坝和天坑地缝等自然和人工奇观,但因和重庆主城相距太远,让人很难联想起重庆,这需要刻意宣传。

总之,重庆缺的是独步天下的世界性元素。

要真正打响一个城市的品牌,究竟需要哪些元素呢?归纳起来不外乎两个方面:一靠天生"丽质";二靠品牌塑造。所谓城市的天生"丽质",实际上指的是城市的天然个性特点,这种特质的影响范围(或者说这种独特性在何种范围内得以体现)决定了城市的知名度和美誉度。像成都拥有的熊猫基地、世界大学生运动会、歼-20隐形战机、九寨沟自然景观等,其影响范围都是世界性的。反观重庆的山地城市特色虽然也闻名遐迩,但目前的美名仅限于国内,对海外的影响尚小,主要因为重庆的国际化程度还不够。一个城市的国际化程度又反过来影响其在国内外的知名度,二者相辅相成。提高城市的国际化程度,一靠硬实力。二靠城市品牌营销。首先,所谓硬实力,主要是指一个城市在国际上的政治地位、经济成就、金融地位、地理特点,以及文化底蕴、对外开放度、生活品质和个人成长空间等元素。其次,城市品牌营销也必须建立在一定实力的基础上。完全靠后天努力是不够的,必须"七分实力,三分努力",甚至"五五开"。否则,再多的努力效果也有限。比如,成都所打造的公园城市,如果没有天府新区广袤的湿地资源也是不可能的。因此,要提高重庆城市在世界上的知名度,必须结合重庆的实际,在以上各个方面有选择性地发力。

要塑造重庆的城市品牌,从以上所列举的多个方面来看,重庆已经有了一定的政治地位,也就是区位优势,不俗的经济成就和金融地位,不过短期内这些是无法实现根本性改变的。那么,重庆究竟有哪些值得期待的可雕琢成器的"玉石"呢?一是重庆的地理环境,也就是重庆的"山""水"和"气候"特点;二是重庆的"产业";三是重庆的"营商环境";四是重庆的"环境治理";五是重庆的"城市建设";六是重庆的"对外开放"。

2. "六维格局"打造重庆新时期城市名片

(1)一维:依托重庆的山和水,打造城市名片。

古人云:山不在高,有仙则名;水不在深,有龙则灵。要学会讲故事,茅台酒之所以成为酒中泰斗,国之佳酿,不仅仅因为其品质出众,还因为其品牌打造抓住了酒产品的两个亮点:一是水质的独一无二;二是走出国门、享誉国际的传奇故事。重庆也是如此,依山傍水,因水而兴。因此,打造重庆城市名片首先要依赖的元素就是重庆的"山"和"水"等地理特点。重庆的山水已经造就了8D魔幻城市的美名,但这还远远不够,应该赋予其更多更丰富的内涵,让人们不仅羡慕重庆城市的外在炫酷,更羡慕重庆人美好幸福的生活品质,比如,可以将重庆的英才辈出和人们健康的体魄,以及长寿的秘诀等等归咎于重庆魔幻地形的"产物",从而吸引更多的人才来渝安家立业。

(2)二维:依托重庆产业之冠,打造城市名片。

重庆虽然已经是享誉国内的工业重镇,但缺乏像歼-20这样的国之重器以及更多的世界一流企业和产业。在制造业之中,除了像歼-20这样的国之利器容易形成享誉海内外的轰动效应之外,恐怕只有汽车和智能手机可以当此大任!考虑到重庆主要的支柱产业包括汽摩产业、电子信息业、装备制造业、材料工业、能源工业、建筑业以及金融业,其中汽车产业是主要发力点,众所周知的奔驰、宝马、丰田等著名品牌就是最好的例证。重庆目前虽然拥有长安这样的国内优秀企业和知名品牌,但距离真正的国际知名品牌还有很长的路!为此,一要鼓励现有整车企业整合国内外优势资源,加强与华为、腾讯等互联网企业的跨界合作,从各个方面提升协同合作创新能力,进而不断提高重庆本地产品的市场竞争力。二要重视智能新能源汽车发展带来的新机遇,让智能网联汽车生产制造技术的研发、推广和应用都得到有效的推动,进而构建成庞大的智能网联汽车产业规模,逐渐形成完整的自主可控的产业链。为此,一方面需要通过试点建设车路协同体系,加快建设国家级车联网先导区,构建智能新能源汽车产业新生态。另一方面持续探索新技术、新产品、新模式,促进智能网联汽车芯片、工业软件、智能终端等产品的开发应用,不断壮大电子信息产业规模。三要兑现新车型研发、测试场建设、数据平台建设等专项支持政策。四要由政府牵线搭桥,借"一带一路"建设之际,把重庆汽车产业推向海外,同时也带动重庆城市品牌扬名海外。

如果说传统产业是工业之本,那么现代高新技术产业就是工业之花。重庆既不缺"本",也不缺"花",却缺花之"冠"。如果说重庆的工业之本是配套比较齐全的传统重工业,那么重庆的工业之花就是新型的网络经济和数字经济。可以说网络经济和数字经济是现代经济的"催化剂"和"润滑剂",对现代产业起到催化和润滑的作用。不过,却不及工业之"冠"——量子技术,对现代产业起到革命性的作用。因此,重庆不仅要继续加大对数字经济和网络经济的支持力度,使重庆的工业之花绽放得更加艳丽;同时更应该考虑到量子技术正在兴起,谁抓住了这千载难逢的机遇,谁就能在未来的发展之中占得先机,傲视群雄。重庆虽然起步较晚,但不至于形成代差,只要措施得当、政策得力,是完全可以迎头赶上的。重庆目前正在举全城之力建设科学城,且已得到国家政策的大力扶持。因此,重庆可以借成渝双城经济圈之力在科学城大力布局"量子经济"!即大力引进量子技术的相关研发机构,出台相应的人才和产业扶持政策,加快研发成果的技术转让,力求尽早形成量子技术产业集群。只有这样,才能在未来的技术革命中占有一席之地!

(3)三维:优化城市营商环境,打造城市名片。

营商环境的优劣不仅关系一个城市对企业或投资的吸引力,更为关键的是关乎能否留得住人才。商务环境领域涉及企业的难点、痛点、堵点,比如,费用负担的高低、审批流程的繁简、政策措施得力与否、执法环境的公正与透明等。良好的商务环境需要政府来营造,而不能仅仅依靠市场自发形成。营造一个良好的招商、创业环境是保证经济快速并持续发展的必要前提。深圳就是营商环境优秀的典型。深圳之所以能够孕育出华为、大疆、比亚迪等享誉世界的一流企业,主要因为其卓越的营商环境能够吸引世界各地的优秀企业和人才落户于此。重庆是中国新型的直辖市,中央赋予了重庆先行先试的"试错权",重庆应该且必须抓住这一优势条件,努力营造不亚于深圳的人才吸引条件,让全世界精英汇聚而来。

营商环境不仅仅是重要的软实力,更是核心竞争力。要优化营商环境,政府自身的深化改革是关键。要加大在"放管服"上的改革力度,把制度创新作为主攻方向,进而不断增强重庆的创造力、吸引力和竞争力。一要放得更彻底、更到位。二要管得更高效、更科学。三要使服务更精准、更贴心。着力营造更加国际化、法治化、便利化的良好营商环境。

对营商环境进行优化就是要把营商环境的问题找准,把优化营商环境的对策找对,就是要以目标为导向,以问题为导向,以效果为导向,进行广泛深入的调研。

为了吸引更多的人才和企业来渝发展,必须极大地改善重庆的营商环境,设计大胆的人才政策,不拘一格降人才。这样的环境必须亲民、平安、高效、充满生机。具体而言,主要体现在简化的办事程序,优惠的招商政策,清廉的政风行风,周到的服务工作,暖心的人才服务,高效的企业服务,干净的社会治安。

(4)四维:加强城市环境治理,打造城市名片。

城市环境治理是构建国家治理体系和推进国家治理能力现代化的重要内容,也是提高城市品牌知名度的有效途径之一。

城市治理是一个非常大的课题，不仅包含了衣食住行、医疗养老这些最基本的需求，还包括教育就业、文化体育、生活环境、社会秩序等更上一层次的需求，也正是衣食住行、教育就业、医疗养老、文化体育、生活环境、社会秩序这六大方面彰显了城市的管理水平和服务质量。人们之所以选择在大城市、一线城市生活，并不是因为大城市、一线城市能够更好地满足其衣食住行，而是因为一线城市、大城市的教育和医疗资源更丰富、更优越，就业机会更多、发展前途更好，生活环境和社会秩序更美好。就我国目前情况看来，除北上广深四大一线城市之外，像成都、重庆这样的新一线城市，在衣食住行、教育就业、医疗养老、文化体育、生活环境、社会秩序等方面的发展各有优势，不分伯仲。那么，如何从难分伯仲的若干新一线城市中脱颖而出？恐怕没有什么比能够抓住人们的胃和吸引人们的眼球来得更直接。

首先是重庆的美食。抓住人们的胃，关键取决于美食。虽然各个城市各有特色，但也不乏一些比较突出的，比如成渝都有比较好的基础，以至于重庆和成都都被称为"美食之都"。为了使重庆更上一层楼，提升重庆的国际影响力，重庆必须借首批入围国际消费中心城市培育建设之际大力发展重庆的美食产业。国际消费中心城市是现代国际化大都市的核心功能之一，是消费资源的集聚地，更是一国乃至全球消费市场的制高点，具有很强的消费引领和带动作用。因此，重庆要拿出足够的勇气和智慧，也要有足够的诚意，把重庆打造成天下美食集大成之地，让来重庆的游客能够品尝到全国乃至全球的美食，使重庆实至名归，拿下"天下美食之都"的称号。具体而言，可以依托重庆各大商圈,尤其是外地游客的集中打卡地——解放碑,在购物中心的周边呈放射状打造中国的十大菜系和小吃街,力争一系一街,一街一景,一景一乐,连街成片,让每一条街成为集美食、休闲、茶饮、娱乐和观赏美景等诸多功能于一体的载体。

其次是重庆的美景。重庆能成为吸引众多游客前来打卡的网红山水之城,并被网友昵称为"8D魔幻之城",主要依靠其"两江四岸"的城市发展主轴。其实,拥有与重庆类似景观的城市不在少数,为何唯独重庆能够成为"网红之首"? 根本原因有二:一是重庆的独特是成体系的;二是重庆的景观是集中成片的。因为重庆不仅有两江四岸的亮丽灯光秀,而且这种亮丽的景观连线成片,非常壮观。再加上因为地形上的天然落差所造就的建筑物的层峦叠嶂,使得重庆的城市天际线更为壮观,震撼人心。此外,穿楼而过的轻轨,令人眼花缭乱、密如蛛网的立交系统,横跨长江的过江索道等人为建造物更是锦上添花。尽管如此,要想重庆名扬天下,必须使重庆的景观更上一层楼,走向极致。其实任何事物都一样,只有做到了极致,才能出类拔萃、世界知名。否则,只能籍籍无名。目前的问题是,两江四岸虽然有不错的景观,但灯光秀其实很平凡,没有多少特色。重庆最大的问题是有景无观,即缺乏欣赏之地。现在的所谓网红打卡地十分拥堵,久而久之,必然让人望而生畏。因此,必须招揽天下智慧方案,兵出奇招,打造奇思妙想的集景观与观赏于一体的交通景观系统,以破解目前的观景困局。当然,如果能够把赏景与美食、休闲之所结合起来,就更能给人以美的享受。

(5)五维:依托智慧城市建设,打造城市名片。

就重庆而言,可以借重庆智慧城市基础设施与智能网联汽车协同发展试点工作之际,推动重庆"智慧城市"建设。智慧城市主要由智慧的城市大脑和智慧的道路等基础设施,以及智慧网联车所构成。虽然重庆在智慧交通方面已进行过多年建设,有了一定的基础。然而,智慧城市的建设还需要发展确立多项技术和标准,是一项涉及面十分广阔的复杂工程。重庆又是一座独具特色的山地城市,因此,重庆的智慧城市建设之路注定充满艰辛却又独一无二。为此,必须突出重点,扎实推进智能化基础设施和车城网平台等重点项目建设,构建独具重庆特色的示范应用场景,推动车城融合发展,提升交通智慧化水平,改善城市综合服务与治理能力,带动重庆市智能网联汽车与电子产业、旅游业,促进经济高质量创新发展。

为此,一要加快推进智能网联整车研发制造,做强做大龙头企业,发展壮大一批智能网联汽车整车核心企业。二要加速培育智能网联汽车核心配套产业集群。以两江新区、渝北区等的现有汽车产业为基础,依托长安、金康新能源等龙头企业,针对车载雷达、人机交互、车联网通信、平台及应用软件等智能网联汽车产业链关键薄弱环节,整合各方资源加快引进一批行业领先的智能网联汽车核心配套企业,以及一批智能化产业链上游初创企业落地,重点引进一批"补链""强链"项目,不断提高重庆市智能网联汽车核心零部件配套能力。三要不断优化智能网联汽车产业环境。一是加快制订并落实"重庆新能源和智能网联汽车产业发展政策"。二是尽快出台"重庆新能源和智能网联汽车发展三年行动计划"。三是支持中国汽研、招商车研等第三方检测机构做大做强,加快构建面向智能网联汽车的研发、测试、检测、认证等公共服务体系,继续推进国家智能网联汽车重庆质量检验中心、交通部自动驾驶封闭测试重庆基地等项目建设。四是依托智博会平台积极承办与智慧城市相关的各种展览、论坛和挑战赛,极力营造产业发展浓厚氛围,扩大重庆的知名度。如围绕智能网联汽车领域相关行业活动,继续办好自动驾驶汽车挑战赛和相关论坛。

(6)六维:加强对外交流,打造城市名片。

国际化大都市的建设离不开以高质量开放为核心的强力支柱。高质量开放型经济的基本特征是发展得更"平衡"、更"充分"。因此,城市在发展经济时都需要推动以高质量对外开放为驱动力来优化资源配置,进一步促进全球资源的聚集、人才的聚集和资本的聚集,实现产业升级,强化比较优势。因为:①经济全球化已成为不可逆转的时代潮流。②对外开放为城市经济发展创造了新的机遇。③对外开放有助于城市更加充分利用国际资源发展经济。④对外开放有利于提高城市知名度,从而吸引更多的总部落户重庆。

经过四十多年的改革开放,重庆的对外开放水平与沿海地区一样已经颇有成就,特别是对外通道的建设已经把重庆推向了改革开放的前沿。当然,重庆的对外开放依然有待提高,特别是在总部经济、外国使领馆数及会展经济等方面表现欠佳,其实这只不过是表象而已,真正的原因还在于许多方面的开放水平没到位。改革开放本就是一场无形的考试,要想获得优异的成

绩,"学"无止境。建议:

第一,提升通道互联互通水平,增强国际要素集散功能。

对于东南西北各方向都需要进行统筹规划,打造通道之间高水平的互联互通模式,重点建设西部陆海新通道、中欧班列(成渝)号、沿江综合立体国际开放通道、渝满俄国际铁路班列等通道在重庆贯通连接,推进交通、物流、工商深度融合,打造通畅、辐射内陆、连接世界的国际门户枢纽城市,在重庆形成"一带一路"与长江经济带互联互通的格局。提升国际要素配送功能,努力提升渠道物流枢纽节点对接水平,加快内陆国际物流枢纽、国际航空枢纽、国际信息枢纽建设,提升重庆面向全球在人流和物流信息流配送方面的能力,打造国际门户枢纽。

第二,抓全球产业链重塑机遇,构建高质量开放经济体系。

立足重庆产业优势,优化外贸产品结构、市场结构。巩固传统市场,积极开拓东盟等"一带一路"新兴市场。抓住全球产业链重塑机遇,着力提升产业开放水平,加快布局,建设面向未来的战略性主导产业,推动形成具有国际竞争力和影响力的开放型经济体系,提升重庆开放型经济规模、质量和效益。推进一、二、三产业扩大开放,实现高质量"引进来"和高水平"走出去",增强重庆参与国际产业链供应链重塑的能力。

第三,引进高层次市场主体,提高城市总部经济水平。

引进一批国内外知名总部企业。以重庆自贸区和科学城建设为契机,引进国际高水平市场主体,吸引跨国公司和国内外大型企业在重庆地区设立综合、区域、功能三大总部,建设一批总部企业集聚区。完善城市功能以及相关配套设施的建设,加强产业集聚、金融商贸、科技创新、物流贸易、文化交流、交通服务,引导总部企业在发展模式上采用集聚发展。重点建设一批有影响力、国际知名的市级总部企业集群区,对于有条件的区县,支持其集中建设并且完善具有自身特色的总部经济集群基地,培育总部经济产业集群。同步建设国际医院和学校以留住国际尖端人才。

第四,深化国际交往,提升重庆国际化名都水平。

充分发挥重庆"一带一路"节点城市作用和国家战略多重叠加优势,全面加强国际交往,增强国际化建设水平和服务能力,推进经济外向度、国际知名度、国际参与度协同提高、良性互促。拓展国际交往朋友圈。积极拓展与拉美、东南亚、北美、中东欧等地区交往,构建以"一带一路"为重点的国际友好城市网络,吸引更多国家、地区和国际组织来渝设立领事、商务和办事机构。打造渝中半岛、江北嘴、弹子石、广阳岛、艺术湾等特色优势外事交往区域,建好欧洲重庆中心,搭建多元国际交往平台。培育高水平涉外专业服务机构和人才队伍,加强与跨国公司地区总部、国际组织等合作,提升国际交往水平。同时打造国际消费集聚区。统筹规划中央商务区与长嘉汇大景区的建设进程,推进解放碑、江北嘴、南滨路(弹子石)三地更加紧密联系,达到互联互通,加快提升产业发展能级,着力集聚国际消费品牌、国际消费业态,优化完善国际商务、国际交往等功能。

(二)发挥体制优势,弥补营商环境不足

市场主体反映的"痛点""堵点""难点",主要集中在商务环境领域,例如,烦琐的审批流程、企业费用负担重、政策理解不够透彻、执法不够精细化等。一流的营商环境并不是市场自发孕育出来的,而是依赖于政府的支持。只有打造一个一流的招商、创业环境,才能保证一个地方的经济快速并持续发展。同时,这样的环境必须亲民便民、惠民高效、平安法治、生机勃勃。

营商环境不仅是一个地区软实力的体现,更重要的是一个地方的核心竞争力。有的放矢地去优化营商环境,关键是行之有效地深化政府自身改革。为了不断增强重庆的吸引力、创造力和竞争力,应当两手抓,一手把制度创新作为主攻方向,另一手要在"放管服"改革上下功夫。一要放得更彻底、更到位;二要管得更科学、更高效;三要服务更精准、更贴心。着力打造一流的国际化、法治化、便利化营商环境。

优化营商环境,需要把握目标导向、问题导向、效果导向,广泛深入调研,把营商环境的问题找准,把优化营商环境的对策做实。

推动重庆经济高质量发展离不开重庆高质量的营商环境做支点。由前文分析可知,重庆的营商环境虽然弱于成都,但重庆却拥有体制优势。因此,重庆应充分发挥体制优势,大力推进重庆营商环境改革,探索亲民、便民、贴心、高效,充满人文关爱的营商环境,为重庆实现经济高质量发展注入新动力。优化营商环境是一项复杂系统工程,需要从多个方面协同发力。我们建

议从以下七个方面对重庆营商环境进行优化。

1. 优化人才发展环境，打造最人性化的营商环境

人才是推动和实现城市发展的关键，所以，打造良好的营商环境首先要营造良好的人才环境。重庆应抓住成渝双城经济圈的战略机遇，主动对标长三角经济圈，借鉴深圳、上海等人才改革举措，大力推进重庆人才和营商环境优化。

（1）优化人才引进政策。

为了人才引进后，留得住人才，人才流动便利，用得好人才，必须对国际上的人才资源妥善开发利用并且主动参与国际上的人才竞争，对人才培养、吸引和使用机制进一步完善。以吸引不唯学历、不唯资历、不唯职称的高层次人才为原则设立标准，只要是优秀人才，就应该给予相应的待遇。并且加大和完善针对技术工人的补贴政策，降低人员的流动率。

（2）优化人才创新的制度环境。

积极出台鼓励创新的政策举措，完善创新支持、创新风险防范、创新失败退出和后续扶持等方面的制度和政策，大力弘扬企业家精神，鼓励和支持企业家发挥创新带动作用。给人才创造开放包容的创新环境，降低创业门槛和落户门槛，打造从引进来、留下来到用起来的双创"政策链"，让人才在这里能干事、干成事。打造宜居宜业的城市功能，精准化的教育和医疗等公共服务，让人才无后顾之忧，让他们全身心地投入事业。

（3）提高政务服务。

一是畅通信息交流机制。为了发挥人才政策的最大作用，确保把人才政策落实并使用好，需要利用新媒体，比如App、微信公众号等来构建人才政策咨询、人才意见征集和人才反馈机制;同时,为了政策解读得更加透彻,沟通交流具备及时性和高效性,需要集成和宣传各类人才扶持政策来构建线上服务平台。二是建立企业人才需求库。及时有的放矢地开展人才服务,就离不开对企业人才进行大数据管理,实时动态地掌握企业人才资源需求、人才缺口等信息。三是完善人才引进机制。为了保证公平、公正、公开地开展人才引进配套服务工作,必须发挥好网络公共平台的作用,全程公开透明地对所有引进的人才进行管理。

(4)提升企业文化。

一是建立人才培育机制。针对人才匮乏的问题,要鼓励民营企业主动积极地参与职业教育发展,同时,构建产教融合的职业人才培育机制。二是建立人才开发机制。针对企业人才战略规划问题,要协助企业制定规划,选拔员工参与专项技能培训,培养和储备优秀并且专业的人才。三是建立人才激励机制。针对企业持续发展的主动力问题,企业要按照企业本身的条件,对员工给予奖金、补贴等短期激励,也可以用年薪制和股票制等长期激励来提高员工工作的积极性和主动性。

2.完善交通基础设施,强化营商环境通勤保障

完善的基础设施包括企业的运行设施、市民的生活设施和城市的公共设施。前者关系企业能否顺利投产运营,后者关系能否吸引和留住人才。交通运输、通信及水、电、气等基础设施是关系企业生产及产品运输和员工出行的大事。基础设施越完善,企业的运营成本就越低,工作效率就越高,对投资的吸引力就越大。反之亦然,不到位的基础设施,不健全的城市服务功能不可能留住人才。

可见,完善的基础设施是影响营商环境的首要因素。因此,一要加强基础设施的规划与建设,特别是水、电、气、通信、环保和园区道路等。针对企业收取接入费、碰口费等问题,相关部门必须加大协调力度,对水、电、气等供应企业办理的时限进行压缩,并且对企业的收费标准必须公开。二要对公交车线路和站点的设置进行优化。为了给企业的员工提供更加便利的生活环境,需要在园区及周边配套建设住宿、餐饮、商务、休闲等生活设施。三要加强惠民利民保障,增加学校、医院、体育、休闲娱乐等公共资源的布点,使居住在新开发区域的引进人才能够便利地享受到城市的公共福利。这样,不仅可以减少城市交通拥堵,而且能使人才安心工作。

3. 简化企业办事程序,打造高效便捷的营商环境

在招商引资过程中,拖拉的办事作风和烦琐的办事程序,只能使人望而却步。这不仅使企业丧失市场机遇,而且也消磨了人们的投资热情,使人们看不到投资前景。所以政府在为企业办理各种证件时,一要简化办事流程,提高办事效率,为投资者创造最大的便捷。二要大力实施审批服务便利化,能一次办的事、绝不两次办,能线上办的事、绝不线下办,能一站办的事、绝不分开办,能就近办的事、绝不拖后办。三要建立统一受理、协同办理、综合管理的一体化政府服务体系,确保实现企业审批和服务事项"全网通办、一次办成"。四要设置综合服务窗口,将政务服务从"一门式"提升至"一窗式"。目前综合服务窗口的设置主要分三种：一是综合服务型窗口的设置，主要是在投资建设、不动产登记、商事登记、社会事务等服务区进行设置；二是一致对外型窗口的设置，主要是针对事件量少和其他事务流程相关性不大的政务服务事项；三是专业型窗口的设置。

进一步优化市区两级企业服务云平台功能，推出更多的点单式申请、非接触办理；升级"企业特有网页"功能，精准化政策推送，加大"免审免息"政策的覆盖面；构建统一化、标准化内容齐全的"一网通办"的数据库。借助数字化进行转型，政府和企业协同发力，让企业高效办事常态化。

4. 推行优惠的招商政策，打造投资者放心的营商环境

优惠的招商政策包括高效的企业服务政策和暖心的人才服务政策。现在全国乃至全世界都在为投资者提供优惠的投资政策。可是不同地区由于城市的区位优势和性质不同，国家所赋予的自我决策权力也不同。重庆作为我国最年轻的直辖市，拥有"一带一路"和"长江经济带"连接点的区位优势，所以国家赋予了重庆若干特殊的身份。如：成渝双城经济圈的核心城市、国际性的综合交通枢纽城市和消费中心试点城市、城乡综合改革配套试点城市、西部国际金融中心、陆海新通道运营中心、长江上游航运中心、国家五大中心城市之一等等。因此，重庆拥有不少可以自主决策和一些特殊领域政策以及先行先试的"特权"。直辖以来，为了激励投资者投资、创业，重庆在国家法律允许的框架内充分发挥主观能动性，创造性地制定了各种切实可行的优惠政策和规章制度，带动了大量投资者在重庆投资、创业。可是，相比成都、上海和深圳而言，重庆的企业招商和人才服务政

策依然还不够大胆、细腻和暖心。近年来,落户重庆和成都的人才数量也说明了问题的所在。为此,重庆必须立足企业生存发展环境,认真梳理优化政策,确保政策契合实际;对政策加大宣传力度,让企业实时了解政策;要强化督察,吸收民主党派、人大代表、政协委员及社会各界共同参与,破解政策落实难的问题;要健全企业家参与涉企政策制定机制,涉及民营经济发展的产业政策和产业规划等,事先倾听企业家意见,让政策跟得上企业创新步伐。一是政府决策部门按照当下形势,及时响应企业期盼,出台各种财政扶持、税收优惠等措施,有效激发市场主体活力。如,可以专门出台一批扶持"专精特新"中小企业的政策。二是在制定招引人才政策的同时,要激励现有人才和企业参与公平竞争,更好地发挥现有资源,以商引商,以才引才。三是为了保证引进后,留得住人才,用得好人才,应切实做好人才创业创新激励政策,提高服务效率,优化人才发展环境,构建人才引进落地政策平台。四是切实减轻企业负担,提高人才收入,需要做好做实各种税收优惠政策。五是由市级层面来制定政策,构建银行企业合作平台,健全金融服务体系,对金融产品进行创新,解决企业融资困难的问题。

5. 构建新型政商关系,打造风清气正的营商环境

要坚决反对腐败的行为,对腐败行为要严惩不贷,形成思想端正、风清气正的良好氛围。首先,应加大对企业经济活动政策措施的公平竞争审查的力度,对排除、限制民营企业公平竞争的行为严格查处,给民营企业营造公平竞争的良好环境,完善民营企业市场退出机制,设立专项破产援助资金,同时对重整企业开展信用修复,保障重整企业正常经营和后续健康发展。其次,推进"亲、清"新型政商关系的构建。在新常态的条件下,规范政商来往,并制定符合政商关系的行为准则。大力宣传优秀的民营企业,给企业家营造爱护、理解、尊重、支持的浓厚氛围,充分发挥企业家的作用;完善公司治理结构和加强以产权保护为中心的法律制度建设,改革目前不利于产权保护,特别是知识产权保护的成分,逐步健全适合国情的产权制度、信用制度。

6. 政府甘当优质服务生,打造升级版的营商环境

其实,再优惠的招商政策也是靠人来执行的。企业和人才的引进首先接触到的就是政府部门的具体办事人员。随着改革开放的持续推进,虽然过去那种门难进、脸难看、事难办的时代早已过去,但现在各地真正比拼的是政府的亲和力、政策的暖心力和办事的高效率。政府需要加强自身的服务意识,想尽办法为企业提供让企业满意的服务,同时,既要做好大企业的"店小二",也要当好小微企业的"服务生",给予引导,加大扶持力度,鼓励创新。只要是正当合理的行为,无论事情大小,政府都要认真做好服务工作。

进一步优化政务服务环境,全面推行"最多跑一次"承诺。要做好做实减少次数、减少时间、减少材料、减少费用来降低企业的时间成本与制度成本,以企业的需求为目标,有的放矢地优化服务内容,以企业的关注点为出口,持续优化营商环境。要尽可能减少部门对企业的干预,建立企业信用体系,每年评出一部分诚信企业,用诚信机制来实现企业的自我约束。完善大数据共享机制,减少重复报表,加强对基层干部的业务培训,提高业务能力和服务企业能力,建立机制,督促其主动为企业提供精准服务。

进一步激发市场活力,实现企业办事不出功能区、群众办事就在家门口的目标。通过下沉工商登记,开通流动服务车,将"定点办公"变为"流动服务",上门为企业提供服务,让服务多跑路,企业少跑路;创新服务模式,构建企业全生命周期服务体系。通过"流动政务服务车"上门服务、集中审批,实现一次审批、一次办结,从而可以大幅提升企业项目办理过程中的便捷度和满意度,将更有利于社会释放更大创新创业潜能,更好地促使投资者投资、创业。

7. 加强市场主体保护,打造优质的法治营商环境

不论是发达国家还是跨国企业,对优化营商环境的重点,虽然对政策优惠与土地让利比较关注,但是更加关注公平公正的法治营商环境。追根溯源,公平公正透明的市场秩序是一流营商环境的集中表现,特别是法治保障。诚实守信是维护市场秩序的基本准则,应对诚实守信的企业给予法律保护。法治也可以称为营商环境的心脏,加强市场主体保护,就要优化法治营商环境。一是为了顺利开展企业重大项目建设,必须对影响企业项目顺利进行和侵犯企业合法权益的黑恶势力犯罪严厉打击。二是为了保障企业生产经营活动的正常顺利开展,对涉嫌经济犯罪的企业法人代表或者企业高管谨慎使用羁押性强制措施,对涉嫌经济犯罪的企业,谨慎使用查封、冻结、扣押、停业整顿等措施。三是加大对诚信社会的建设力度,必须对违约失信的行为加大整治力度,积极推进公共信用信息归集共享的全面覆盖。

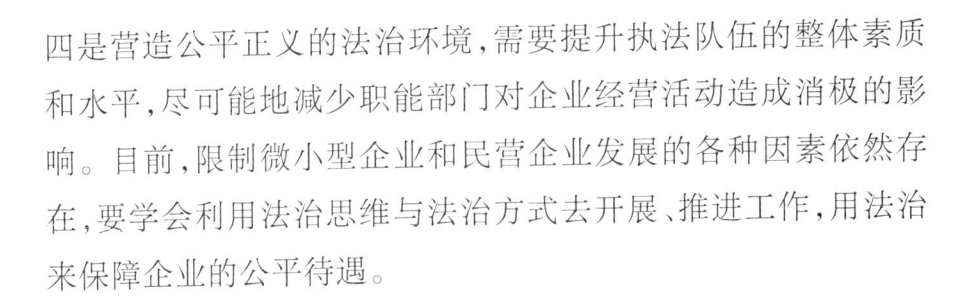

四是营造公平正义的法治环境,需要提升执法队伍的整体素质和水平,尽可能地减少职能部门对企业经营活动造成消极的影响。目前,限制微小型企业和民营企业发展的各种因素依然存在,要学会利用法治思维与法治方式去开展、推进工作,用法治来保障企业的公平待遇。

(三)发挥工业优势,提高科技创新能力

产业现代化和科技创新之间存在相互促进、相互依赖的良性互动关系,因为:

第一,产业现代化水平受科技创新能力制约。当一个地区创新能力高、科技实力强时,该地区产业现代化水平必然相应地高;反之,当一个地区科技创新实力较弱时,其产业发展也必然会以传统的资源依赖型产业为主,新兴高技术产业发展缓慢。如果在科技创新能力较弱的地区盲目发展高新技术产业,结果只会适得其反,制约产业的转型升级和宏观经济的健康发展。

第二,科技创新是促进产业转型升级的重要推动力。技术进步所创造的新工艺、新产品逐渐发展成新的产业部门和行业。这些产业部门和行业凭借自身的科技优势以及对新技术、新工艺的市场垄断地位,迅速积累各种资源,生产规模持续扩大,产业链条逐渐完善。

第三,科技创新与技术进步会大大提高劳动和资本的效率。社会分工的深化和社会资源的重新配置,不同产业间要素加速流动,新兴产业与高技术产业生产要素迅速积聚,促进现代产业

的转型升级。

这种良性互动关系有利于促进经济增长的动力转换与产业的转型升级。重庆的优势是工业基础，短板是科技创新能力。因此，重庆必须借助工业基础的优势，充分发挥科技创新的主力军——企业，尤其是高新技术产业企业的积极性，在政府的引领下，以产促学，以学助研，以研务产，实现产学研良性互动发展。具体而言，可以从以下三个方面，提高重庆的科技创新能力，助力完善重庆现代产业体系。

1. 借助工业基础优势，实现产学研良性互动发展

创新是产业升级换代的根本动力，也是一个地区实现制造业高质量发展的根本保障。重庆是一个老工业基地，拥有雄厚的工业基础。可是，重庆的传统工业基础越是雄厚，其转型升级的压力也就越大，在一定的条件下，这种压力也可以转化为动力。重庆的科技创新能力之所以弱于成都，既有重庆的科研院所整体实力不及成都的客观原因，也有重庆对上述资源的利用不充分等因素。为此，首先要以重庆的科学城、高新产业区和重点实验室为平台，布局建立跨区域的产业研发平台；其次，在政府的引领下，借助重庆工业基础的优势，充分发挥企业尤其是高新技术产业企业作为科技创新的主力军的积极性，以产促学，以学助研，以研务产，建立产学研良性互动发展机制；再次，增强政府服务职能，出台并完善有关鼓励民间资本投入科研活动的权益保障政策，充分发挥"四两拨千斤"的策略效应，在政府有限资金的引导下，充分撬动民间资本；最后，实施创新人才政策，汇聚高科技人才，重点围绕产业发展，统筹实施各层面人才计划，并结合企业需求、产业需要,分行业、分领域地开展专业技术培训,形成合理的人才队伍。

2. 以大数据智能化为引擎,加速产业转型升级

世界正进入数字经济快速发展的时期,5G、人工智能、智慧城市等新技术、新业态、新平台蓬勃兴起,深刻影响全球科技创新、产业结构调整、经济社会发展。重庆要立足新发展阶段,贯彻新发展理念,融入新发展格局,大力推动大数据智能化创新发展。如今重庆正坚定不移地把大数据智能化创新发展作为战略选择,重庆数字经济连续三年保持两位数增长,占GDP比重达到24%,智慧城市建设、数字政府治理等位居全国前列。

所以重庆要持续纵深推进大数据与产业的深度融合,加快人工智能、5G、区块链等创新应用,推动"上云用数赋智",为产业转型升级和数字中国建设探索经验。数字经济与传统产业的融合发展,带动传统产业智能化生产、网络化协同、服务化延伸、个性化定制加速发展,促进传统产业的现代化发展,进而提高传统产业的生产效率和生产效益,加速传统产业的转型升级。

3. 把握"双圈"契机,助力支柱产业快速升级

定位于西部地区高质量发展重要增长极、全国经济增长新空间的"成渝双城经济圈"和"一带一路",为重庆和成都现代产业的提升注入了大量的"驱动能量"。重庆应以此为契机,全面推进产业转型升级,以智能化、融合化、集群化发展等拓宽转型升级路径。加速传统产业智能化改造,重点加大对汽车、手机、电脑等支柱产业的电子化、数字化和智能化改造,延伸产业链,从低端"制造"向高端"服务"转型。同时加快城市主导产业由单一的汽车、摩托车产业向以汽车制造、电子及通信设备为主的多元化新型工业化体系转型步伐,积极做好与成都制造业转移和接收的工作,加强与成都的分工与合作,提升主导产业的动能和质量。

(四)发挥生态优势,打造宜居宜业环境

民生是人民幸福之基、和谐之本,坚持改善民生,提升人民幸福感和生活水平是一个城市发展的重要基础。要想着力于改善重庆城市民生,就要从衣食住行、收入保障、医疗教育及城市公共交通等多个方面入手。

保护生态环境与发展社会经济是相得益彰的,建设生态文明,促进绿色发展,既使人们日益增长的优美生态需求得到满足,又可促进实现更高质量、更有效率、更可持续、更公正、更安全的发展,走出一条生产发展、生活富裕、生态平衡的文明发展道路。

重庆最大的优势可以说是生态优势。重庆主城不仅有两江穿城而过,而且被群山环抱,拥有无与伦比的生态优势。所以,无论是人均绿地面积,还是全年空气优良天数,重庆都占有比较优势,这也正是习总书记所期望的那样,要把重庆建设成山水美丽之地。因此,重庆应该充分发挥生态优势,打造宜居宜业环境。建议:

1. 住房是改善民生之本,继续保持重庆低成本住房优势,实现业者有其居

安居才能乐业。住房问题是人类生存的基本需求,实施住

房保障制度,解决低收入家庭住房困难是改善民生的重要内容。虽然重庆21区居民的住房成本支出(占比为18.7%)相比成都(21.4%)较低,但重庆的可支配收入(30824元)也相对成都(42075元)较低。因此,重庆必须一方面继续保持低住房成本的有利条件,另一方面必须努力提高居民的可支配收入。此外,政府要统一规划并出台相关政策,规定城市公园和绿地的配比,特别是商业中心。目前的商业中心几乎成了钢筋水泥森林,而不是那种一边让人享受购物、狂欢的乐趣,一边可以享受阳光、草地、森林的悠闲浪漫之地。虽然重庆不缺大片的森林,但并未融入人们的居住环境,居民小区周边很少有成规模的休闲公园,人们需要驱车数千米,乃至数十千米才能享受到森林公园的天然之美。因此,重庆今后应该将公园和绿地纳入小区的建设之中,本着城在园中、园在城中的理念,把整个城市变成一个大的公园;只有这样,重庆才能够吸引更多的人才来这里投资兴业。

2. 社保是改善民生之基,加强社会保障,精准调控确保社会公平

"看病难""看病贵"等问题长期困扰我国居民,没有医疗的保障就会导致群众有病无处医、没钱治,长此以往,必然影响社会的公平、和谐、安定和有序。2020年,重庆21区居民的医疗成本支出占总支出的9.7%,而成都占比为5.6%,还应考虑到人均可支配收入,以及三甲医院数,每万人拥有医院床位数、医生数均与成都差距。

因此,在医疗保障方面,第一,重庆必须加大医疗卫生事业的投入与发展,加强科学城等新区医疗卫生条件的配套建设,逐步缩小医疗卫生服务差距。第二,要完善多层次的医疗保障体系,全面建成以基本医疗保险为主体,医疗救助为托底,补充医疗保险、商业健康保险、慈善捐赠、医疗互助共同发展的医疗保障体系。第三,加强三甲医院建设,加大医院床位投入,增加医护人员引进力度。第四,完善医疗资源使用的监管措施,确保社会医疗资源使用的公平性。此外,提高居民的实质性收入,推动就业,支持、鼓励和引导促进重庆创新创业的活动,完善就业服务体系、失业登记制度,切实提高居民收入,减轻住房与医疗压力。

(五)发挥交通优势,助力重庆内畅外联

其实重庆与成都交通事业的发展各有优势。重庆的比较优势是拥有全部五种运输方式,也是长江上游唯一一个拥有全部五种方式的超大城市,是长江上游的航运中心和西部国际综合交通枢纽。重庆的最大优势是拥有长江黄金水道,并因此使重庆成为"一带一路"和长江黄金水道的结合部,可见重庆的区位优势相当突出。因此,重庆应发挥交通(长江黄金水道)优势,加快互联互通,发挥区位优势来促进对外贸易。

1. 发挥对外交通优势,借力区位优势,打造中国最有魅力的直辖市

重庆最大的短板是腹地资源狭小。作为最年轻的中国直辖市,重庆不应该也没必要局限于四川盆地与成都一争高低,争夺资源。如果是这样,那重庆就不是真正的直辖市,依然只是四川

这个大家庭被分割出来的一个家底并不殷实、甚至有点儿贫困，成员也不多的小家庭而已。这样的话，无论是体量还是财富和能力，重庆永远也不可能竞争过成都。所幸，重庆最大的优势就是"中国最年轻的直辖市"这一金字招牌，同时还是国家"一带一路"倡议和长江黄金水道的结合部。因此，重庆应充分发挥自己的区位优势和对外交通优势，跳出四川，立足西部，放眼全国，着力"一带一路"和长江黄金水道，以直辖市应有的姿态和魅力，吸引来自世界的优势资源，把重庆打造成中国最有魅力的直辖市。

2.完善对内公共交通，借力水上资源，打造中国独有的立体交通城市

基本公共设施是城市经济发展和公共服务提升的基本保障，对完善城市功能、提升城市品位、改善民生意义重大。重庆依山傍水，因水而生，因水而兴。可是重庆因为被两江所隔，被两山夹围，城市呈组团式带状发展态势，各组团之间只能靠桥梁和隧道相连，无形之中增加了城市建设成本，也造成了城市路网的不完整性。因此，重庆虽然在交通上投入巨大，但成效依然不显著。相比成都等平原城市，不仅重庆的交通设施建设难度大，财政压力更大。

为了缓解重庆的交通压力，重庆必须另辟蹊径。首先，重庆依山而建，是著名的山城，因此，重庆要想保持"山在城中、城在山中"的山城特色，维持当下绿地拥有面积的优势，必须向地下要空间，加大力度建设以轨道交通为主的城市公共基础设施，形成完善的轨道交通路网。其次，重庆因水而兴，因此重庆必须充分发挥水运资源优势，开辟水上交通，这样不仅可以缓解陆上交

通资源的不足,还可以将重庆打造成独具魅力的水陆空一体化的立体交通城市,在满足居民日常出行必要条件的同时彰显城市魅力,提高城市知名度,促进旅游业的发展。

鉴于轨道交通建设投资巨大,而政府财力又有限,因此可以将轨道交通的建设和运营权向民间资本开放,用轨道沿线的土地收益换取民间资本的投入。与此同时,在强力推行城市TOD发展战略之际,必须实施全城整体规划,力争一站一景,一站一中心,心心相连,每10—20平方千米范围内的站场构成一个集商贸娱乐、休闲办公、居家创业的新型社区。

(六)建设双城经济圈,构建良性竞合关系

在竞争中合作,在合作中竞争,良性的竞合关系在区域和城市间是普遍存在的。在城市群建设中,各城市既不能因为合作而回避竞争,也不能因为竞争而影响合作。要按照主动合作、积极竞争的原则,处理好相互之间统与分的关系、进与退的关系、赢与输的关系,努力把中心城市建设成为所在区域经济增长的新高地。因此构建一个成渝良性竞合关系迫在眉睫。

成渝之间现在不仅要竞争,也要同向发力(成渝一盘棋)。成渝地区双城经济圈旨在建立一种新型伙伴关系,即促进"双城"跨越区域的合作模式。成渝双城经济圈建设涉及规模巨大的空间、人口和产业,不同的需求及多元利益主体和利益诉求的存在,决定了内部各中心城市在经济圈建设中的关系,既不是一种单纯的合作关系,也不是一种简单的竞争关系,而是一种竞争

与合作并存的复杂关系。正确把握和处理成渝城市之间的竞合关系,集中精力办好各城市自己的事情,同心协力办好合作的事情,对促进整个经济圈统筹发展、协调发展、一体化发展具有重要的意义和作用。

对成渝两地,要共同争取国家在政策、项目和平台上的支持;扩大合作领域,提升合作层次和水平;建立防范和化解恶性竞争的合作机制;从"硬竞争"走向"软竞争",构建一个良性竞合关系。

在"成渝城市双城经济圈"和"一带一路"这两个大平台上,重庆应该加强顶层设计和统筹协调,牢固树立成渝两地一体化,共同发展的理念,唱响"双城记",共建"双城"经济圈,共同打造并完善高水平的区域合作模式,在新时期西部大开发的进程中,发挥支撑作用,在共同建设"一带一路"的道路上展现指挥引领的作用,发挥示范带动作用,为推动长江经济带绿色发展做出积极的贡献。

1. 扩大合作领域,提升合作层次

(1)在现代产业上。

成都和重庆的现有产业结构同质化较为严重。两城市的同质产业较多,产业结构虽然较为相似,但是依然可以在同一产业的产业链上进行精细化分工来促进协同发展。

以两地最有代表性的园区产业布局为例,重庆两江新区重点发展汽车、电子信息、新材料等产业,而成都天府新区同样也将汽车、电子信息、新材料等作为主要产业,两大新区之间的合作交流不够。重庆和成都这两个核心城市的产业竞争必将影响整个成渝地区的合作。因此需要强化城际间产业链分工,整合成渝共有优势的汽车、电子信息、装备制造等产业资源,推进联合研发和配套协作。发挥重庆配套产业体系全与成都研发创新能力强的优势,打破成渝"两点式"独立发展模式,架起"成渝大桥",带动成渝双圈内的汽车、电子信息、装备制造等产业链式发展。

又例如,近年来重庆车市下行,其汽车产量开始大幅度缩水,从2016年的315.66万辆连续下降至2019年的138.29万辆,暴露出其汽车产业大而不强和创新不足的问题。为了避免重庆汽车产业出现更大的问题,有必要在汽车制造产业方面加强重庆与成都的合作协调,引导重庆发展壮大成为汽车零件和汽车组装的供应商、加工商和销售商,促进成都发挥高校顶尖学科和科研院所产学研的创新优势,加强对汽车设计、汽车新能源、汽车功能的创新研发,同时鼓励和支持成渝周边城市积极承接产业转移,从而实现双中心城市与发展主轴节点城市之间的竞合联动。

(2)在营商环境上。

推动成渝地区双城经济圈的建设,可促进成渝地区的高质量发展,有利于在西部形成高质量发展的重要增长极,增强人口和经济承载力。为了促进成渝地区的进一步合作,实现要素资源高效配置、政务服务规范便捷以及法治保障协调联动,统一、全面优化营商环境至关重要。营商环境的好坏关乎城市的发展潜力,以成渝地区双城经济圈为主体,以"川渝一盘棋"为发展理念,深化"放管服"改革,营造更加良好的市场化、国际化、法治化、便利化营商环境。

为了促进成渝地区在营商环境上的优化改进,成渝地区可在以下几个方面协同发展。

在办事程序方面,协同打造便捷高效的企业开办服务与政务服务,推进各项服务一站式通办、一网通办与跨省通办。构建川渝企业开办涉及的营业执照异地"办理、发放、领用"一体化服务体系,实现线上"一网通办"、线下"一窗综办"、川渝"跨省通办"。推动实现政务服务的"川渝通办",推行"一站式"政务服务和线上线下通办,科学合理地设置川渝跨区域通办的"一站式"政务服务窗口。推动川渝两地信息互通与互认,促使政务服务平台信息互通、平台用户身份跨省市互认,实现线上"一地认证,全网通办"。

在人才培养与科技创新方面,建立人才跨区域流动服务机制,推动川渝科技共享、促使科技成果加快转化。推动失业保险、住房公积金等信息的两地互认,探索建立人才职称互认机制,推进人才跨区域流动业务的异地通办,进而降低人才跨区域流动的各项阻碍和壁垒。建立并完善川渝科技资源信息共享服务平台,推动两地人才、机构的深入合作与攻坚克难,进而促进科技成果的更快转化。

在企业进入与退出方面,实施统一的市场准入负面清单制度,优化企业退出制度,实现企业退出的"一网通"与信息共享。市场主体根据市场准入负面清单均享有同等市场准入条件待遇,不分企业类型与大小,均"规则平等、权利平等、机会平等"。优化和完善企业退出制度,完善企业注销网上服务平台,优化企业注销"一网通"平台功能,推动企业注销信息与公安、社保、税务等单位共享。

在金融贸易方面,合作共建多元化、跨区域的投融资体系,共同探索金融创新服务新模式,推进两地跨区域信息共享与业务协同。推进中小微企业融资服务信息互通,提升企业融资服务水平与服务效率,优化并完善贷款标准、放贷流程,推行线上服务、"不见面审批"等便捷服务。对成渝地区金融相关案件实施线索互联互通机制,开展执法办案业务交流,推动跨区域金融办案效率。推进成渝地区口岸物流信息共享和业务协同,合力推进中欧班列(成渝)的品牌建设以及重庆、成都中欧班列集结中心的建设。

在政务服务方面,协同推进成渝两地政务服务的标准化、规范化、法治化、便利化建设。编制政务服务各项业务的规范化办事指南,逐步实现成渝两地政务服务的无差别受理与同标准办理。推进政务数据交换共享、电子证照跨区域互认互信、便民热线联动机制以及纳税实名数据交换,实现两地信息互换共享,一地办理,双方认同,提升政务服务效率。

在法治保障方面,深化成渝两地政策法规协同新理念,建立健全营商环境领域立法协作长效机制,实现行政立法资源共享、优势互补,推动成渝经济社会的协同发展。推进成渝两地知识产权执法协作,金融案件信息互通与执法交流以及跨省市立案诉讼服务机制,加强相关平台建设,实现知识产权保护、金融执法与诉讼服务事项的互通互认。共同推进信用体系建设,构建区域信用政策法规制度;加强区域内法律服务领域合作,统筹整合公共法律服务资源,推动两地信息互通与深入合作,进而推进法律服务供给一体化。

（3）在民生服务上。

我国西部人民的消费预期一直不高,生病、养孩、养老等的风险抑制了居民的消费热情,这归根结底是对未来的收入预期不高,所以在完善社会的福利保障与基本生活保障制度的同时提高居民的收入预期对提高居民的消费预期具有非常重要的意义。成渝经济圈的发展能有效推动两地及中间地区的经济发展,有更多机会与资本用于提高两地的教育、医疗等资源的投入,且会极大地激发周边地区居民的消费欲望,提高人民生活幸福感。

推动成渝地区双城经济圈建设,要完善国土空间规划,制定"一区两群"协调发展实施意见,推动其协调发展,促进各片区发挥优势、彰显特色、协同发展。主城都市区要增强中心城市综合承载能力,完善城市专业化服务功能,建设具有国际影响力和竞争力的现代化都市区。渝东北三峡库区城镇群,要突出"库区""山区"特点,更加注重生态经济要素集成与协同,建设长江经济带三峡库区生态优先绿色发展先行示范区。渝东南武陵山区城镇群,要突出"山水""民俗"特色,促进生态康养、文化旅游等产业发展,建设武陵山区文旅融合发展示范区。两地的文化旅游业共同协作发展,两大网红城市的联合能迎来旅游业的发展新高。

西部地区是我国重要的生态涵养区,全面落实"两山"要求,在保护生态环境的同时,开拓西部地区的绿色发展之路,实现经济发展和人民富裕。成渝地区双城经济圈具有良好的生态资源,通过成渝地区双城经济圈建设推进生态文明建设,优化国土开发空间,构建生态安全格局,打造长江上游生态屏障。依托江河湖泊丰富多样的生态要素,发挥历史文化遗存和自然资源优势,建设有历史记忆、文化脉络、地域风貌、民族特点的美丽城市,从环境的角度切实提高居民生活舒适度。

(4)在环境可持续上。

同处长江上游地区的成都与重庆,水域相通、地域相连,肩负着打造长江上游生态屏障的共同使命。

成渝两地共属长江经济带,两地在碧水保卫战中应贯彻落实"共抓大保护,不搞大开发"决策部署,以河(湖)长制为重点,在新增跨界监测断面实现国控断面水环境质量统一监测、统一发布预警,推进重点断面、重点小流域、工业园区、入河排污口等治理,并全面推进农村生活污水整治。

在蓝天保卫战中,成渝两地可实施大气污染联防联控,依托数字环境系统、"散乱污"企业整治督查平台、"智慧工地"监管平台、扬尘在线监测系统等信息化手段,进一步强化污染源精准管控,加大"多尺度喷雾除霾技术"等治理技术的推广应用。

成渝两地应共同发起净土保卫战,推进土壤治理与修复,逐步建立土壤污染综合防控体系。同时利用物联网、GIS地理信息、大数据、环境模型等技术,对环境要素进行全面感知、实时采集和自动传输,动态、全面、准确掌握园区环境污染排放、治理设施运行及环境质量状况。

成渝两地还可以共同开展重点行业危险废物规范化管理和医疗废物处置单位执法专项整治行动,加强农业绿色技术集成推广应用,抓好农村人居环境整治,全面推进农村生活垃圾处理,加大农村面源污染防治力度。

加强立法协同、联合执法,推进生态文明的法治化、制度化建设进程,推动成渝地区生态环境可持续发展。

2. 夯实保障机制,提升合作水平

2018年重庆市和四川省签署了《深化川渝合作深入推动长江经济带发展行动计划(2018—2022年)》和12个专项合作协议。2019年又签署"2+16"合作协议,即《深化川渝合作推进成渝城市群一体化发展重点工作方案》《关于合作共建中新(重庆)战略性互联互通示范项目"国际陆海贸易新通道"的框架协议》以及16个专项合作协议,还通过构建四级调和机制来达到项目化、事项化、清单化,为合作协议的成形提供技术支撑。

与相邻区域携手,两地一致同意,达成了成渝轴线区(市)县经济协同发展联盟,数次展开协作交流会议、联席会,为推动两地临近的各个区、县、市展开全面携手打下基础。例如,促进川渝携手示范区潼南、广安两个地区的构建,自顶向底促成万州与达州、潼南与遂宁等相邻区域携手共建。

两地区关于市场监督系统一体化构建部分同时也获得了不少效益:两区域互相开展"绿色通道"来实现非本地的资金投放注册或登记,放松准入条件帮助市场实现本体的非本地投资;构建产物或产品的质与量的监控、保护知识产权、信用"红黑名单"分享、互相确认等合作联手机制;构建食品出产环节合作联通系统、非常规食品的出产及营业监督相互辅助机制,携手保护市场的公正竞争风气。

2021年《成渝地区双城经济圈建设规划纲要》中提到要构建

健全协同实施机制,推动成渝区域双城经济圈建设重庆四川党政联席会议机制,研讨完成重点任务、重要改革、重大项目等,压茬促成多项不同任务。构建交通、产业、创新、市场、资源环境、公共服务等专项协同机制,分领域谋划和促进具体协作事项或项目。培育合作文化,鼓励两省市地方建立合作协同机制。促成和东部区域展开人才干部互相交流、挂职任职。广泛聆听社会各界人士的建议与意见,构造全社会一同促进成渝地区双城经济圈建设的优良风气。

附录 六大领域对比原始数据

所有的数据直接或间接来源于2011—2021年《中国城市统计年鉴》《四川统计年鉴》《重庆统计年鉴》《成都统计年鉴》以及两城市的统计公报。

（一）经济水平

指标类型		年份	重庆21区	成都市辖区	指标类型		年份	重庆21区	成都市辖区
经济增长	人均地区生产总值（亿元）	2011	42077	47750	经济增长	规模以上工业增加值（亿元）	2011	3770	2611
		2012	47298	54211			2012	4011	3127
		2013	52534	57538			2013	4208	3493
		2014	58320	61009			2014	4155	3855
		2015	63334	60643			2015	4458	4052
		2016	69627	65067			2016	4458	4060
		2017	88436	73770			2017	4874	4302
		2018	94346	80503			2018	5032	4614
		2019	90062	84584			2019	5053	4968
		2020	91408	85679			2020	5585	5116
	第二产业增加值（亿元）	2011	4375	3407		进出口总额（亿元）	2011	292	379
		2012	4706	3980			2012	532	476
		2013	4993	4068			2013	687	506
		2014	5067	4194			2014	955	558
		2015	5464	4211			2015	745	393
		2016	6003	4216			2016	628	410
		2017	6573	4505			2017	666	583
		2018	6588	4834			2018	790	754
		2019	7482	5188			2019	840	844
		2020	7888	5419			2020	942	1035

续表

指标类型	年份	重庆21区	成都市辖区	指标类型	年份	重庆21区	成都市辖区
经济增长	2011	2894	3603	经济增长	2011	10263	17795
第三产业增加值（亿元）	2012	3574	4298	居民人均消费支出（元）	2012	11468	19053
	2013	4188	5039		2013	12600	20362
	2014	5326	5772		2014	13811	21711
	2015	5997	6037		2015	15140	21825
	2016	6804	7166		2016	16385	23514
	2017	7478	8861		2017	17898	23514
	2018	8200	10286		2018	19248	27312
	2019	9833	11211		2019	20774	29720
	2020	10354	11643		2020	21678	28736
总部经济	2011	7	8	总部经济	2011	1930	2581
国际组织机构数（个）	2012	8	8	城市空港年旅客吞吐量（万人次）	2012	2242	3160
	2013	10	9		2013	2569	3345
	2014	10	11		2014	2973	3771
	2015	10	14		2015	3310	4225
	2016	10	15		2016	3659	4604
	2017	10	15		2017	3966	4980
	2018	10	16		2018	4288	5295
	2019	11	18		2019	4644	5586
	2020	12	20		2020	3638	4074
高级外交访问数（次）	2011	5	5	年举办大型国际会议数（次）	2011	12	5
	2012	6	8		2012	2	6
	2013	7	10		2013	4	10
	2014	7	12		2014	0	15
	2015	9	12		2015	4	13
	2016	12	16		2016	5	20
	2017	16	16		2017	5	12
	2018	18	22		2018	8	16
	2019	22	27		2019	8	33
	2020	22	27		2020	8	25

续表

指标类型	年份	重庆21区	成都市辖区	指标类型	年份	重庆21区	成都市辖区
总部经济	2011	6	9	总部经济	2011	1864016	1227026
使领馆数(个)	2012	8	9	年接待入境旅客数(万人次)	2012	2242834	1581847
	2013	10	9		2013	2422605	1764353
	2014	10	11		2014	2637590	1977996
	2015	10	13		2015	2825339	2305427
	2016	10	14		2016	3165844	2723102
	2017	10	14		2017	3583545	3013364
	2018	10	18		2018	3880233	3406112
	2019	11	18		2019	4113439	3814178
	2020	12	20		2020	146342	233091
上市公司数目(个)	2011	30	37				
	2012	33	40				
	2013	39	45				
	2014	40	48				
	2015	43	53				
	2016	45	65				
	2017	48	74				
	2018	50	84				
	2019	50	95				
	2020	80	128				

(二)现代产业

指标类型	年份	成都市	重庆21区	指标类型	年份	成都市	重庆21区
产业现代化	2011	91099	59017	科技创新	2011	9.05	9.44
	2012	103885	65075		2012	10.24	10.51
全社会劳动生产率(元)	2013	112483	70881	科技活动人员数(万人)	2013	12.15	11.64
	2014	122502	77108		2014	13.66	12.59
	2015	131154	84871		2015	14.1	13.36
	2016	141449	101544		2016	14.44	13.752
	2017	153703	111439		2017	17.33	15.039
	2018	166158	128647		2018	17.97	15.588
	2019	156044	138035		2019	18.78	16.173
	2020	157394	147007		2020	19.38	16.62
工业总资产贡献率(%)	2011	16	13.7	获得专利授权数(项)	2011	25981	15525
	2012	16.8	12.6		2012	27765	20364
	2013	15.9	14.2		2013	29600	24828
	2014	14.8	15.4		2014	31935	24312
	2015	10.9	14.9		2015	36898	38915
	2016	14.7	14.7		2016	41309	42738
	2017	14.3	13.4		2017	41088	44780
	2018	9.9	11.9		2018	57370	45688
	2019	8.6	10.3		2019	50775	43870
	2020	9.1	10.3		2020	65500	55377
工业成本费用利润率(%)	2011	7.6	6	科技进步贡献率(%)	2011	57%	50.80%
	2012	9.2	5.4		2012	58%	51.10%
	2013	8	6.2		2013	60%	52.20%
	2014	7.6	7		2014	61%	52.40%
	2015	5	7.2		2015	62%	53.10%
	2016	7.74	7.48		2016	62%	54.20%
	2017	8.72	7.71		2017	64%	56.60%
	2018	6.4	6.95		2018	65%	57.40%
	2019	5.9	6.15		2019	66%	58.00%
	2020	6.9	7.19		2020	67%	58.60%

续表

指标类型	年份	成都市	重庆21区	指标类型	年份	成都市	重庆21区
产业现代化	2011	121.6	68.15	科技创新	2011	153.2	130
技术市场交易额（亿元）	2012	230.5	223.5	R&D经费支出（亿元）	2012	170.2	162
	2013	334.3	167.98		2013	208.5	192
	2014	370.8	175.35		2014	237.1	240.08
	2015	406.69	145.7		2015	280.5	247.01
	2016	463.89	257.4		2016	331.26	253.53
	2017	588.1	121.7		2017	392.31	305.92
	2018	946.66	266.1		2018	452.54	344.16
	2019	1136.8	150.3		2019	504.86	393.96
	2020	1144.5	154.2		2020	551.4	441.97
服务业增加值（亿元）	2011	3383.4	4023.56	高新技术企业数（家）	2011	616	407
	2012	4025.22	4536.83		2012	742	551
	2013	4574.23	5115.88		2013	850	662
	2014	5190.99	5754.10		2014	1370	757
	2015	5704.52	6514.52		2015	1754	1035
	2016	6786.31	6804.36		2016	2098	1443
	2017	7390.3	7477.9916		2017	2472	2027
	2018	8303.99	8200.07		2018	3113	2504
	2019	9051.35	9833.18		2019	4149	3141
	2020	10020	11080.62		2020	6120	4222
金融业增加值（亿元）	2011	638.44	768	国家重点实验室数量（个）	2011	10	8
	2012	740.6	927.4		2012年	10	8
	2013	893.2	1070.3		2013	10	8
	2014	1071.8	1210		2014	10	8
	2015	1524.2	1387.2		2015	10	8
	2016	1385.6	1593.9		2016	10	8
	2017	1604.3	1737.6		2017	10	8
	2018	1743.2	1875.9		2018	10	8
	2019	1893.7	2087.9		2019	10	8
	2020	2114.8	2212.8		2020	12	10

(三)营商环境

指标类型	年份	重庆21区	成都市辖区	指标类型	年份	重庆21区	成都市辖区
交通物流环境	2011	1386	2328	金融商务环境	2011	117	107
铁路交通设施规模（千米）	2012	1452	2328	证券公司数量（个）	2012	117	107
	2013	1680	2328		2013	150	120
	2014	1774	2328		2014	174	147
	2015	1929	2328		2015	189	190
	2016	2231	2397		2016	210	210
	2017	2371	2397		2017	240	252
	2018	2371	2397		2018	247	270
	2019	2394	2397		2019	248	281
	2020	2394	2397		2020	254	278
航空能力富裕度	2011	51.49%	58.15%	金融机构贷款余额（亿元）	2011	11879.00	13766.85
	2012	60%	63.19%		2012	13766.00	15630.39
	2013	68.30%	66.89%		2013	15660.21	17617.51
	2014	79.09%	75.32%		2014	17890.16	19778.93
	2015	87.57%	84.48%		2015	19895.33	21970.64
	2016	97.00%	92.08%		2016	21896.01	25009
	2017	47%	83.00%		2017	24454.55	28359
	2018	50.73%	88.25%		2018	27593.94	31423
	2019	54.62%	93%		2019	31729.44	36464
	2020	42.61%	68%		2020	35758.76	39686.2
港口泊位数（个）	2011	1149	34	实际利用外资额（亿美元）	2011	105.79	65.53
	2012	1167	34		2012	105.77	85.9
	2013	1179	34		2013	105.97	112.16
	2014	1185	34		2014	106.29	100.16
	2015	1175	34		2015	107.65	75.2
	2016	1174	34		2016	113.42	86.17
	2017	1101	34		2017	101.83	100.41
	2018	1022	34		2018	102.73	122.75
	2019	968	34		2019	103.1	131.69
	2020	927	34		2020	102.72	504.2

续表

指标类型	年份	重庆21区	成都市辖区	指标类型	年份	重庆21区	成都市辖区
机动车保有量（万辆）	2011	219.7	281.4	金融商务环境	2011	2819.17	2861.28
	2012	253.5	304.36	社会消费品零售总额（亿元）	2012	3260.20	3317.67
	2013	265.2	338.61		2013	3703.33	3752.88
	2014	286.65	385.69		2014	4582.94	4468.88
	2015	300.3	428.61		2015	5138.33	4946.19
	2016	331.5	466.74		2016	5800.01	5742.37
	2017	368.55	494.18		2017	6402.5	6403.53
	2018	410.8	548.44		2018	6312.3	7561.92
	2019	425.1	577.24		2019	8856.08	8313.4
	2020	497.25	604		2020	9006.64	8118.54
交通物流环境	2011	99049.3	99070		2011	2924.63	2269.46
年客运总量（万人次）	2012	110460	106873.8	地方财政收入（亿元）	2012	3093.28	2331.26
	2013	46651.5	45091.3		2013	3407.61	2810.02
	2014	49039.2	49891.6		2014	3824.64	3096.19
	2015	44914.8	55581.8		2015	3971.99	3078.96
	2016	44381	79360		2016	3201.05	3344.55
	2017	44308	99360		2017	3884.3	4222.23
	2018	44543	138357		2018	3931.93	4526.82
	2019	44561	164566		2019	3787.35	4807.92
	2020	30468	137418		2020	3901.92	5192.62
年货运总量（万吨）	2011	69130	34368.2				
	2012	61713	39569.1				
	2013	62225	30318.6				
	2014	69491	28051.2				
	2015	74099.3	27758.9				
	2016	75488	26351				
	2017	80742	27121				
	2018	89764	28958				
	2019	78936	35668				
	2020	92935	33342				

续表

指标类型	年份	重庆21区	成都市辖区	指标类型	年份	重庆21区	成都市辖区
创业环境	2011	1.39%	2.34%	创业环境	2011	6	6
	2012	1.52%	2.29%		2012	8	6
	2013	1.52%	2.33%		2013	8	6
R&D经费支出占GDP比重	2014	1.54%	2.37%	国家级孵化器数量（个）	2014	9	10
	2015	1.71%	2.38%		2015	12	10
	2016	1.87%	2.38%		2016	15	14
	2017	2.07%	2.39%		2017	16	15
	2018	2.21%	2.50%		2018	16	16
	2019	2.17%	2.66%		2019	19	19
	2020	2.30%	3.11%		2020	22	21
技术市场成交合同金额占GDP比重	2011	1.30%	1.75%	每年独角兽企业数量（个）	2011	0	0
	2012	2.53%	2.35%		2012	0	0
	2013	1.72%	3.66%		2013	0	0
	2014	1.59%	2.84%		2014	0	0
	2015	1.20%	3.77%		2015	1	0
	2016	1.90%	3.81%		2016	1	0
	2017	0.82%	4.39%		2017	0	1
	2018	1.71%	8.63%		2018	0	2
	2019	0.83%	9.72%		2019	1	5
	2020	0.80%	9.40%		2020	3	5
新增市场主体（万户）	2011	21.2	6.77	大学及以上学历人员毕业数（万人）	2011	6.91	16.13
	2012	23.5	12.38		2012	7.45	16.22
	2013	16.29	14.88		2013	8.13	17.84
	2014	18.69	18.58		2014	9.00	18.72
	2015	21.83	24.86		2015	9.61	19.05
	2016	35.67	33.47		2016	10.46	18.98
	2017	39.08	46.4		2017	10.09	20.70
	2018	41.2	54.05		2018	10.22	21.25
	2019	45.07	53.49		2019	10.53	21.77
	2020	50.53	61.83		2020	11.09	23.05

续表

指标类型	年份	重庆21区	成都市辖区	指标类型	年份	重庆21区	成都市辖区
创业环境	2011	14.59%	13.70%	创业环境	2011	15	20
教育支出占财政支出的比重	2012	18.50%	16.50%	本科高校数量（个）	2012	17	22
	2013	16.62%	15.40%		2013	18	22
	2014	15.66%	13.70%		2014	19	26
	2015	14.56%	15.60%		2015	25	26
	2016	15.12%	14.30%		2016	25	26
	2017	15.65%	15.70%		2017	26	27
	2018	16.46%	16.70%		2018	26	27
	2019	16.12%	14.40%		2019	26	27
	2020	17.38%	15.20%		2020	26	27

（四）民生服务

指标类型	年份	重庆21区	成都市辖区	指标类型	年份	重庆21区	成都市辖区
公共服务资源	2011	61.3	64.72	居民生活质量	2011	11763	16914
在校大学生人数（万人）	2012	67	68.56	人均可支配收入（元）	2012	14249	19347.5
	2013	70.8	70.17		2013	16569	21476.5
	2014	74	72.93		2014	18352	23565.5
	2015	76.7	75.58		2015	20110	25583
	2016	73.2	79.16		2016	22034	27253.5
	2017	74.7	81.74		2017	24153	29608
	2018	75.01	91.3		2018	26386	32131.5
	2019	82.23	97.2		2019	35046	37817.18
	2020	90.48	103.9		2020	30824	42075

续表

指标类型	年份	重庆21区	成都市辖区	指标类型	年份	重庆21区	成都市辖区
公共服务资源	2011	1139	1119	居民生活质量	2011	0.045	0.02
	2012	1103	1106		2012	0.12	0.06
	2013	1092	1099		2013	0.14	0.12
万人拥有中小学生人数（个）	2014	1085	1101	轨道交通出行比重	2014	0.16	0.14
	2015	1085	1085		2015	0.19	0.16
	2016	1350	936		2016	0.2	0.24
	2017	1342	951		2017	0.22	0.32
	2018	1348	1078		2018	0.25	0.42
	2019	1357	1106		2019	0.29	0.46
	2020	1358	1128		2020	0.33	0.48
	2011	14	23		2011	0.1	0.24
	2012	17	23		2012	0.12	0.26
	2013	18	24		2013	0.12	0.29
三甲医院数（家）	2014	19	25	人均车辆保有量（量）	2014	0.13	0.32
	2015	19	25		2015	0.14	0.35
	2016	20	27		2016	0.15	0.3
	2017	21	27		2017	0.17	0.34
	2018	21	28		2018	0.19	0.37
	2019	24	36		2019	0.2	0.38
	2020	27	39		2020	0.22	0.39
	2011	15	34		2011	311	322
	2012	16	37		2012	340	292
	2013	16	39		2013	206	221
每万人拥有医生数（位）	2014	17	40.2	全年空气优良天数（天）	2014	246	223
	2015	18	34.3		2015	292	214
	2016	19	34		2016	301	214
	2017	20	36.3		2017	303	235
	2018	22	42		2018	316	251
	2019	27	45		2019	316	287
	2020	28	47		2020	333	280

续表

指标类型		年份	重庆21区	成都市辖区	指标类型	年份	重庆21区	成都市辖区
公共服务资源	每万人拥有医院床位数（床）	2011	32.18	63	文化教育成本（占人均消费支出比重）	2011	0.098	0.116
		2012	36.29	79		2012	0.089	0.12
		2013	40.7	79		2013	0.097	0.12
		2014	44.06	84.5		2014	0.094	0.119
		2015	48.75	73.6		2015	0.099	0.1
		2016	52.3	66		2016	0.107	0.102
		2017	56.79	69		2017	0.111	0.108
		2018	65	87		2018	0.108	0.088
		2019	69	89		2019	0.111	0.093
		2020	68	91		2020	0.098	0.079
	人均公园绿地面积（平方米）	2011	17.01	13.45	居民生活质量	2011	0.07	0.052
		2012	17.41	13.66		2012	0.066	0.054
		2013	17.1	13.44		2013	0.07	0.055
		2014	16.54	13.77		2014	0.065	0.056
		2015	16.1	14.59	医疗成本	2015	0.071	0.053
		2016	16.18	14.23		2016	0.082	0.054
		2017	16.43	13.66		2017	0.082	0.055
		2018	16.55	13.33		2018	0.086	0.056
		2019	16.16	14.58		2019	0.093	0.056
		2020	15.98	12.7		2020	0.097	0.056
	年旅游收入（亿元）	2011	1032.2	805.01	住房成本	2011	0.081	0.091
		2012	1495.9	1051		2012	0.071	0.091
		2013	1593.9	1331		2013	0.077	0.091
		2014	1803	1663		2014	0.193	0.092
		2015	2026.2	2040		2015	0.186	0.202
		2016	2116	2425.6		2016	0.177	0.202
		2017	2646.4	3033.42		2017	0.175	0.201
		2018	2727.15	3712.6		2018	0.182	0.208
		2019	3995.84	4663.5		2019	0.185	0.211
		2020	2597.3	3005.2		2020	0.187	0.214

续表

指标类型	年份	重庆21区	成都市辖区	指标类型	年份	重庆21区	成都市辖区
公共服务资源	2011	1.82	0.97				
	2012	2.6	1.21				
	2013	2.9	1.53				
	2014	3.14	1.84				
	2015	3.51	1.89				
	2016	3.6	2				
	2017	4.3	2.1				
	2018	3.9	2.4				
	2019	4.19	2.8				
	2020	3.98	2				

(年份列对应"年吸引游客数（亿人）"指标)

(五)开放水平

指标类型	年份	成都市辖区	重庆21区	指标类型	年份	成都市辖区	重庆21区
对外交流	2011	164	186.4	城市知名度	2011	4825	4848
年入境旅游人数（万人次）	2012	158.13	224.3	百度城市名搜索信息数量（亿次）	2012	8305	10637
	2013	176.4	242.3		2013	10099	13170
	2014	220	263.8		2014	7980	9685
	2015	230.5	282.53		2015	11112	13961
	2016	268.2	316.58		2016	14446	15477
	2017	301.34	358.35		2017	49331	20315
	2018	340.61	388.02		2018	24,780	17,953
	2019	381.42	411.34		2019	17,291	13,045
	2020	23.3	14.63		2020	14,468	13,126
外国使领馆数量（个）	2011	10	7	抖音城市名搜索信息数量（亿次）	2011	-	-
	2012	11	8		2012	-	-
	2013	11	10		2013	-	-
	2014	12	10		2014	-	-
	2015	12	10		2015	10.6	13.6
	2016	16	9		2016	5.2	6.19
	2017	17	10		2017	44.5	16.7
	2018	18	10		2018	88.8	113.6
	2019	20	12		2019	40.3	26.1
	2020	20	12		2020	53	48
举办国际会议数（ICCA）	2011	10	2	海外媒体传播影响力指数	2011	-	-
	2012	9	2		2012	-	-
	2013	11	2		2013	-	-
	2014	15	4		2014	-	-
	2015	15	8		2015	1.56	1.48
	2016	20	5		2016	1.62	1.47
	2017	12	5		2017	15.39	13.96
	2018	16	8		2018	66.9	71.9
	2019	33	8		2019	66.73	31.85
	2020	33	8		2020	68.32	67.02

续表

指标类型	年份	成都市辖区	重庆21区	指标类型	年份	成都市辖区	重庆21区
对外交流	2011	60	105.57	对外交流	2011	11	26
	2012	65.4	105.77		2012	18	29
	2013	70	105.97		2013	21	31
实际利用外资额（亿美元）	2014	100.16	106.29	国际友好城市数量（个）	2014	24	34
	2015	116.3	107.65		2015	29	34
	2016	86.2	86.2		2016	34	37
	2017	100.4	100.4		2017	34	46
	2018	122.8	102.72		2018	35	48
	2019	131	103.1		2019	45	48
	2020	130.4	102.7		2020	47	49
	2011	207	195		2011	35.7	18.2
	2012	230	225		2012	37.2	28.2
全球500强企业入驻数量（家）	2013	252	235	进出口总额占GDP比重（%）	2013	34.4	32.4
	2014	266	251		2014	34.1	40.09
	2015	268	265		2015	22.72	28.8
	2016	278	273		2016	22.1	30.25
	2017	281	281		2017	26.8	30.1
	2018	285	287		2018	31.7	33.29
	2019	301	293		2019	34.4	31.49
	2020	305	296		2020	40.38	33.26

(六)环境可持续

指标类型	年份	成都市辖区	重庆21区	指标类型	年份	成都市辖区	重庆21区
节能减排水平	2011	4.92	9.18	生态状况	2011	13.45	17.01
单位工业增加值污水排放量（吨/万元）	2012	3.77	7.13	人均城市绿地面积（平方米）	2012	13.66	17.41
	2013	3.01	7.00		2013	13.44	17.1
	2014	2.61	6.51		2014	13.77	16.54
	2015	2.82	6.32		2015	14.59	16.1
	2016	2.07	4.72		2016	14.23	16.86
	2017	1.59	3.43		2017	13.66	17.05
	2018	2.12	4.53		2018	13.33	17.14
	2019	2.29	4.54		2019	14.58	16.61
	2020	2.19	3.07		2020	14.51	16.5
单位工业增加值废气排放量（立方米/元）	2011	1.08	2.46	建成区绿化覆盖率（%）	2011	39.17	40.28
	2012	0.95	1.95		2012	39.38	42.34
	2013	0.87	2.00		2013	40.17	41.28
	2014	0.63	1.73		2014	35.86	40.55
	2015	0.42	1.77		2015	39.84	40.04
	2016	0.47	2.06		2016	41.39	40.76
	2017	0.74	1.55		2017	41.63	40.32
	2018	0.70	1.83		2018	41.33	40.36
	2019	1.09	1.80		2019	43.46	41.82
	2020	1.40	1.86		2020	43.9	43.05
单位工业增加值粉尘排放量（吨/万元）	2011	8.50	46.27	空气质量优良天数比例（%）	2011	88.2	88.8
	2012	7.90	38.71		2012	78.1	92.9
	2013	6.16	37.65		2013	36.2	56.4
	2014	6.64	39.98		2014	61.1	67.4
	2015	5.10	34.94		2015	58.6	80
	2016	2.79	21.49		2016	58.5	82.2
	2017	1.90	24.04		2017	64.9	83
	2018	2.28	24.57		2018	70.3	86.6
	2019	2.19	22.74		2019	78.6	86.6
	2020	1.97	8.45		2020	76.5	91

续表

指标类型	年份	成都市辖区	重庆21区	指标类型	年份	成都市辖区	重庆21区
节能减排水平	2011	1.75	3.39	生态状况	2011	88.4	99.6
单位GDP污水排放量（立方米/万元）	2012	1.37	2.68	生活垃圾无害化处理率（%）	2012	88.3	99.3
	2013	1.11	2.62		2013	95	99.4
	2014	0.97	2.45		2014	95.4	99.2
	2015	1.07	2.26		2015	96.8	98.6
	2016	0.76	2.05		2016	98.6	100
	2017	0.60	1.44		2017	98.6	99.4
	2018	0.50	1.82		2018	99.1	100
	2019	0.55	1.64		2019	99.5	88.8
	2020	0.52	1.12		2020	99.8	93.8
单位GDP能耗（吨标准煤/万吨）	2011	0.548	0.97	环境噪声等效声级（dB）	2011	53.6	54
	2012	0.509	0.92		2012	53.9	54
	2013	0.485	0.85		2013	54.5	53.4
	2014	0.495	0.81		2014	54.2	53.7
	2015	0.476	0.64		2015	54.2	53.6
	2016	0.456	0.63		2016	54.1	53.3
	2017	0.441	0.6		2017	54.3	53.1
	2018	0.416	0.58		2018	55.3	53.2
	2019	0.411	0.57		2019	54.5	52
	2020	0.402	0.55		2020	54.6	52.2
单位GDP城市用水量（立方米/万元）	2011	63.08	52.08	单位工业增加值固体废物综合利用量（吨/万元）	2011	0.1961	0.7001
	2012	60.46	49.09		2012	0.1845	0.6073
	2013	57.51	46.04		2013	0.1503	0.5712
	2014	50.35	42.97		2014	0.1144	0.4972
	2015	45.22	42.01		2015	0.070	0.431
	2016	50.16	57.17		2016	0.051	0.383
	2017	44.99	52.28		2017	0.040	0.375
	2018	35.68	49.59		2018	0.058	0.370
	2019	31.17	42.06		2019	0.074	0.383
	2020	27.97	36.43		2020	0.066	0.351

成渝地区双城经济圈统计体系研究

CHENGYU DIQU SHUANGCHENG JINGJIQUAN TONGJI TIXI YANJIU

成渝地区双城经济圈统计体系研究*

（2022年5月）

成渝地区双城经济圈是以重庆、成都为中心的新时代西部大开发的重要平台，是长江经济带、"一带一路"倡议的支撑，承担了带动全国高质量发展的重要增长极和新的动力源的使命。构建符合成渝地区双城经济圈发展的统计体系，全面准确反映发展进程和成效，能更加有力地推动成渝地区双城经济圈发展。因此，本文立足于《成渝地区双城经济圈建设规划纲要》，结合成渝地区双城经济圈发展现状和统计工作实际，构建了反映成渝地区双城经济圈发展现状的监测指标体系，研究制定了符合经济区与行政区适度分离的经济统计分算方法，通过对成渝地区双城经济圈发展指数测算分析和经济统计分算方法实证，提出推动成渝地区双城经济圈发展和统计体系构建的政策建议。

在指标体系构建中，从综合质效、基础设施、现代经济、科技创新、改革开放、生态宜居六个维度进行度量，构建了包含三级共37项指标的成渝地区双城经济圈发展监测指标体系，运用熵权法和德尔菲法相结合的方法赋予了指标权重，测算了2015—

---

*课题指导：杨庆育；课题组长：秦瑶；课题副组长：王明瑛、陆昕；课题组成员：廖英舍、蒋玲、陈才、何鹏川、曾佳、薛健、胡晓霞、吉鹏宇、黄宏。

2020年成渝地区双城经济圈发展总指数和六个子系统的指数，并对分区域的主要指标进行分析研究。通过研究发现，"十三五"时期，成渝地区双城经济圈发展整体呈现出指数稳步攀升、增速总体平稳、高质量发展势头向好的发展态势。

在经济统计分算方法研究中，选取川渝毗邻地区共建合作平台中川渝共建法人企业（项目）为研究对象，从地区生产总值和农业总产值、工业总产值、社会消费品零售额、固定资产投资总额和服务业营业收入等重要指标入手，研究制定了共建法人企业（项目）既能核算到经济区又能分算到行政区的统计分算方法，并以川渝高竹新区为例，对主要统计指标进行测算。

针对成渝地区双城经济圈发展和统计工作现状，分别从推动成渝地区双城经济圈发展和构建统计体系两方面提出政策建议，以及从形成全国可推广的经济统计分算方案、建立一套符合经济区与行政区适度分离的报表制度、搭建成渝地区双城经济圈统计数据共享平台三方面的统计体系构建展望。

一、绪论

(一)研究背景和意义

1. 研究背景

从国际经验和全球发展趋势看,经济发展正加快从以单个城市为主体向多个城市单元为主体、从单极化向多极化的区域经济一体化发展模式转变。随着中国经济迈入高质量发展阶段,区域一体化的融合集聚对周边的辐射乃至全国的引领作用愈发重要。成渝城市群的发展,既可以带动西部地区经济社会的发展,又可以对外延伸,加强与其他区域的合作联系。习近平总书记高度重视成渝地区双城经济圈发展,多次作出重要指示。2020年1月3日召开的中央财经委员会第六次会议,明确指出要推动成渝地区双城经济圈建设,在西部形成高质量发展的重要增长极。2020年10月16日,中共中央政治局审议通过的《成渝地区双城经济圈建设规划纲要》(以下简称《纲要》),突出了重庆、成都两个中心城市的协同带动,明确要将成渝地区建成具有全国影响力的重要经济中心、科技创新中心、改革开放新高地、高品质生活宜居地,打造为带动全国高质量发展的重要增长极和新的动力源。

成渝地区的发展从"成渝经济区"到"成渝城市群",再到"成渝地区双城经济圈",充分体现了作为中西部地区唯一由两大国家中心城市构成的"双核"城市群的重要战略位置。然而,我国现有统计体制以行政区域进行划分,统计调查遵循常住法人单位在地原则,主要反映各行政区内的社会经济发展水平,对多个行政区跨区域构成的经济区而言,现有的统计调查制度、核算方式等不能完全满足发展需求。需要我们探索构建符合成渝地区双城经济圈发展的统计体系,全面深入准确地反映成渝地区双城经济圈发展现状、趋势以及协同发展的基本情况。

特别地,《纲要》提出探索经济统计分算方式,是对我国现有统计体制的挑战与突破,与联合国SNA(国民经济核算体系)核算体系和我国现行统计制度的统计原则存在差异,体现了中国特色的统计体制改革创新,国内外从来没有开展过这方面的研究。这迫切要求我们创新统计体制机制,以经济统计分算方式为突破口,构建符合成渝地区双城经济圈发展的统计体系,以更好地推动成渝地区双城经济圈建设。

2. 研究意义

(1)有利于提高统计信息的真实性和准确性。

构建符合成渝地区双城经济圈发展的统计体系,建立健全统计工作机制、完善统计调查核算和监测体系,有利于进一步规范部门统计、各级政府综合统计机构和企业的统计行为。通过对统计需求、统计设计、审批备案、任务部署、数据采集、数据处理、数据评估、数据发布与传播、统计分析等业务流程的各环节规范管理和控制,有效提高统计信息的真实性和准确性。

(2)有利于充分发挥统计的咨询和监督作用。

统计数据是现代国家治理的重要战略资源。成渝地区双城经济圈作为国内第四个经济圈,近年来在经济社会发展各个层面取得了积极成效。但仍存在"双核独大"、"中部塌陷"、内部层级构建不合理、产业趋同不充分不平衡的问题。迫切需要统计部门提供领域更完整、内容更丰富、准确度更高、颗粒度更细的数据支撑。构建符合成渝地区双城经济圈发展的统计体系,有利于统计工作更好地服务党和国家发展全局,有利于统计数据更全面准确地反映成渝地区双城经济圈高质量发展状况,有利于统计的改革创新和现代化建设,更加有效地发挥咨询和监督作用。

(3)有利于统计信息的充分共享。

近年来,数据资源的重要战略作用日益凸显,各级政府部门都在积极推进政府数据开放共享,以提升数据要素价值。构建符合成渝地区双城经济圈发展的统计体系,有利于为统计信息共享提供现实基础,进一步加快推进跨行政区域统计信息共享步伐。

(4)有利于成渝地区经济社会发展。

实施区域协调发展战略是新时代国家重大战略之一,成渝地区双城经济圈是继京津冀经济圈、长江三角洲经济圈和珠江三角洲经济圈之后的国内第四个经济圈。《纲要》首次提出探索经济统计分算方式。研究成渝地区双城经济圈统计体系建设,形成经济统计分算方案,有利于打破现有统计体制行政区域之间的壁垒,贯彻落实《纲要》明确要求的改革任务,更加有力地推动成渝地区双城经济圈的发展。

(5)有利于统计体制机制的创新。

开展跨行政区域的经济区统计核算和监测,为探索经济区与行政区适度分离改革任务提供更为全面、精准的统计数据,是对经济区与行政区适度分离体制的完善,是《纲要》提出的明确要求,是打破现有统计体制的一项重大统计创新,有利于深化统计方法制度的改革创新。

(二)国内外文献综述

1.统计体系研究

李艳超[1]对我国与德国、法国、荷兰、芬兰四个欧盟国家的统计体系,采用组织设计理论、管理学、博弈论、数据对比等方法从统计组织结构设置、统计法律体系、统计经费的来源和支出、统计数据的收集处理和公布四个方面进行比较和分析。余芳东[2]从组织机构、战略规则、统计规范、实践准则、统计产品、统计服务、国际合作等方面对东盟共同体统计体系进行研究。

周世军、赵丹丹[3]围绕高质量发展的内涵特征,提出高质量发展统计体系构建的基本原则和思路,指出构建高质量发展的统计体系要体现兼容创新、依靠新技术新方法、突破传统体制机制三大原则,从统计指标体系、统计监测体系和统计制度体系三

---

[1] 李艳超.中国与欧盟官方统计体系比较研究[D].兰州:西北师范大学,2017.

[2] 余芳东.东盟共同体统计体系简介[J].中国统计,2016(01):36-38.

[3] 周世军,赵丹丹.构建助推经济高质量发展的统计体系[J].中国统计,2019(04):7-10.

个方面构建高质量发展统计体系。姜西海[1]分析了高质量发展统计体系的背景和总体要求,并提出了构建山东高质量发展统计体系的基本原则和思路,认为构建山东高质量发展统计体系要从强化管理体系、健全督察体系、压实责任体系、创新制度体系、建立数据体系、提升服务体系、加强预警体系和完善法规体系八个方面入手。

沈岩、张怡珩、叶玲春、顾海琴[2]结合江苏统计工作实际,全面分析部门统计现状,立足于落实统计工作责任、统计管理规范、一套表制度、数据报送共享平台、对口指导服务和绩效验收考评六个方面,提出推进部门统计工作规范统一和资源共享的方法路径,并通过先行先试和大胆实践,为完善政府统计管理体制、实施政府大数据战略提供有益探索。李良华[3]梳理了统计工作中存在的深层次问题,提出了落实地方党政领导干部统计工作责任制、整合政府综合统计资源、强化政府部门统计职能、落实企业统计主体责任、加强对政府统计组织的扶持和监管、构建政府大统计管理体制机制的保障措施等进一步深化改革、着力构建新时代政府大统计管理体制机制的思路。

2.成渝地区双城经济圈相关研究

《国家新型城镇化规划(2014—2020年)》中"优化城镇化布局和形态"章节中提出:发展集聚效率高、辐射作用大、城镇体系

---

[1] 姜西海.山东高质量发展统计体系基本框架研究[J].中国统计,2018(09):7-8.
[2] 沈岩,张怡珩,等.江苏省持续深化部门统计体系建设的研究探索[J].统计制度方法研究,2019(02):1-16.
[3] 李良华.深化改革创新,着力构建新时代政府大统计管理体制机制[J].统计制度方法研究,2019(31):1-15.

优、功能互补强的城市群,使之成为支撑全国经济增长、促进区域协调发展、参与国际竞争合作的重要平台。

《国务院关于深入推进新型城镇化建设的若干意见》提出:加快城市群建设。编制实施一批城市群发展规划,优化提升京津冀、长三角、珠三角三大城市群,推动形成东北地区、中原地区、长江中游、成渝地区、关中平原等城市群。

《国务院关于依托黄金水道推动长江经济带发展的指导意见》提出:促进成渝城市群一体化发展。提升重庆、成都中心城市功能和国际化水平,发挥双引擎带动和支撑作用,推进资源整合与一体发展,把成渝城市群打造成为现代产业基地、西部地区重要经济中心和长江上游开放高地,建设深化内陆开放的试验区和统筹城乡发展的示范区。重点建设成渝主轴带和沿长江、成绵乐(成都、绵阳、乐山)等次轴带,加快重庆两江新区开发开放,推动成都天府新区创新发展。

《2019年新型城镇化建设重点任务》将成渝城市群与京津冀城市群、长三角城市群和粤港澳城市群并列,提出:扎实开展成渝城市群发展规划实施情况跟踪评估,研究提出支持成渝城市群高质量发展的政策举措,培育形成新的重要增长极。

《成渝城市群发展规划》明确:成渝城市群是西部大开发的重要平台,是长江经济带的战略支撑,也是国家推进新型城镇化的重要示范区。成渝城市群将立足西南、辐射西北、面向欧亚,高水平建设现代产业体系,高品质建设人居环境,高层次扩大对内对外开放,培育引领西部开发开放的国家级城市群。

《深化川渝合作深入推动长江经济带发展行动计划(2018—

2022年)》提出八个方面的合作内容:推动生态环境联防联控联治、推动基础设施互联互通、推动开放通道和平台建设、推动区域创新能力提升、推动产业协作共兴、推动市场有机融合、推动公共服务对接共享、推动合作平台优化提升。

《深化川渝合作推进成渝城市群高质量一体化发展重点工作方案》明确:以规划编制、生态环境、基础设施、产业合作、开放平台等领域为重点,推动两省市建立健全横向联动、定期会商、运转高效的工作机制,加强两省市协商合作,共同推动成渝城市群一体化发展上升为国家战略。

《成渝地区双城经济圈建设规划纲要》指出:要全面落实党中央决策部署,突出重庆、成都两个中心城市的协同带动,注重体现区域优势和特色,打造带动全国高质量发展的重要增长极和新的动力源。探索经济统计分算方式。

《中共重庆市委关于制定重庆市国民经济和社会发展第十四个五年规划和二〇三五年远景目标的建议》明确:围绕成渝地区双城经济圈建设推进体制机制创新,探索经济区和行政区适度分离改革,试行建设用地指标、收储和出让统一管理机制,探索招商引资、项目审批、市场监管等经济管理权限与行政区范围适度分离,探索经济统计分算方式,探索建立互利共赢的地方留存部分税收分享机制,推进税收征管一体化。推进统计现代化改革。

3. 京津冀、长三角统计工作相关研究

庞江倩、朱燕南、代贵禄[①]以五大理念的视角综合考虑区域实际情况,编制了创新发展、协调发展、绿色发展、开放发展、共享发展5个一级指标、18个二级指标、48个三级指标的区域发展指数指标评价体系,以此揭示区域发展的变化特征和一般性规律。

《长三角一体化发展统计监测工作方案》明确了当前长三角一体化发展统计监测的工作目标、组织领导、工作任务和保障措施。

(三)研究路径和统计创新

1. 研究思路

在分析国内外专家、学者研究成果的基础上,立足于《纲要》,结合当前统计工作实际,通过构建统计监测指标体系和研究经济统计分算方法,进行实证分析,发现存在的问题,提出措施建议,以推动成渝地区双城经济圈统计体系构建。

2. 主要内容

第一部分:绪论。主要介绍项目选题背景、研究意义以及国内外的相关研究概况,描述本项目研究的内容和方法、创新点及全文的技术路线图,从整体把握项目的主体和思路。

第二部分:成渝地区双城经济圈发展监测指标体系与实证分析。依据城市群发展的相关理论,参照《纲要》,从六个层次建立成渝地区双城经济圈发展监测指标体系,并进行实证分析。

[①] 庞江倩,朱燕南,代贵禄.京津冀区域发展指数研究[J].统计制度方法研究,2019(13):1-17.

通过对评价结果的分析,及时分析成渝地区双城经济圈建设取得的成效和存在的问题。

第三部分:经济统计分算方法研究与实证。以川渝毗邻地区共建合作平台为研究范围,选取地区生产总值、工业总产值等主要统计指标,探索研究经济统计分算方法。并以川渝高竹新区为例,对主要统计指标进行测算,验证分算方法的科学性和可操作性。

第四部分:政策建议与展望。根据监测指标体系构建、经济统计分算办法研究和实证情况,从成渝地区双城经济圈建设和统计体系构建两个方面提出具体举措建议,并展望未来研究方向。

3. 研究方法

(1)理论研究和实践研究相结合。

一方面运用文献研究法,梳理、总结、分析已有国内外统计体系构建、区域协同发展等研究文献,寻找研究的理论基础。另一方面运用实地调研法,充分调研成渝地区双城经济圈统计工作现状和未来发展方向等内容,寻找研究的创新点。

(2)定性研究和定量研究相结合。

运用归纳、比较、总结的理论分析方法,对构建推动成渝地区双城经济圈发展监测指标体系、经济区经济统计分算方法等进行定性研究。运用实证分析法对当前成渝地区双城经济圈发展现状、川渝高竹新区经济统计分算结果进行定量研究。

(3)客观与主观分析相结合。

在指标体系权重确定上,首先使用熵权法进行客观赋权,然后在此基础上,采用德尔菲法偏主观的方法依据专家经验对权重做进一步修正。

4. 统计创新

(1)构建成渝地区双城经济圈监测指标体系,为成渝地区双城经济圈发展提供决策支撑。

当前成渝地区双城经济圈的相关研究主要集中在宏观经济发展某一方面的描述性研究,或者是根据某几项指标进行空间分析,没有在综合发展层面构建监测体系。本项目构建的监测体系将填补这方面研究的空白,并通过该体系的建立,每年形成权威、连续的分析报告并发布,充分发挥统计咨政作用。

(2)研究经济区与行政区适度分离的经济统计分算方法。

从1993年开始,联合国SNA体系在世界各国全面推行,基本核算原则是产业活动单位的在地统计,我国总体上执行的是法人活动单位在地核算原则。近年逐步向产业活动单位在地转化。各国的政府统计均以行政区为区域划分基础,各行政区统计部门负责本区域的统计工作。经济区与行政区适度分离的经济统计分算方法,打破了政府统计行政区划,突破了国际、国内现有统计体制和核算原则,体现了中国特色的统计核算方法,是一项在全世界全新的、开创性的研究,或可成为中国经济"走出去、请进来"国与国之间融合发展经济总量分算的参考模式,亦可为全国区域经济统计分算提供借鉴。

二、成渝地区双城经济圈发展监测指标体系与实证分析

(一)指标体系构建的理论基础

1. 区域空间结构理论

区域空间结构理论认为在一定时期内,区域经济发展的状况可以使用区域空间的结构特征来反映。区域空间结构理论将区域发展看作一个动态流动的过程,认为一个区域的发展总是从一个点开始,沿着一定的轴线进行延伸,并通过经济要素在空间上不同的流动、分配、组合而形成不同的空间组织结构形态。区域空间结构理论主要有增长极理论、"中心—外围"理论、轴渐进扩散理论和网络式空间结构理论等。

(1)增长极理论。

增长极理论认为一个区域的经济增长是从一个或者少数几个特定的"中心"向其他区域逐步扩散和影响的过程。这里的"中心"可以包含两个方面的概念,一种从地理概念上看可以是某一个特定的区域;另一种从经济概念上看,可以是某些特定的产业或者是厂商的集合。综合两种概念来看,如果某一特定区域中发展较好的少数地区和少数产业带动了整个区域的经济发展,那么这些地区和产业则应培养成为该区域的经济增长极。

(2)"中心—外围"理论。

"中心—外围"理论将研究区域非均衡发展的视角从城市和

乡村扩展到了更大的范围,将发达地区作为区域发展的中心,将不发达地区作为中心区域的外围。认为所有对经济发展有利的生产要素均来自中心区域的发达地区,而伴随着经济的发展和城镇化进程的加快,中心发达地区和外围不发达地区经济发展之间的差距将会逐步缩小,直至两者之间的界限消失,实现区域经济一体化。

(3)轴渐进扩散理论。

轴渐进扩散理论认为区域的发展离不开基础设施的建设,在区域中,将交通、通信、供电、供水等各种基础设施集结成束,形成发展轴,并沿着这些轴线布局工业区和城市,这样可以避免孤立地发展几个城市,从而引导区域的协同发展。我国经济地理学者在生产轴理论的基础上发展出了轴渐进扩散理论,认为社会经济的主体主要在点上集聚,并通过线状基础设施联结成一个有机的空间结构体系。这种理论相对于增长极理论仅注重点的发展更强调空间体系的客观性。

(4)网络式空间结构理论。

网络式空间结构理论认为区域的空间发展是一个渐进的动态演化过程,从一开始的增长极点开发到点—轴开发,再到网络开发,共有三个不同的阶段,其中网络开发是最高级形态。在区域经济发展到一定的程度后,网络开发的建设能力逐步增强,交通网络、信息网络、金融网络等交织成为一个发达的立体网络结构,便于各个区域间的交流和往来,促进了区域间的社会分工和专业化发展,形成分工合作、功能各异的点线面统一体,区域经济发展更趋平衡。

2.城市群地域结构演进理论

(1)田园城市理论。

田园城市理论的实质是城市和农村实现优势互补,共同发展。该理论主要是基于城市和农村自身发展的特点不同,具备各自的优点和缺点,因此倡导使用"田园城市"这种新的社会结构形态来代替旧的社会结构形态。具体深化的表现即建立大量的城市中心,以新的城市中心融合城市和乡村两种形态,由点及片、由片及面,从而形成更大的区域有机统一体,促进区域整体发展,使全体居民在任何地方都能够享受到同等的生活质量。

(2)城市空间组织演化理论。

该理论认为极化和扩散效应是区域经济增长在空间结构演化上的基本动力。在区域经济发展的初期,由于中心区域具有非资源型要素的极大优势,极化效应较大,会使得周边地区的资源要素不断向中心区域集中,使得中心区域的经济获得快速发展。而中心区域在经过一定时期的快速发展以后,由于受制于资源和技术进步的约束,必须通过不断优化产业结构,将更多的资本投入到高技术、附加值更高的产业中,而将劳动密集型产业向外围进行转移。此时,回流效应不断减弱,扩散效应开始显现。

弗里德曼将经济增长的中心空间模式和演变过程分为四个阶段(见图2-1)。第一阶段是以自给自足的农业生产为主导的离散型的组织结构;第二阶段是工业逐步兴起下的具有一定空间梯度的中心—外围的初期城市空间结构;第三阶段是城市扩散下形成的多中心城市结构;第四阶段是二元化城市结构逐步模糊而形成的网络化城市空间结构。

(a)前工业化时代

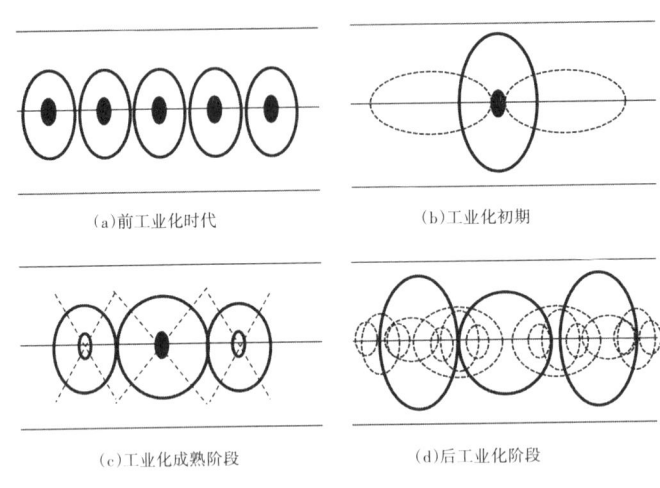

(b)工业化初期

(c)工业化成熟阶段

(d)后工业化阶段

图 2-1　弗里德曼对区域空间结构演化的阶段划分

3. 城市群落生态学理论

(1)城市群落生态学理论。

城市群落生态学理论是指城市在其城市群落中具有特定的生态位,即其所处的位置和发挥的功能等,这些生态位包括资源生态位、人力生态位、资本生态位和科技生态位等影响城市发展的重要因子。由于不同城市的生态位因子不同,占据的位置和功能差异较大,因此各城市之间形成了捕食、竞争、共生和寄生等复杂的空间关系。当两个城市利用同一种资源时,亦即两个城市处于同一生态位时,城市之间会发生资源的争夺,从而形成竞争关系。而当两个城市利用不同的资源,即处于不同的生态位时,能避免互相竞争而形成共生。

(2)城市群落生态演进理论。

城市群落生态演进理论认为城市的演进同生物演进一样,都是从简单到复杂的动态演进过程。这种从低级到高级的演进既包括城市群落的基础设施、产业结构、市场体系等方面的完善和升级,也表现为城市群落内部关系的从简单到复杂,以及从区域性城市群落向全球性城市群落的转变。

(二)监测指标体系构建

1.研究对象与范围

(1)研究对象。

本文的研究对象为成渝地区双城经济圈,其位于"一带一路"和长江经济带交汇处,是西部陆海新通道的起点,具有连接西南西北,沟通东亚与东南亚、南亚的独特优势。

(2)研究范围。

成渝地区双城经济圈的范围包括重庆市的中心城区及万州、涪陵、綦江、大足、黔江、长寿、江津、合川、永川、南川、璧山、铜梁、潼南、荣昌、梁平、丰都、垫江、忠县等27个区(县)以及开州、云阳的部分地区,四川省的成都、自贡、泸州、德阳、绵阳(除平武县、北川县)、遂宁、内江、乐山、南充、眉山、宜宾、广安、达州(除万源市)、雅安(除天全县、宝兴县)、资阳等15个市,总面积18.5万平方千米,2020年常住人口9853.66万人,地区生产总值6.64万亿元,分别占全国的1.9%、7.0%、6.5%。

2.指标选取基本原则

为科学构建一套涵盖全面、科学系统、逻辑清晰、代表性强的成渝地区双城经济圈发展监测指标体系,全面反映发展进程,及时掌握推进过程中取得的成效和存在的差距,从而为进一步推动成渝地区双城经济圈的发展提供参考和依据,本文在构建指标体系时遵循以下基本原则。

(1)科学性原则。

在提高成渝地区双城经济圈发展监测基础数据质量的基础上,不断改进方法,提高质量,科学客观地反映成渝地区双城经济圈发展情况。

(2)开放性原则。

随着成渝地区双城经济圈的不断发展和统计监测工作水平的不断提升,成渝地区双城经济圈发展监测指标、范围、方案等将不断充实完善。

(3)代表性原则。

在指标选取上本着彰显首要、突出重点的要求化繁为简,立足于经济发展各维度的本质内涵选取具有典型代表性的指标,杜绝追求面面俱到而将过多指标纳入指标体系的情况,从而能够科学有效地反映成渝地区双城经济圈发展进程,充分发挥对成渝地区双城经济圈发展长期监测的实际作用。

(4)可获取性原则。

指标的选取只有建立在现有统计指标可获取性的基础上,才能对成渝地区双城经济圈发展进程进行监测。因此在指标选取上遵循可度量、可获取性原则,以便于计算成渝地区双城经济圈发展最终得分。

(5)导向性原则。

指标体系要能充分发挥导向作用,不仅要清晰呈现成渝地区双城经济圈的发展进程,更要明确发展进程中取得的成绩和存在的差距,通过查找薄弱环节引导相关部门监测预警,从而为成渝地区双城经济圈的发展和两地政府进行科学决策提供参考和依据。

3. 指标体系的构建

按照监测原则,依据城市群发展的相关理论,参照《纲要》,建立成渝地区双城经济圈发展监测指标体系。

(1)一级指标的构建。

一级指标主要依据《纲要》中的发展目标进行设定,即根据"基础设施联通水平大幅提升""现代经济体系初步形成""改革开放成果更加丰硕""生态宜居水平大幅提高"等几个目标分别设定"基础设施""现代经济""改革开放""生态宜居"4个一级指标。在此基础上,考虑需要有反映成渝地区双城经济圈发展总体情况的指标,因此设立"综合质效"一级指标;考虑到创新发展在一个地区综合发展中具备的重要的引领作用,因此设立"科技创新"一级指标。(图2-2)

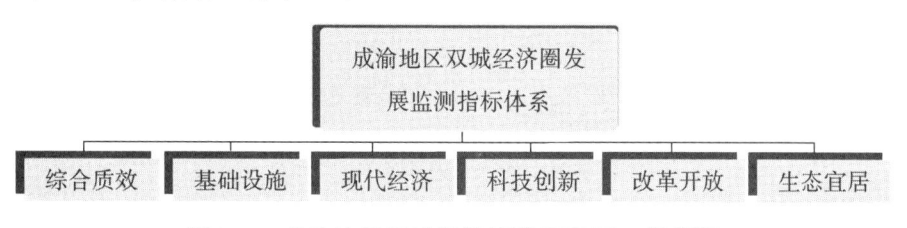

图 2-2 成渝地区双城经济圈发展监测一级指标

(2)二级指标的构建。

①综合质效。

在一个区域的综合发展中,要考虑发展总规模对地方的影响,因此设立"发展能级"二级指标;而在新发展阶段,在总量不断扩大的同时,更需要注重效率的提升,因此设立"发展效率"二级指标;同时,成渝地区双城经济圈作为一个跨区域的城市群,其发展不仅涵盖四川省或者重庆市当地的区域,更要考虑两个地方协同发展的问题,因此设立"区域协调"二级指标。(图2-3)

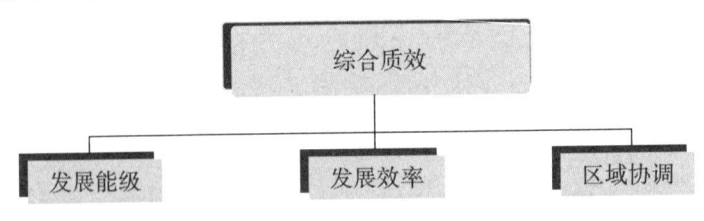

图2-3 成渝地区双城经济圈发展监测"综合质效"二级指标

②基础设施。

基础设施建设是区域综合发展的基础,而对成渝地区双城经济圈这种城市群而言,两地之间的互联互通尤为关键。在交互方面,主要考虑实物的交换和信息的交互,因此主要考虑交通设施和信息技术两大方面。而在交通设施建设方面,影响两地间互联互通的主要交通方式为铁路和航空,因此设立"铁路设施"和"航空设施"两项二级指标。信息交互方面则设立"信息技术"二级指标。(图2-4)

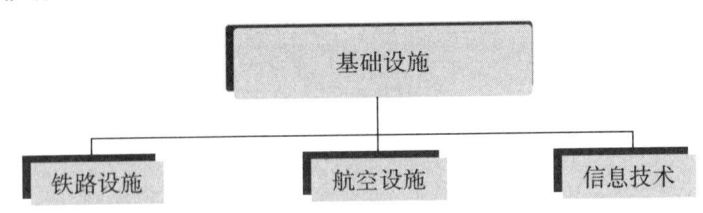

图2-4 成渝地区双城经济圈发展监测"基础设施"二级指标

③现代经济。

建设现代经济体系,必须把发展经济的着力点放在实体经济上。实体经济的发展主要依靠各项产业发展的支撑,因此设立"产业发展"二级指标。建设现代化经济体系也是推动经济发展质量变革、效率变革、动力变革,解决新时代社会主要矛盾的重要手段,而经济结构的变化在一定程度上反映经济发展的质量和效益,因此设立"经济结构"二级指标。(图2-5)

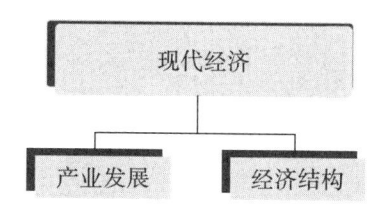

图2-5 成渝地区双城经济圈发展监测"现代经济"二级指标

④科技创新。

创新,是引领经济社会发展的第一动力,科技创新亦是创新发展的最核心部分。科技创新活动的开展首先需要进行资金、人员等要素的投入,以便开展各项研发活动,因此设立"创新投入"二级指标。而科技创新活动本身并非目的,最终目标是将创新成果进行转化,形成具有现实实用性的、服务于社会的产品,需要考量创新的成效,因此设立"创新成效"二级指标。(图2-6)

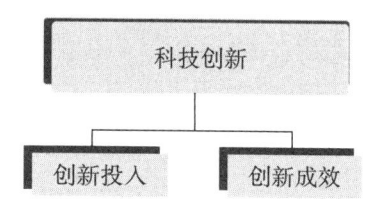

图2-6 成渝地区双城经济圈发展监测"科技创新"二级指标

⑤改革开放。

改革开放需要注重对外和对内两个层面的主要问题,以国内大循环为主体、国内国际双循环。在对外方面,以对外贸易为主的对外开放是区域经济与外部联结的主要途径,因此设立"对外开放"二级指标。在对内方面,国内循环离不开市场的支撑,而市场主体作为经济运行的基本单元,承担了区域经济发展的主体功能,因此设立"市场主体"二级指标。(图2-7)

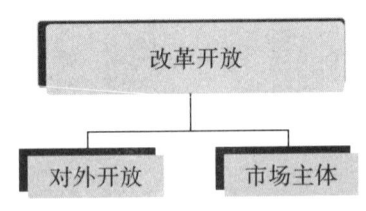

图2-7 成渝地区双城经济圈发展监测"改革开放"二级指标

⑥生态宜居。

绿色发展是新发展理念中的一个重要方面,而生态宜居城市的建设是直接反映绿色发展的重要方式。生态宜居城市的建设一方面包括自然环境的建设,另一方面则包括社会环境的建设。在自然环境方面,主要考虑环境保护方面的成效,因此设立"生态环保"二级指标。在社会环境方面,主要考虑对居民各方面生活的保障建设,因此设立"公共服务"二级指标。(图2-8)

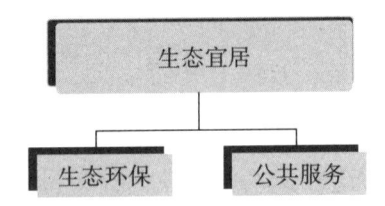

图2-8 成渝地区双城经济圈发展监测"生态宜居"二级指标

(3)三级指标的构建。

三级指标亦即要素层,是指标体系的最基本构成元素,由最直接影响综合指数的指标构成。结合城市群理论和成渝地区双城经济圈发展的现实意义对二级指标进行细化,确定三级指标(表2-1)。

表2-1 成渝地区双城经济圈发展监测指标体系

一级指标	二级指标	序号	三级指标	单位	指标方向
综合质效	发展能级	1	双城经济圈地区生产总值占全国比重	%	正向
		2	双核地区生产总值占经济圈比重	%	正向
		3	常住人口占全国比重	%	正向
	发展效率	4	人均GDP	元	正向
		5	全员劳动生产率	元/人	正向
	区域协调	6	人均GDP差异系数	—	逆向
		7	常住人口城镇化率	%	正向
		8	城乡居民人均可支配收入比	—	逆向
		9	夜间灯光指数	%	正向
基础设施	铁路设施	10	高铁行车密度	列/天	正向
		11	铁路网总规模	千米	正向
		12	20万以上人口城市铁路覆盖率	%	正向
	航空设施	13	机场群旅客吞吐量	万人次	正向
		14	航空货运吞吐量	万吨	正向
	信息技术	15	5G基站数量	个	正向
现代经济	产业发展	16	金融机构人民币贷款余额	亿元	正向
		17	限额以上企业通过互联网实现的商品零售额占比	%	正向
		18	文化产业增加值	亿元	正向
		19	接待入境旅游者人数	万人	正向
	经济结构	20	制造业增加值占GDP比重	%	正向
		21	数字经济及核心产业增加值占GDP比重	%	正向
		22	战略性新兴制造业增加值占工业增加值比重	%	正向
		23	规模以上服务业营业收入	亿元	正向

续表

一级指标	二级指标	序号	三级指标	单位	指标方向
科技创新	创新投入	24	研发投入强度	%	正向
		25	每万人R&D人员全时当量	人年	正向
		26	规模以上工业企业中有研发活动企业占比	%	正向
		27	国家重点实验室数量	个	正向
	创新成效	28	科技进步贡献率	%	正向
		29	每万人发明专利拥有量	件	正向
		30	规模以上工业高技术产业营业收入	亿元	正向
改革开放	对外开放	31	外贸依存度	%	正向
		32	中欧班列(成渝)班次	次	正向
		33	世界500强企业落户数	个	正向
	市场主体	34	新增市场主体数量	家	正向
		35	民营经济增加值	亿元	正向
		36	民间投资总量	亿元	正向
生态宜居	生态环保	37	单位地区生产总值能耗	吨标准煤/万元	逆向
		38	森林覆盖率	%	正向
		39	空气质量优良天数比	%	正向
		40	河流断面水质达标率	%	正向
	公共服务	41	基本医疗保险覆盖率	%	正向
		42	基本养老保险覆盖率	%	正向
		43	人均社会保障和就业支出	元	正向
		44	人均教育支出	元	正向
		45	人均卫生健康支出	元	正向
		46	每万人医疗机构床位数	张	正向

综上，根据城市群发展的概念、内涵和相关理论，结合成渝地区双城经济圈发展实际及规划纲要，从综合质效、基础设施、现代经济、科技创新、改革开放、生态宜居等六个维度，分三个层级，构建了包含46项指标的成渝地区双城经济圈发展监测指标体系。

(三)成渝地区双城经济圈发展指数测算

1.指标无量纲化

(1)数据来源。

文中数据的地域划分主要依据现行的行政区域划分标准。数据选取2015—2020年间的6年的数据,重点反映"十三五"期间成渝地区双城经济圈的发展情况;数据主要来源于《重庆统计年鉴》《四川省统计年鉴》等各类统计年鉴和公报数据,以及重庆市和四川省的各部门数据。全员劳动生产率、人均GDP差异系数、外贸依存度、人均社会保障和就业支出、人均教育支出、人均卫生健康支出等指标通过对原始数据整理计算所得。由于构建的成渝地区双城经济圈指标体系中有个别指标存在数据无法收集的问题,有待于基础数据具备条件时纳入,因此在具体的指数测算中,将这些指标不带入测算中,最终进入测算的指标为37项。(表2-2)

表2-2 进入指数测算的成渝地区双城经济圈发展监测指标体系

一级指标	二级指标	序号	三级指标
综合质效	发展能级	1	双城经济圈地区生产总值占全国比重
		2	双核地区生产总值占经济圈比重
		3	常住人口占全国比重
	发展效率	4	人均GDP
		5	全员劳动生产率
	区域协调	6	人均GDP差异系数
		7	常住人口城镇化率
		8	城乡居民人均可支配收入比
基础设施	铁路设施	9	铁路网总规模
		10	20万以上人口城市铁路覆盖率
	航空设施	11	机场群旅客吞吐量
		12	航空货运吞吐量

续表

一级指标	二级指标	序号	三级指标
现代经济	产业发展	13	金融机构人民币贷款余额
		14	限额以上企业通过互联网实现的商品零售额占比
		15	文化产业增加值
	经济结构	16	制造业增加值占GDP比重
		17	战略性新兴制造业增加值占工业增加值比重
		18	规模以上服务业营业收入
科技创新	创新投入	19	研发投入强度
		20	每万人R&D人员全时当量
		21	规模以上工业企业中有研发活动企业占比
		22	国家重点实验室数量
	创新成效	23	科技进步贡献率
		24	每万人发明专利拥有量
改革开放	对外开放	25	外贸依存度
		26	世界500强企业落户数
	市场主体	27	新增市场主体数量
		28	民营经济增加值
生态宜居	生态环保	29	单位地区生产总值能耗
		30	森林覆盖率
		31	空气质量优良天数比
		32	河流断面水质达标率
	公共服务	33	基本医疗保险覆盖率
		34	人均社会保障和就业支出
		35	人均教育支出
		36	人均卫生健康支出
		37	每万人医疗机构床位数

(2)指标同向化。

由于评价指标体系中各个评价指标的量纲、经济意义、表现形式各不相同,总目标的作用趋向具有较大差异,无法进行直接比较,因此需对其进行无量纲化处理,在消除指标量纲影响后才能计算综合评价结果。而通过数学变换来消除原始指标量纲影响的过程即指标实际值转化为指标评价值的过程,无量纲化以后的数值即各指标的评价值。

本研究采用功效系数法进行无量纲化。功效系数法是根据多目标规划的原理,对每项评价指标确定一个满意值和不允许值,并以满意值为上限,以不允许值为下限,从而计算各指标实现满意值的程度,确定各指标的分数。在此基础上,经过加权平均进行综合,从而评价被研究对象的综合状况。

由于指标体系中有正向指标、逆向指标和适度指标,三者实际经济意义的方向性不同,其无量纲化稍有差异。在体系37个指标中,人均GDP差异系数、城乡居民人均可支配收入比、单位地区生产总值能耗3项指标为逆向指标,即这些指标数值越小则该指标表征的经济意义越好;其余34个指标为正向指标,即这些指标数值越大则该指标表征的经济意义越好,越体现成渝地区双城经济圈的发展质量。

(3)指标标准化。

由于指标体系中各个评价指标的量纲、经济意义、表现形式以及对总目标的作用趋向各不相同,不具有可比性,必须对其进行无量纲化处理、消除指标量纲影响后才能计算综合评价结果。而通过数学变换来消除原始指标量纲影响的过程即指标实际值转化为指标评价值的过程,无量纲化以后的数值即各指标的评价值。本文使用功效系数法对数据进行无量纲化处理,具体公式如下:

$$y_i = \frac{x_i - \min(x_i)}{\max(x_i) - \min(x_i)} \times 40 + 60 \qquad \text{式（1）}$$

其中，x_i 是某项指标的第 i 个原始数据，$\min(x_i)$ 是基期数据，y_i 是经无量纲化处理后的第 i 个数据值，即该项指标的第 i 项评价值得分。由于《纲要》是2020年开始实施的，因此将基期确定为2019年。

为方便对测算结果进行分析，本书借鉴扩散指数的概念，将基期结果固定为100，计算公式为：

$$z_i = \frac{y_i}{60} \times 100 \qquad \text{式（2）}$$

2. 权重确定

由于指标体系中各项指标的重要程度不同，为区别反映指标间的重要程度，需要对指标赋予权重。现有赋权方法主要分为两种：一种是客观赋权法，例如熵权法、主成分分析法等；另一种是主观赋权法，例如德尔菲法、层次分析法（AHP）等。两种方法各有其优缺点，具体选择需根据研究对象的情况进行确定。由于本文中使用的是2015—2020年的数据，时间区间仅有6年，样本量较小，在客观赋权上难以使用主成分分析等方法，因此采用熵权法进行客观赋权。但由于客观赋权依赖于数据本身提供的信息，对经济理论和社会实际情况的解析较少，为综合反映经济原理和社会发展的实际情况，在客观赋权的基础上引入主观赋权，使用德尔菲法对客观赋权权重进行进一步调整，确定最终权重。

(1)第一阶段——熵权法。

①熵权法介绍。

熵原本是一个热力学概念,现已在工程技术、社会经济等领域得到十分广泛的应用。一般地,如果某个指标的信息熵E_i越小,就表明其指标值的变异程度越大,提供的信息量越大,在综合评价中所起的作用越大,则其权重也应越大。反之,某指标的信息熵E_i越大,就表明其指标值的变异程度越小,提供的信息量越小,在综合评价中所起的作用越小,则其权重也应越小。

对数据进行标准化后就可以计算各指标的信息熵。设第i个指标的第j个数据的标准化值为r_{ij},,第i个指标的信息熵E_i可定义为:

$$E_i = -k \sum_{j=1}^{n} f_{ij} \cdot \ln f_{ij} \qquad 式(3)$$

其中,$k = \dfrac{1}{\ln n}$,$f_{ij} = \dfrac{r_{ij}}{\sum_{j=1}^{n} r_{ij}}$,如果$f_{ij}=0$,则定义$f_{ij} \cdot \ln f_{ij}=0$。

在指标熵值确定后就可根据下式来确定第i个指标的熵权W_i:

$$W_i = \dfrac{1 - E_i}{m - \sum E_i} \quad (i=1,2,\cdots,m) \qquad 式(4)$$

②熵权法计算权重结果。

在对综合指标得分进行标准化处理后,得出各项指标的基础分值。利用基础分值代入熵权法计算公式计算得到每个客观指标体系每项指标的熵权权重值。(表2-3)

表2-3 熵权法计算权重值

一级指标	权重	二级指标	权重	序号	三级指标	权重
综合质效	0.23	发展能级	0.09	1	双城经济圈地区生产总值占全国比重	0.03
				2	双核地区生产总值占经济圈比重	0.04
				3	常住人口占全国比重	0.02
		发展效率	0.06	4	人均GDP	0.03
				5	全员劳动生产率	0.03
		区域协调	0.08	6	人均GDP差异系数	0.02
				7	常住人口城镇化率	0.03
				8	城乡居民人均可支配收入比	0.03
基础设施	0.05	铁路设施	0.01	9	铁路网总规模	0.01
				10	20万以上人口城市铁路覆盖率	0.00
		航空设施	0.04	11	机场群旅客吞吐量	0.02
				12	航空货运吞吐量	0.02
现代经济	0.16	产业发展	0.08	13	金融机构人民币贷款余额	0.03
				14	限额以上企业通过互联网实现的商品零售额占比	0.03
				15	文化产业增加值	0.02
		经济结构	0.08	16	制造业增加值占GDP比重	0.04
				17	战略性新兴制造业增加值占工业增加值比重	0.02
				18	规模以上服务业营业收入	0.02
科技创新	0.20	创新投入	0.15	19	研发投入强度	0.03
				20	每万人R&D人员全时当量	0.03
				21	规模以上工业企业中有研发活动企业占比	0.03
				22	国家重点实验室数量	0.06
		创新成效	0.05	23	科技进步贡献率	0.03
				24	每万人发明专利拥有量	0.02

续表

一级指标	权重	二级指标	权重	序号	三级指标	权重
改革开放	0.09	对外开放	0.04	25	外贸依存度	0.02
				26	世界500强企业落户数	0.02
		市场主体	0.05	27	新增市场主体数量	0.02
				28	民营经济增加值	0.03
生态宜居	0.26	生态环保	0.15	29	单位地区生产总值能耗	0.03
				30	森林覆盖率	0.04
				31	空气质量优良天数比	0.04
				32	河流断面水质达标率	0.04
		公共服务	0.11	33	基本医疗保险覆盖率	0.00
				34	人均社会保障和就业支出	0.02
				35	人均教育支出	0.03
				36	人均卫生健康支出	0.04
				37	每万人医疗机构床位数	0.02

（2）第二阶段——德尔菲法。

德尔菲法，又名专家咨询法，是对各个层级指标进行赋权的一种主观性赋权方法，是对已拟出的评价指标进行分析、预测、权衡并赋予相应权值的一种调查法，主要依据若干专家的知识、智慧、经验、信息和价值观。由于熵权法赋权重仅考虑数据自身的内部联系和变化，未考虑指标的现实意义和重要性的差别，因此在熵权法计算出基础权重的基础上，需要采用德尔菲法进行进一步调整。

在初始权重的基础上，邀请长期从事经济学、社会学和统计学相关研究的三位专家使用德尔菲法对初始权重进行了调整，调整思路为先调整一级指标，最后调整三级指标，具体调整结果见表2-4。

表 2-4 成渝地区双城经济圈发展监测指标体系调整后权重

一级指标	权重	二级指标	权重	序号	三级指标	权重
综合质效	0.20	发展能级	0.08	1	双城经济圈地区生产总值占全国比重	0.03
				2	双核地区生产总值占经济圈比重	0.03
				3	常住人口占全国比重	0.02
		发展效率	0.06	4	人均GDP	0.03
				5	全员劳动生产率	0.03
		区域协调	0.06	6	人均GDP差异系数	0.02
				7	常住人口城镇化率	0.02
				8	城乡居民人均可支配收入比	0.02
基础设施	0.10	铁路设施	0.05	9	铁路网总规模	0.03
				10	20万以上人口城市铁路覆盖率	0.02
		航空设施	0.05	11	机场群旅客吞吐量	0.03
				12	航空货运吞吐量	0.02
现代经济	0.15	产业发展	0.08	13	金融机构人民币贷款余额	0.03
				14	限额以上企业通过互联网实现的商品零售额占比	0.03
				15	文化产业增加值	0.02
		经济结构	0.07	16	制造业增加值占GDP比重	0.03
				17	战略性新兴制造业增加值占工业增加值比重	0.02
				18	规模以上服务业营业收入	0.02
科技创新	0.20	创新投入	0.10	19	研发投入强度	0.03
				20	每万人R&D人员全时当量	0.03
				21	规模以上工业企业中有研发活动企业占比	0.02
				22	国家重点实验室数量	0.02
		创新成效	0.10	23	科技进步贡献率	0.06
				24	每万人发明专利拥有量	0.04

一级指标	权重	二级指标	权重	序号	三级指标	权重
改革开放	0.15	对外开放	0.07	25	外贸依存度	0.04
				26	世界500强企业落户数	0.03
		市场主体	0.08	27	新增市场主体数量	0.04
				28	民营经济增加值	0.04
生态宜居	0.20	生态环保	0.1	29	单位地区生产总值能耗	0.04
				30	森林覆盖率	0.02
				31	空气质量优良天数比	0.02
				32	河流断面水质达标率	0.02
		公共服务	0.1	33	基本医疗保险覆盖率	0.02
				34	人均社会保障和就业支出	0.02
				35	人均教育支出	0.02
				36	人均卫生健康支出	0.02
				37	每万人医疗机构床位数	0.02

3.成渝地区双城经济圈发展指数测算结果

在得到每个指标的得分和权重后,通过对各项指标个体得分加权平均计算出综合得分值。将原本属于各个类型的指标通过加权计算进行加总,使原有的多指标转化为单一的指标,使评判结果更加直观,利于不同测评体系和一级指标的比较。计算公式为:

$$Z=\sum_{i=1}^{n}w_i y_i \qquad 式(5)$$

其中,Z 为被评价对象的综合得分,y_i 为第 i 项指标无量纲化后的评价值,n 为评价指标个数,w_i 为第 i 项指标的权重。

对各指标的原始得分值按照最终确定的权重进行加权平均,计算出各测评体系的综合得分值和各级指标分项得分值。(表2-5和表2-6)

表2-5　成渝地区双城经济圈发展指数（总指数、一级指标及二级指标指数）

		2015年	2016年	2017年	2018年	2019年	2020年
总指数		86.83	89.71	93.35	96.84	100.00	104.39
一级指标	综合质效	90.06	92.76	95.56	97.83	100.00	102.13
	基础设施	89.70	94.07	95.51	97.92	100.00	99.86
	现代经济	81.73	86.34	91.53	95.38	100.00	109.67
	科技创新	82.39	85.29	91.25	95.50	100.00	105.11
	改革开放	88.09	89.32	93.21	97.92	100.00	106.80
	生态宜居	89.50	91.72	93.64	96.95	100.00	102.43
二级指标	发展能级	97.71	98.82	99.99	99.51	100.00	100.13
	发展效率	80.39	84.76	88.44	96.75	100.00	104.11
	区域协调	89.52	92.67	96.77	96.68	100.00	102.82
	铁路设施	92.51	99.25	99.25	99.88	100.00	100.00
	航空设施	86.90	88.89	91.76	95.96	100.00	99.72
	产业发展	72.86	79.56	87.48	92.32	100.00	115.85
	经济结构	91.87	94.08	96.15	98.88	100.00	102.62
	创新投入	82.23	83.83	91.27	95.25	100.00	105.50
	创新成效	82.55	86.74	91.24	95.74	100.00	104.72
	对外开放	98.86	95.12	94.32	100.25	100.00	104.33
	市场主体	78.67	84.25	92.24	95.87	100.00	108.96
	生态环保	89.90	91.57	93.97	97.34	100.00	102.56
	公共服务	89.10	91.88	93.32	96.57	100.00	102.30

表2-6　成渝地区双城经济圈发展指数（三级指标指数）

序号	三级指标	2015年	2016年	2017年	2018年	2019年	2020年
1	双城经济圈地区生产总值占全国比重	94.49	95.35	98.36	97.55	100.00	101.00
2	双核地区生产总值占经济圈比重	99.81	101.79	101.79	101.27	100.00	100.08
3	常住人口占全国比重	99.37	99.58	99.72	99.82	100.00	98.92
4	人均GDP	77.24	81.14	88.81	93.53	100.00	102.04

续表

序号	三级指标	2015年	2016年	2017年	2018年	2019年	2020年
5	全员劳动生产率	83.55	88.39	88.08	99.96	100.00	106.19
6	人均GDP差异系数	77.39	84.39	94.61	92.37	100.00	104.01
7	常住人口城镇化率	93.32	94.97	96.59	98.29	100.00	102.80
8	城乡居民人均可支配收入比	97.84	98.66	99.10	99.39	100.00	101.66
9	铁路网总规模	87.51	98.76	98.76	99.79	100.00	100.00
10	20万以上人口城市铁路覆盖率	100.00	100.00	100.00	100.00	100.00	100.00
11	机场群旅客吞吐量	78.74	83.30	87.37	92.39	100.00	98.17
12	航空货运吞吐量	99.14	97.28	98.34	101.33	100.00	102.06
13	金融机构人民币贷款余额	74.76	79.65	85.32	91.87	100.00	109.11
14	限额以上企业通过互联网实现的商品零售额占比	71.97	80.35	90.11	91.83	100.00	129.86
15	文化产业增加值	71.34	78.25	86.78	93.72	100.00	104.92
16	制造业增加值占GDP比重	117.97	111.69	106.24	102.10	100.00	99.54
17	战略性新兴制造业增加值占工业增加值比重	69.35	78.80	83.36	101.04	100.00	101.34
18	规模以上服务业营业收入	75.24	82.96	93.80	91.88	100.00	108.52
19	研发投入强度	91.61	92.07	99.07	96.06	100.00	102.28
20	每万人R&D人员全时当量	77.86	81.26	89.29	95.42	100.00	107.08
21	规模以上工业企业中有研发活动企业占比	65.27	67.52	82.12	94.59	100.00	113.47
22	国家重点实验室数量	91.67	91.67	91.67	94.44	100.00	100.00
23	科技进步贡献率	92.97	94.07	96.49	98.05	100.00	101.49

续表

序号	三级指标	2015年	2016年	2017年	2018年	2019年	2020年
24	每万人发明专利拥有量	66.92	75.75	83.35	92.28	100.00	109.56
25	外贸依存度	104.51	95.60	92.77	101.30	100.00	106.41
26	世界500强企业落户数	91.32	94.47	96.38	98.86	100.00	101.55
27	新增市场主体数量	77.57	84.04	97.56	99.93	100.00	113.02
28	民营经济增加值	79.78	84.47	86.93	91.81	100.00	104.90
29	单位地区生产总值能耗	87.24	91.74	95.36	97.98	100.00	102.10
30	森林覆盖率	93.55	94.04	95.73	97.63	100.00	102.49
31	空气质量优良天数比	95.32	95.70	96.99	99.50	100.00	102.66
32	河流断面水质达标率	86.14	84.61	86.39	93.61	100.00	103.45
33	基本医疗保险覆盖率	100.00	100.00	100.00	100.00	100.00	100.00
34	人均社会保障和就业支出	85.21	90.97	91.74	95.87	100.00	103.84
35	人均教育支出	87.66	88.44	93.82	96.93	100.00	103.04
36	人均卫生健康支出	85.88	89.98	86.65	93.06	100.00	103.61
37	每万人医疗机构床位数	86.76	90.01	94.38	96.98	100.00	101.03

(四)监测结果评价

根据成渝地区双城经济圈发展监测指标体系测算结果,主要针对经济圈的总体发展情况,评价体系的各子系统发展特征进行概括性论述,在此基础上,对指标体系中重点指标分区域进行典型分析。

1.成渝地区双城经济圈发展总体趋势分析

(1)经济圈发展总体平稳。

从2015—2020年成渝地区双城经济圈发展指数看,"十三五"时期,成渝地区双城经济圈发展整体呈现出指数稳步攀升、增速总体平稳的发展态势。2020年经济圈发展指数提高到104.39，较2015年提高17.56，平均每年提高3.51。(图2-9)。

图2-9 2015—2020年成渝地区双城经济圈发展指数及增速

在各子系统中，现代经济子系统发展指数水平整体较高，2020年达到109.67，比经济圈总指数高5.28，发展指数较2015年提高27.94，年均提高5.59。改革开放子系统位居第二，2020年发展指数为106.80，比经济圈总指数高2.41，较2015年提高18.71，年均提高3.74。科技创新子系统位居第三，2020年发展指数为105.11，高于经济圈总指数0.72，年均提高4.54。生态宜居、综合质效和基础设施三个子系统的发展指数水平低于经济圈总体水平。其中，生态宜居和综合质效子系统2020年发展指数分别为102.43和102.13，年均分别提高2.59和2.41；基础设施子系统发展指数为99.86，是各子系统中唯一低于100的，其原因是民航系统2020年受新冠肺炎疫情影响，航空客运吞吐量出现大幅下降，该子系统年均提高2.03。(图2-10)

■ 综合质效　■ 基础设施　■ 现代经济　■ 科技创新　■ 改革开放　■ 生态宜居

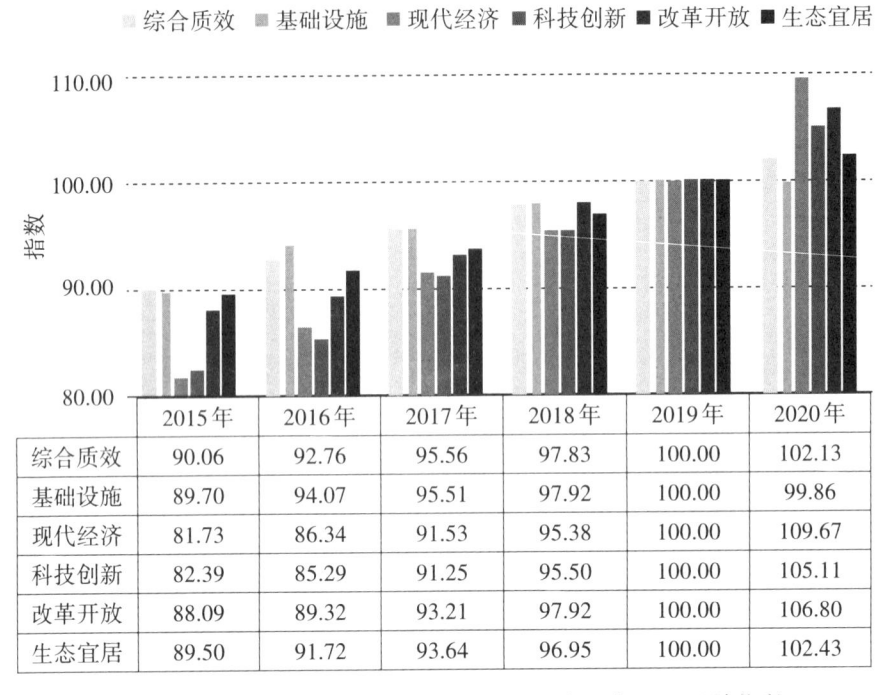

	2015年	2016年	2017年	2018年	2019年	2020年
综合质效	90.06	92.76	95.56	97.83	100.00	102.13
基础设施	89.70	94.07	95.51	97.92	100.00	99.86
现代经济	81.73	86.34	91.53	95.38	100.00	109.67
科技创新	82.39	85.29	91.25	95.50	100.00	105.11
改革开放	88.09	89.32	93.21	97.92	100.00	106.80
生态宜居	89.50	91.72	93.64	96.95	100.00	102.43

图2-10　2015—2020年成渝地区双城经济圈发展子系统指数

从发展指数的增速看,成渝地区双城经济圈指数增长总体稳定,各年增速基本保持在4%左右,2015—2020年年均增速为3.8%。其中,2016—2017年,经济圈发展指数增速有所提升,从3.3%提高到4.1%;2017—2019年,增速略有下降,降低了0.8个百分点;2019—2020年,增速再次提升,且提升幅度较大,提高了1.1个百分点,增速达到4.4%,为"十三五"时期最高。(图2-11)

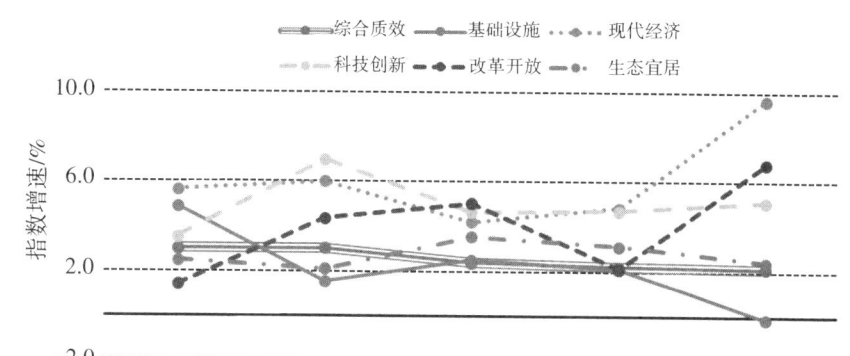

	2016年	2017年	2018年	2019年	2020年
综合质效	3.0	3.0	2.4	2.2	2.1
基础设施	4.9	1.5	2.5	2.1	-0.1
现代经济	5.6	6.0	4.2	4.8	9.7
科技创新	3.5	7.0	4.7	4.7	5.1
改革开放	1.4	4.4	5.0	2.1	6.8
生态宜居	2.5	2.1	3.5	3.1	2.4

图 2-11　2016—2020 年成渝地区双城经济圈发展子系统指数增速

各子系统中，现代经济、科技创新和改革开放发展指数增长情况好于经济圈总体水平，2015—2020 年年均增速分别达到 6.1%、5.0% 和 3.9%，分别高于经济圈增速 2.3、1.2 和 0.1 个百分点；综合质效、生态宜居和基础设施子系统增长相对较慢，年均增速分别为 2.5%、2.7% 和 2.2%，分别低于平均水平 1.3、1.1 和 1.6 个百分点。从增长趋势看，各子系统总体处于平稳增长态势。就 2019—2020 年增速看，现代经济、改革开放、科技创新均保持较快增长，增速分别为 9.7%、6.8% 和 5.1%，分别高于经济圈增速 5.3、2.4 和 0.7 个百分点。生态宜居和综合质效增长较为平缓，增速分别为 2.4% 和 2.1%。基础设施是各子系统中唯一下降的板块，2020 年较 2019 年下降 0.1 个百分点，其主要原因是受新冠肺炎疫情影响,2020年旅游人数减少,航空等行业受到较大影响,机场群旅客吞吐量明显下降。

(2)经济圈高质量发展势头向好。

从一级指标来看,2020年增速高于经济圈总指数增速的指标分别为现代经济增长9.7%,科技创新增长5.1%,改革开放增长6.8%,分别高于经济圈总指数增速5.3、0.7和2.4个百分点。

从二级指标看,现代经济子系统中,主要是产业发展的带动,其2020年增速达到15.8%,高于总指数增速11.4个百分点。科技创新子系统中,创新投入的增长较快,增速达到5.5%,高于总指数增速1.1个百分点。改革开放子系统中,市场主体增速达到9.0%,高于总指数增速4.6个百分点。

从三级指标看,限额以上企业通过互联网实现的商品零售额占比增速最快,2020年较2019年增长29.9%,分别高于总指数和现代经济子系统指数25.5和20.2个百分点,说明经济圈以互联网为主导的新兴电子商务贸易发展势头良好。增速排名第二的指标为规模以上工业企业中有研发活动企业占比,2020年增长13.5%,分别较经济圈总指数和科技创新子系统指数高9.1和8.4个百分点,说明经济圈的工业企业具有较强的科技创新能力和市场竞争力。增速排名第三的指标为新增市场主体数量,2020年增长13.0%,分别较经济圈总指数和改革开放子系统指数高8.6和6.2个百分点,说明经济圈的市场活力较强。其他增速高于经济圈总指数增速的指标分别为每万人发明专利拥有量增长9.6%,金融机构人民币贷款余额增长9.1%,规模以上服务业营业收入增长8.5%,每万人R&D人员全时当量增长7.1%,外贸依存度增长6.4%,文化产业增加值和民营经济增加值均增长4.9%。这些指标分别代表了经济圈在创新成果、现代服务业、创新投入、开放力度、精神文明建设以及市场活力等方面取得的成效,是高质量发展势头加快的有力支撑。

2.成渝地区双城经济圈发展结构分析

从成渝地区双城经济圈发展的子系统来看,各子系统均保持了相对平稳的增长趋势,但发展特征各不相同。

(1)综合质效子系统分析。

①二级指标变动特征。

综合质效子系统是所有子系统中发展趋势最为平稳的子系统,2016—2020年的指数增速基本上保持在2%—3%之间,各年变动不大,年均增速为2.5%,在各子系统中属于增长相对缓慢的。与其他子系统相比,综合质效子系统呈现出增速逐年回落的总体趋势,与两地的GDP变动趋势总体吻合。

在综合质效子系统的二级指标中,发展能级的发展趋势最为平稳,2016—2020年的指数增速变动主要集中在0%—2%之间,各年变动不大,年均增速为0.5%。发展效率和区域协调两项二级指标的波动均较为明显。其中,发展效率指标呈现出"W"形变动趋势,由2016年5.4%的增速提高到2018年9.4%的增速后,又回落到2020年4.1%的增速。而区域协调指标则呈现出完全相反的变动趋势,显现出"M"形波动,由2016年的增长3.5%,回落到2018年的下降0.1%,之后回升到2020年增长2.8%。(图2-12)

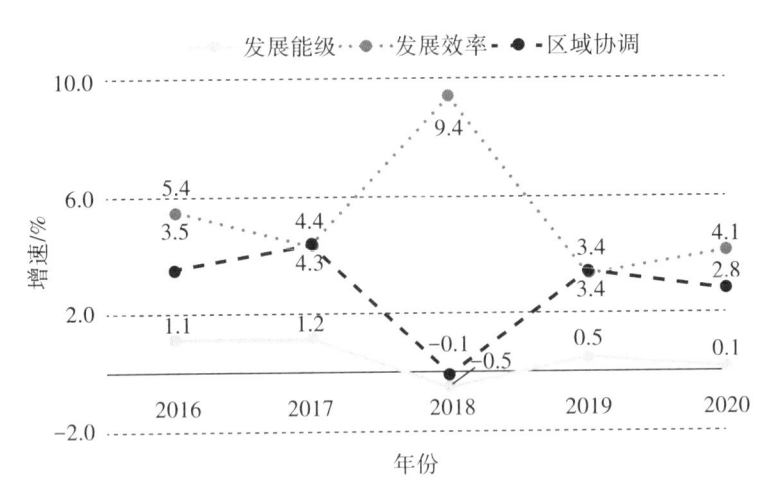

图 2-12　2016—2020 年成渝地区双城经济圈发展综合质效子系统指数增速

②三级指标变动特征。

发展能级二级指标中,成渝地区双城经济圈生产总值占全国比重除 2018 年略有下降,总体保持稳步提升态势。从增长趋势看,增长波动比较明显,整体呈现"M"形变动,在 2018 年出现较为明显的回落,增速为 -0.8%,到 2020 年稳定为增长 1.0%,2015—2020 年年均增长 1.3%;双核地区生产总值占经济圈比重在近两年略有下降,2020 年较 2015 年提高 0.14 个百分点,而较 2018 年则下降 0.64 个百分点,双核对经济圈的辐射带动作用略有减弱。从增长趋势看,呈现"V"形态势,2019 年增速回落至 -1.3% 以后,2020 年回升至 0.1%;常住人口占全国比重亦逐步提升,并在 2020 年有小幅回落。从增长趋势看,2019 年以前增速非常平稳,2020 年出现负增长,整体来看,经济圈人口变动较小,对区域影响不大。

发展效率二级指标中,人均 GDP 和全员劳动生产率均逐年提高,但增长趋势呈现相反态势。其中,人均 GDP 增长呈现出

"M"形态势，2016—2019年增速基本上稳定在5%—9%之间，2020年增速回落至2.0%。全员劳动生产率增长呈现"W"形态势，2018年出现13.5%的较高增长，其他年份增速保持在-1%—6%之间，2020年增长6.2%。

区域协调二级指标中，人均GDP差异系数、常住人口城镇化率、城乡居民人均可支配收入比三项指标均呈现逐年上升趋势。从增速上看，人均GDP差异系数变动较为明显，呈现出"M"形增长态势，除2018年下降2.4%，其他年份增速基本保持在4%—12%之间。常住人口城镇化率和城乡居民人均可支配收入比两项指标增长比较平稳，且在2020年出现小幅提升。（图2-13）

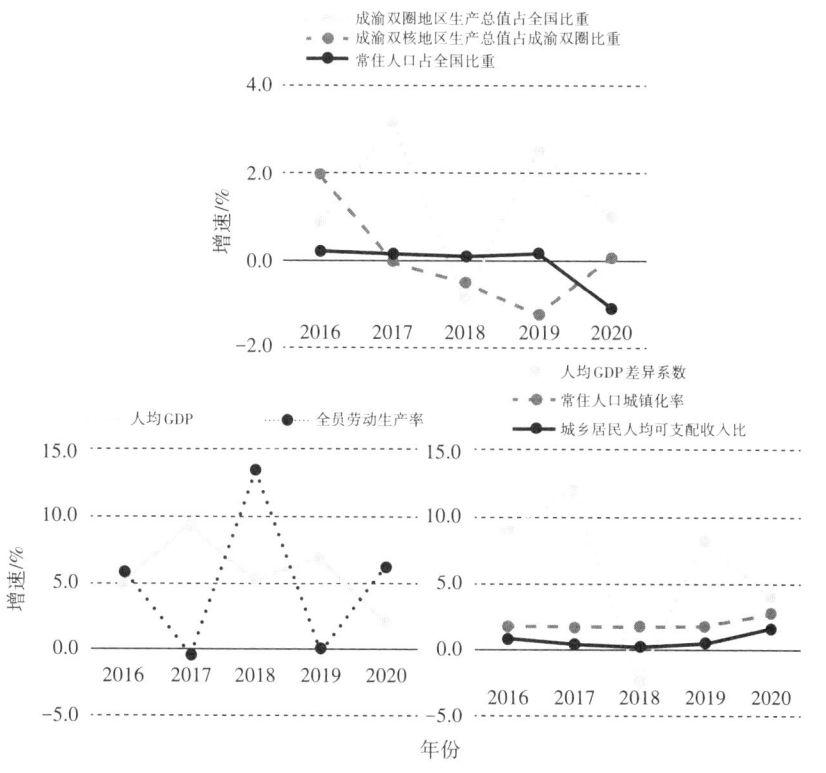

图2-13　2016—2020年成渝地区双城经济圈发展综合质效子系统三级指标增速

(2)基础设施子系统分析。

①二级指标变动特征。

基础设施建设本身具有建设周期长、收效相对缓慢的特征，整体增速相对较低，2015—2020年年均增长2.2%，且呈现出阶段性下降态势。

在基础设施子系统中，铁路设施在2017年后表现得比较平稳，各年变动较小。航空设施在2015—2018年间呈现平稳提升态势，在2020年增速明显回落。（见图2-14）

图2-14 2016—2020年成渝地区双城经济圈发展基础设施子系统指数增速

②三级指标变动特征。

铁路设施二级指标中，铁路网总规模各年均有增长，但增速在2017年后明显回落，铁路网总规模保持稳定。20万以上人口城市铁路覆盖率在各年没有变动。总体来看，铁路设施二级指标基本稳定。

航空设施二级指标中,机场群旅客吞吐量在2019年以前保持相对平稳的增长态势,受新冠肺炎疫情影响,区域间人员流通明显减少,民航运量减少,2020年增速出现明显回落,增速为-0.3%。航空货运受疫情影响较小,2016—2018年间呈现稳步上升态势,2019年增速小幅回落。在疫情期间由于抗疫物资运输要求,在2020年增速再次出现提升。(图2-15)。

图2-15 2016—2020年成渝地区双城经济圈发展基础设施子系统三级指标增速

(3)现代经济子系统分析。

①二级指标变动分析。

现代经济子系统总体呈现出"先抑后扬"的增长趋势,2016—2019年间,增速总体放缓,2020年增速明显回升,达到9.7%。

在现代经济子系统中,产业发展在近几年表现出明显的上升态势,由2018年的增长5.5%到2020年增长15.8%,增速提高了10.3个百分点。经济结构指标增长比较平稳,2016—2020年增速基本稳定在1%—3%之间。(图2-16)

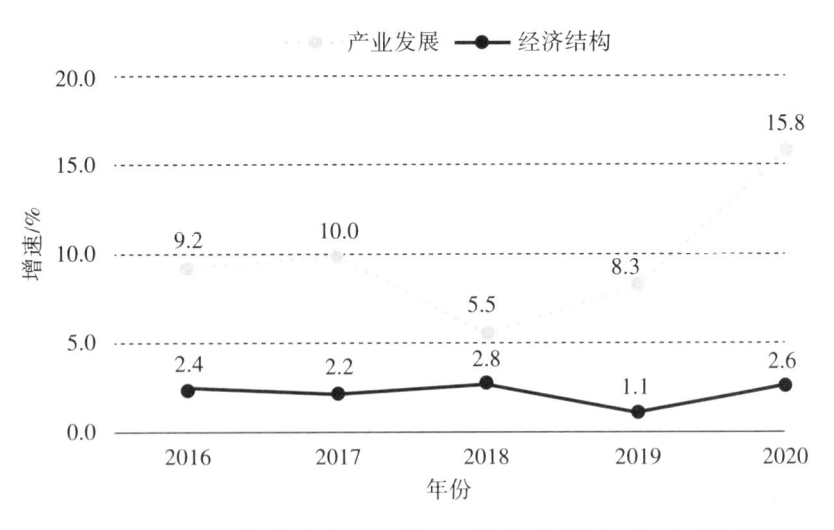

图 2-16　2016—2020年成渝地区双城经济圈发展现代经济子系统指数增速

②三级指标变动分析。

产业发展二级指标中,金融机构人民币贷款余额、限额以上企业通过互联网实现的商品零售额占比、文化产业增加值三项指标均稳步提高。但从增速上看,各指标差异较大。其中,对现代经济具有较强代表性的限额以上企业通过互联网实现的商品零售额占比在2018年以后实现较快增长,由1.9%提高到29.9%,提升了28个百分点。金融业保持平稳增长,金融机构人民币贷款余额在2016—2020年间增速稳定在6%—9%之间。文化产业增长态势相对较差,文化产业增加值在2017年以后出现明显回落。

经济结构二级指标中,除制造业增加值占GDP比重呈现逐年下降态势,战略性新兴制造业增加值占工业增加值比重、规模以上服务业营业收入两项指标均持续提高。从增速看,制造业增加值占GDP比重的增速呈现逐步回升态势。战略性新兴制造业增加值占工业增加值比重、规模以上服务业营业收入的增速则波动十分明显，其中战略性新兴制造业增加值占工业增加值比重在后期呈现增速回落态势，而规模以上服务业营业收入则在近期呈现加速提升后稳步增长态势。（图2-17）

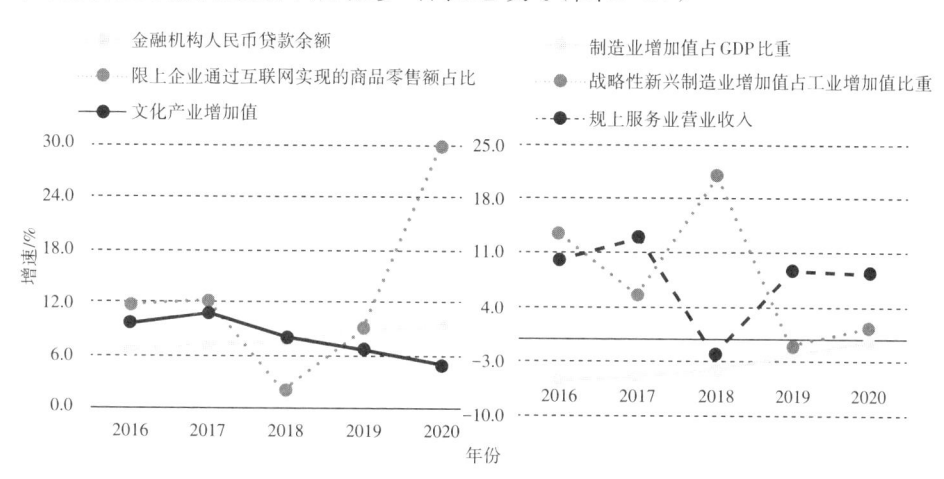

图2-17 2016—2020年成渝地区双城经济圈发展现代经济子系统三级指标增速

（4）科技创新子系统分析。

①二级指标变动分析。

科技创新子系统前期波动比较大，后期呈现平稳发展态势，且增速在近两年略有提升。增速在2017年达到最高点7.0%以后，回落至4.7%，2020年提升至5.1%。

科技创新子系统中，创新投入表现出与科技创新子系统相同的发展趋势，同样是前期波动较大，后期趋于平稳。创新成效增长趋势比较平稳，2016—2020年增速保持在4%—6%的区间。（图2-18）

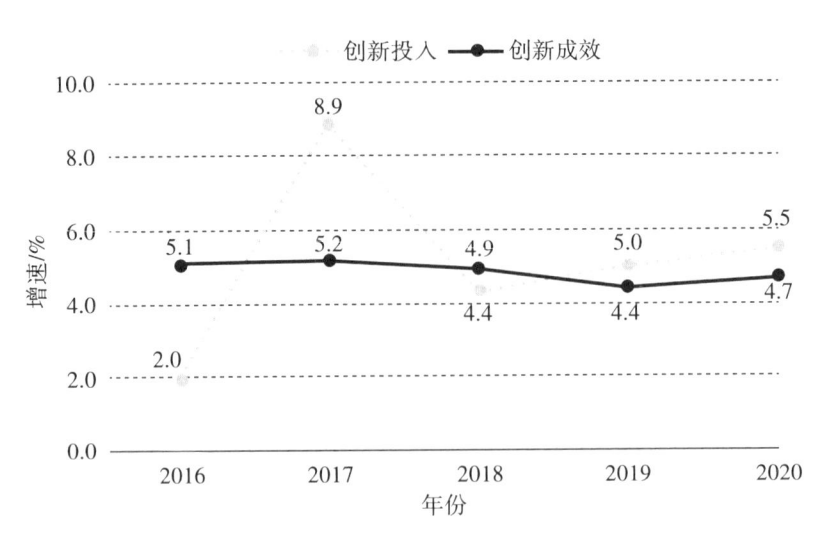

图2-18　2016—2020年成渝地区双城经济圈发展科技创新子系统指数增速

②三级指标变动分析。

创新投入二级指标中,除研发投入指标在2018年略有下降外,其他指标均逐年上升,保持了较好的发展势头。从增速上看,研发投入强度和规模以上工业企业中有研发活动企业占比两项指标的波动比较明显。其中,研发投入强度指标呈现出"M"形增长态势,分别在2017年和2019年达到7.6%和4.1%的较高增长,2020年增长2.3%,年均增长2.2%。规模以上工业企业中有研发活动企业占比指标呈现出"N"形增长态势,2017年达到21.6%的较高增长速度,2019年回落到5.7%,2020年重新提升至13.5%,年均增长11.7%。每万人R&D人员全时当量增长相对于其他指标比较平稳,2016—2020年间增速基本稳定在4%—10%之间。国家重点实验室数量变动不明显,增速在2017—2019年间出现了明显的提升,提高了5.9个百分点,2020年再次回归平稳。

创新成效二级指标中,科技进步贡献率和每万人发明专利拥有量同样保持了稳定的提高。两项指标的增长均保持相对平稳的态势,其中科技进步贡献率在2016—2020年间增速保持在1%—2%之间,年均增长1.8%。每万人发明专利拥有量增长整体有所回落,呈现出阶段性波动趋势,2020年增长9.6%,较2019年增速有所提升。(图2-19)

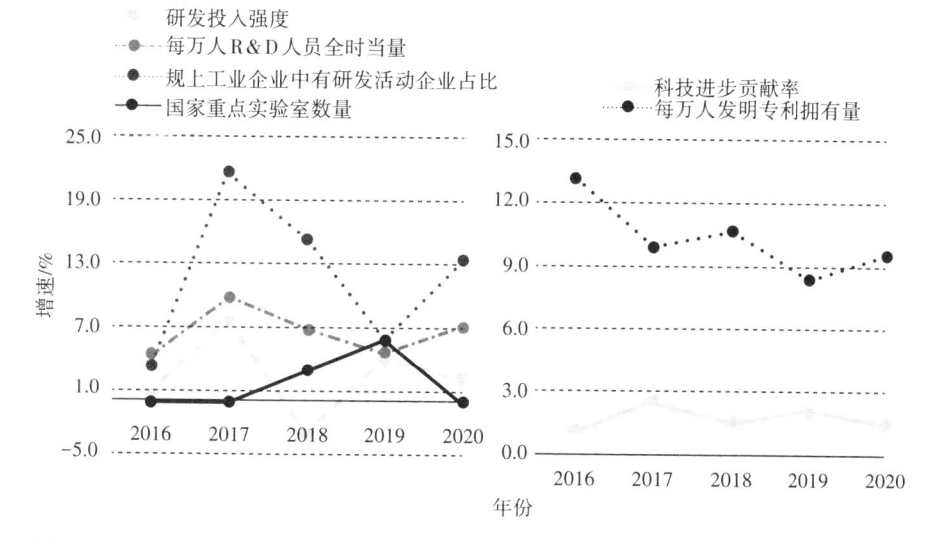

图2-19 2016—2020年成渝地区双城经济圈发展科技创新子系统三级指标增速

(5)改革开放子系统分析。

①二级指标变动分析。

改革开放子系统整体呈现上升态势,2016—2018年,增速由1.4%提升至5.0%,2019年回落至2.1%,之后在2020年又回升至6.8%。

改革开放子系统中,对外开放增长变动相对比较明显,2016年增速最低时为-3.8%,2018年增速达到6.3%的最高值,2020年增长4.3%,2016—2020年年均增长1.1%,在所有二级指标中增长相对较慢。市场主体增长较为平稳,2016—2020年增速基本保持在4%—9%的区间内,且总体增长较快,年均增速达到6.7%。(图2-20)

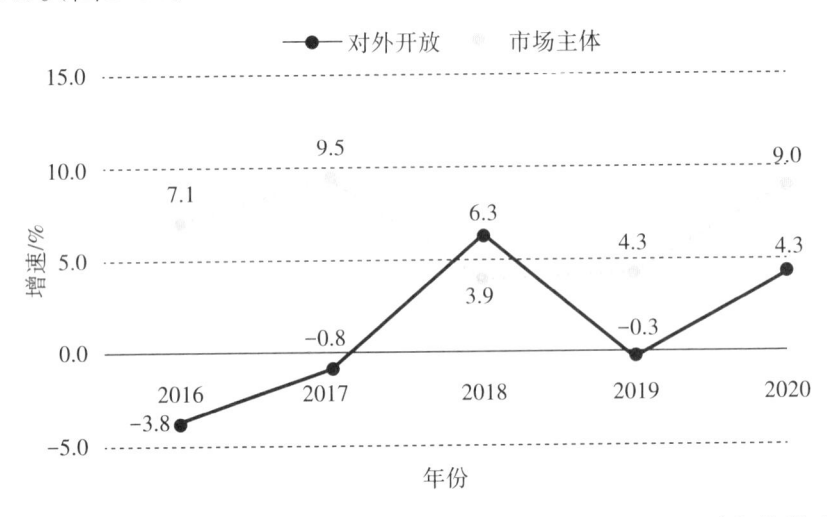

图2-20 2016—2020年成渝地区双城经济圈发展改革开放子系统指数增速

②三级指标变动分析。

对外开放二级指标中,外贸依存度的变动比较明显,指数分别在2016年、2017年和2019年出现了下降,其中2017年较2015年下降了11.74。2020年指数有所回升,提高至106.41,较2015年提高了1.9。世界500强企业落户数保持稳定增长的态势。从增长趋势看,外贸依存度在2018年以前处于加快增长态势,2019年明显回落,2020年回归稳定增长。世界500强企业落户数保持平稳增长态势,2016—2020年间增速基本稳定在1%—4%之间。

市场主体二级指标中,新增市场主体数量和民营经济增加值两项指标均处于持续提高中。其中,新增市场主体数量指数由

2015年的77.57提高到2020年的113.02,提高35.45;民营经济增加值指数由2015年的79.78提高到2020年的104.90,提高25.12。从增长趋势看,新增市场主体数量呈现"N"形增长趋势,2017年达到最快增长速度16.1%后,2019年回落至0.1%,2020年再次提升至13.0%,年均增长7.8%,保持较快的增长速度。民营经济增加值呈现反"N"形态势,由2017年最低增速2.9%提升至2019年的8.9%后,2020年回落至4.9%,年均增长5.6%。(图2-21)

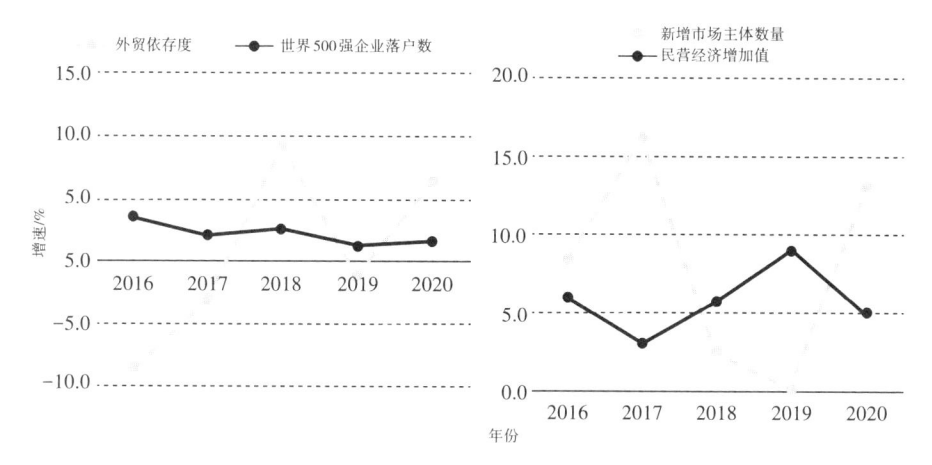

图2-21 2016—2020年成渝地区双城经济圈发展改革开放子系统三级指标增速

(6)生态宜居子系统分析。

①二级指标变动分析。

生态宜居整体处于平稳增长态势中,2016—2020年间,增速变动保持在2%—4%之间,波动幅度仅为1.4个百分点,年均增长2.7%,在所有子系统中增长偏慢。

生态宜居子系统中,生态环保和公共服务增速均在前期有所提升,而在后期出现回落。其中,生态环保二级指标由2016

年的增长1.9%提升至2018年增长3.6%,提高1.7个百分点,2020年回落至2.6%。公共服务二级指标波动更为明显,由2016年的增长3.1%回落至2017年的1.6%,之后在2018年提升至3.6%,2020年再次出现回落,增速为2.3%。(图2-22)

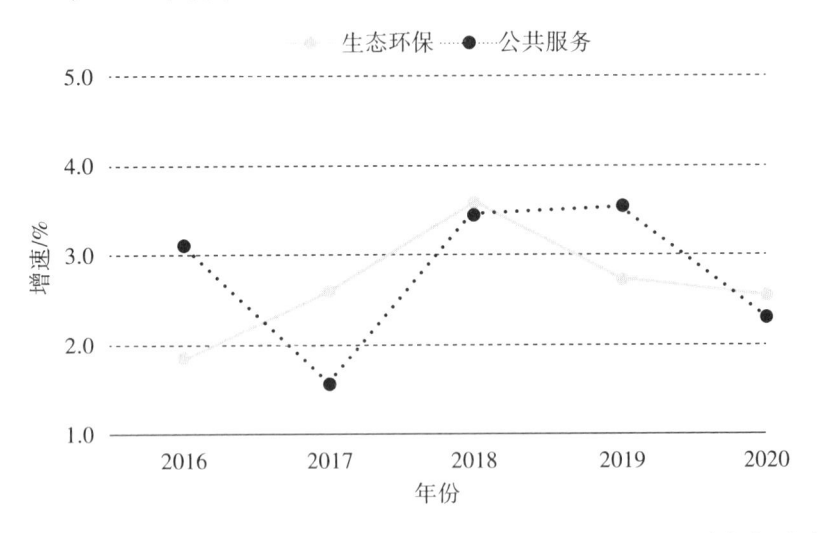

图2-22　2016—2020年成渝地区双城经济圈发展生态宜居子系统指数增速

②三级指标变动分析。

生态环保二级指标中,单位地区生产总值能耗、森林覆盖率、空气质量优良天数比、河流断面水质达标率四项指标的指数均总体呈现逐年上升态势。从增长趋势看,森林覆盖率整体呈现上升态势,增速由2016年的0.5%稳步提高到2020年的2.5%,年均增长1.8%。单位地区生产总值能耗指数整体呈现回落态势,2020年增速较2016年回落3.1个百分点,回落幅度较小。空气质量优良天数比处于小幅震荡波动中,2016—2018年小幅提升1.2个百分点,之后波动幅度为2.2个百分点。河流断面水质达标率变动较为明显,由2016年的下降1.8%提高至2018年增长8.4%,之后逐步回落至3.4%,年均增长3.7%。

公共服务二级指标中,基本医疗保险覆盖率各年无变化,人均社会保障和就业支出、人均教育支出、人均卫生健康支出、每万人医疗机构床位数四项指标均逐年提高。从增长趋势看,除基本医疗保险覆盖率外,其他四项指标均呈现出前期波动较大,中期平稳,后期有所回落的发展态势。人均社会保障和就业支出、人均教育支出、人均卫生健康支出、每万人医疗机构床位数在2016—2018年的增速波动幅度分别为5.9、5.2、11.1和3.8个百分点,2020年较2019年增速分别回落0.5、0.1、3.8和2.1个百分点,年均分别增长4.0%、3.3%、3.8%和3.1%。(图2-23)

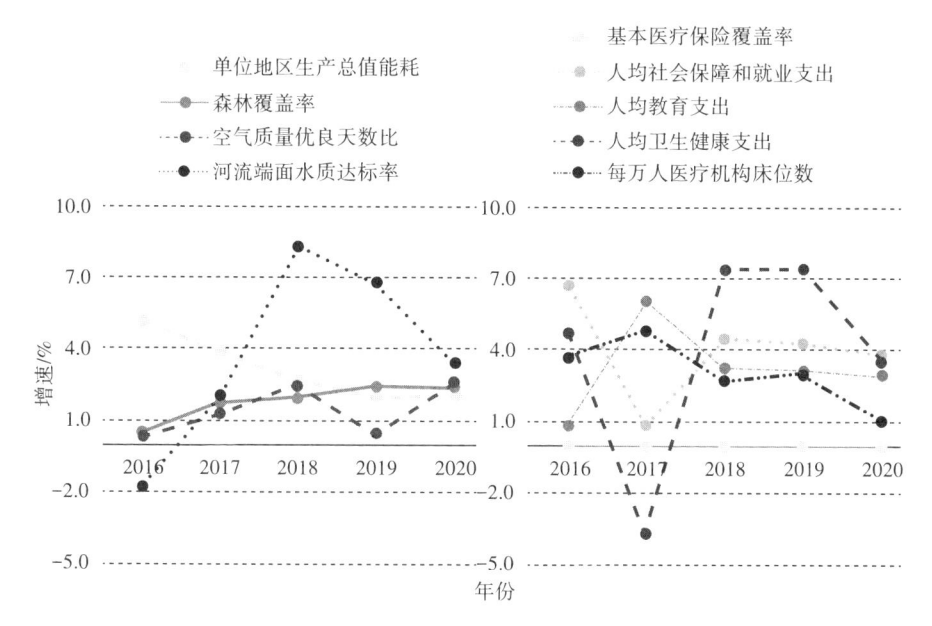

图2-23 2016—2020年成渝地区双城经济圈发展生态宜居子系统三级指标增速

3.成渝地区双城经济圈发展区域分析

(1)地区生产总值占全国比重。

2015—2020年成渝地区双城经济圈地区生产总值占全国的比重稳步提升,从2015年的5.89%提高到2020年的6.51%,提高了0.62个百分点,平均每年提高0.12个百分点。

分区域看,重庆部分占双城经济圈的比重相对较低,占比为34.7%;从发展趋势看,重庆部分占全国比重亦稳步提高,由2015年的2.02%提高到2020年的2.26%,提高了0.24个百分点,年均提高0.04个百分点。四川部分的占比相对较高,2020年四川省地区生产总值占全国比重为4.25%,占成渝地区双城经济圈的比重达到65.3%;且占比稳步提高,2020年占比较2015年提高0.38个百分点,平均每年提高0.08个百分点。

在重庆部分中,主城都市区地区生产总值的占比较高,2020年达1.87%,占重庆部分地区生产总值的82.7%,与2015年持平。其中,渝北区、九龙坡区、渝中区和江北区的占比最高,分别达到0.20%、0.15%、0.13%和0.13%,渝北区和江北区均较2015年提高0.03个百分点。除中心城区外,万州区的占比相对较高,2020年达到0.10%,较2015年有所降低。

在四川部分中,成都市地区生产总值占比居主导地位,2020年成都市地区生产总值占全国比重达到1.74%,占四川部分地区生产总值的40.9%,较2015年提高0.19个百分点,年均提高0.04个百分点,占四川部分的比重较2015年提高0.9个百分点。其他市州中,绵阳市、宜宾市、德阳市和南充市的地区生产总值占比相对较高,2020年分别达到0.30%、0.28%、0.24%和0.24%,分别较2015年提高0.05、0.07、0.02和0.03个百分点。(表2-7)

表2-7 2015—2020年分区域地区生产总值占全国比重

单位:%

区域	2015年	2016年	2017年	2018年	2019年	2020年
双城经济圈	5.89	5.97	6.26	6.18	6.42	6.51
重庆部分	2.02	2.05	2.22	2.04	2.21	2.26
万州区	0.12	0.12	0.10	0.11	0.09	0.10
黔江区	0.03	0.03	0.02	0.03	0.02	0.02
涪陵区	0.12	0.12	0.12	0.12	0.12	0.12
渝中区	0.14	0.14	0.14	0.13	0.13	0.13
大渡口区	0.02	0.02	0.03	0.02	0.03	0.03
江北区	0.10	0.10	0.12	0.11	0.13	0.13
沙坪坝区	0.10	0.11	0.10	0.10	0.10	0.10
九龙坡区	0.15	0.15	0.15	0.13	0.15	0.15
南岸区	0.10	0.10	0.08	0.08	0.08	0.08
北碚区	0.06	0.06	0.06	0.06	0.06	0.06
渝北区	0.17	0.17	0.21	0.17	0.19	0.20
巴南区	0.08	0.09	0.09	0.08	0.09	0.09
长寿区	0.06	0.06	0.07	0.06	0.07	0.07
江津区	0.09	0.09	0.10	0.10	0.11	0.11
合川区	0.07	0.07	0.09	0.08	0.09	0.10
永川区	0.08	0.09	0.09	0.09	0.10	0.10
南川区	0.03	0.03	0.03	0.03	0.03	0.04
綦江区	0.05	0.06	0.07	0.06	0.07	0.05
大足区	0.05	0.05	0.06	0.06	0.07	0.07
璧山区	0.06	0.06	0.07	0.06	0.07	0.07
铜梁区	0.04	0.05	0.06	0.05	0.06	0.07
潼南区	0.04	0.04	0.04	0.04	0.05	0.05
荣昌区	0.05	0.05	0.06	0.05	0.07	0.07
开州区	0.05	0.05	0.05	0.05	0.05	0.05
梁平区	0.04	0.04	0.04	0.04	0.05	0.05
丰都县	0.02	0.02	0.03	0.03	0.03	0.03
垫江县	0.03	0.04	0.04	0.03	0.04	0.04

续表

区域	2015年	2016年	2017年	2018年	2019年	2020年
忠　县	0.03	0.03	0.04	0.03	0.04	0.04
云阳县	0.03	0.03	0.04	0.03	0.04	0.05
四川部分	3.87	3.92	4.04	4.14	4.20	4.25
成都市	1.55	1.59	1.67	1.71	1.72	1.74
自贡市	0.14	0.14	0.14	0.14	0.14	0.14
泸州市	0.20	0.20	0.20	0.21	0.21	0.21
德阳市	0.22	0.23	0.23	0.23	0.24	0.24
绵阳市	0.25	0.26	0.28	0.28	0.29	0.30
遂宁市	0.13	0.12	0.13	0.13	0.14	0.14
内江市	0.15	0.15	0.14	0.14	0.15	0.14
乐山市	0.19	0.18	0.18	0.19	0.19	0.20
南充市	0.21	0.21	0.22	0.23	0.24	0.24
眉山市	0.14	0.14	0.14	0.14	0.14	0.14
宜宾市	0.21	0.22	0.22	0.26	0.26	0.28
广安市	0.13	0.12	0.13	0.13	0.13	0.13
达州市	0.20	0.20	0.20	0.20	0.21	0.21
雅安市	0.08	0.08	0.07	0.07	0.07	0.07
资阳市	0.08	0.09	0.08	0.08	0.08	0.08

（2）常住人口占全国比重。

成渝地区双城经济圈常住人口占全国比重较为稳定，2015—2020年间变化很小，变动幅度在0.11个百分点之间。

分区域看，重庆部分常住人口占全国比重为1.93%，占双城经济圈比重相对较小，为28.4%。四川部分占有较大比重，且占比高于地区生产总值占比。2020年，四川部分常住人口占全国比重为4.89%，占双城经济圈的比重为71.6%，高于地区生产总值占经济圈比重6.3个百分点。

在重庆部分中，主城都市区2020年常住人口占全国的比重为1.47%，占重庆部分的比重为76.2%，较2015年提高1.7个百分点。其中,渝北区、九龙坡区和沙坪坝区的占比最高,2020年分别达到0.15%、0.11%和0.10%,均较2015年提高0.01个百分点。中心城区之外,万州区的占比相对较高,2020年为0.11%,与2015年持平。

在四川部分中,2020年成都市常住人口占全国的比重达到1.45%,较2015年提高0.38个百分点,与重庆部分中的主城都市区占比接近,占四川部分的比重为29.7%,较2015年提高8.1个百分点。其他市州中,南充市、达州市、绵阳市和宜宾市常住人口占全国比重相对较高,2020年分别达到0.39%、0.37%、0.34%和0.32%,但与2015年相比有所下降。(表2-8)

表2-8 2015—2020年分区域常住人口占全国比重

单位:%

区域	2015年	2016年	2017年	2018年	2019年	2020年
双城经济圈	6.88	6.90	6.91	6.92	6.94	6.83
重庆部分	1.92	1.94	1.96	1.97	1.98	1.93
万州区	0.11	0.11	0.11	0.11	0.11	0.11
黔江区	0.03	0.03	0.03	0.03	0.03	0.03
涪陵区	0.08	0.08	0.08	0.08	0.08	0.08
渝中区	0.04	0.04	0.04	0.04	0.04	0.04
大渡口区	0.03	0.03	0.03	0.03	0.03	0.03
江北区	0.06	0.06	0.06	0.06	0.07	0.06
沙坪坝区	0.09	0.10	0.10	0.10	0.10	0.10
九龙坡区	0.10	0.10	0.10	0.11	0.11	0.11
南岸区	0.07	0.08	0.08	0.08	0.08	0.08
北碚区	0.06	0.06	0.06	0.06	0.06	0.06
渝北区	0.14	0.14	0.15	0.15	0.15	0.15
巴南区	0.08	0.08	0.08	0.08	0.08	0.08
长寿区	0.05	0.05	0.05	0.05	0.05	0.05
江津区	0.09	0.10	0.10	0.10	0.10	0.09

续表

区域	2015年	2016年	2017年	2018年	2019年	2020年
合川区	0.09	0.09	0.09	0.09	0.09	0.09
永川区	0.08	0.08	0.08	0.08	0.08	0.08
南川区	0.04	0.04	0.04	0.04	0.04	0.04
綦江区	0.07	0.07	0.07	0.07	0.07	0.07
大足区	0.06	0.06	0.06	0.06	0.06	0.06
璧山区	0.05	0.05	0.05	0.05	0.05	0.05
铜梁区	0.05	0.05	0.05	0.05	0.05	0.05
潼南区	0.05	0.05	0.05	0.05	0.05	0.05
荣昌区	0.05	0.05	0.05	0.05	0.05	0.05
开州区	0.09	0.09	0.09	0.09	0.09	0.08
梁平区	0.05	0.05	0.05	0.05	0.05	0.04
丰都县	0.04	0.04	0.04	0.04	0.04	0.04
垫江县	0.05	0.05	0.05	0.05	0.05	0.05
忠县	0.05	0.05	0.05	0.05	0.05	0.05
云阳县	0.07	0.07	0.07	0.07	0.07	0.06
四川部分	4.95	4.95	4.95	4.95	4.96	4.89
成都市	1.07	1.15	1.15	1.17	1.18	1.45
自贡市	0.20	0.20	0.21	0.21	0.21	0.17
泸州市	0.31	0.31	0.31	0.31	0.31	0.29
德阳市	0.26	0.25	0.25	0.25	0.25	0.24
绵阳市	0.35	0.35	0.35	0.35	0.35	0.34
遂宁市	0.24	0.24	0.23	0.23	0.23	0.19
内江市	0.27	0.27	0.27	0.27	0.26	0.22
乐山市	0.24	0.24	0.24	0.23	0.23	0.22
南充市	0.46	0.46	0.46	0.46	0.46	0.39
眉山市	0.22	0.22	0.21	0.21	0.21	0.20
宜宾市	0.33	0.33	0.33	0.33	0.33	0.32
广安市	0.24	0.24	0.23	0.23	0.23	0.23
达州市	0.41	0.40	0.41	0.41	0.41	0.37
雅安市	0.11	0.11	0.11	0.11	0.11	0.10
资阳市	0.26	0.18	0.18	0.18	0.18	0.16

(3)金融机构人民币贷款余额。

成渝地区双城经济圈金融机构人民币贷款余额自2015年到2020年增加了4.66亿元,增长了82.9%。

分区域看,重庆部分金融机构人民币贷款余额2015年到2020年增加了1.72亿元,增长了80.2%,2020年占双城经济圈的比重为37.6%,较2015年下降0.6个百分点。四川部分金融机构人民币贷款余额2015年到2020年增加了2.94亿元,增长了84.6%,2020年占双城经济圈的比重为62.4%,较2015年提高0.6个百分点。

在重庆部分中,2020年主城都市区金融机构人民币贷款余额为3.56亿元,比2015年增加1.57亿元,增长79.1%。主城都市区金融业,2020年在重庆部分中的占比达到92.3%,在成渝地区双城经济圈中的占比为34.7%。主城都市区外的其他区县中,万州区2020年实现金融机构人民币贷款余额833.01万元,较2015年增长48.2%;开州区实现金融机构人民币贷款余额414.05万元,较2015年增长93.9%。

在四川部分中,2020年成都市实现金融机构人民币贷款余额3.97亿元,较2015年增加1.77亿元,增长80.6%。占四川部分的比重为61.9%,占双城经济圈的比重为38.6%,与重庆部分中主城都市区占比接近。成都市以外的其他市州中,绵阳市、南充市、宜宾市和泸州市实现金融机构人民币贷款余额较高,2020年分别为2812.66万元、2606.19万元、2510.24万元和2366.98万元,分别较2015年增长83.5%、1.0倍、1.4倍和1.2倍,占四川部分的比重分别为4.4%、4.1%、3.9%和3.7%。(表2-9)

表2-9 2015—2020年分区域金融机构人民币贷款余额

单位:万元

区域	2015年	2016年	2017年	2018年	2019年	2020年
双城经济圈	56142.87	62771.09	70448.95	79335.07	90346.29	102693.22
重庆部分	21425.75	23623.20	26383.01	29758.58	34246.82	38605.17
万州区	561.93	606.90	620.76	665.75	729.75	833.01
黔江区	173.42	206.55	238.37	250.96	294.52	351.97
涪陵区	440.80	479.90	537.01	542.24	583.61	719.65
渝中区	4394.20	4088.19	3962.55	4233.23	4618.45	5252.18
大渡口区	458.81	479.48	475.41	607.77	714.85	772.30
江北区	4446.03	5409.68	6346.06	7123.04	7922.16	8771.45
沙坪坝区	999.32	1094.52	1212.96	1302.62	1561.54	1787.74
九龙坡区	1344.86	1387.17	1562.23	1923.97	2130.35	2323.02
南岸区	923.74	1047.05	1093.42	1204.38	1519.43	1734.71
北碚区	393.87	416.12	474.60	553.45	604.37	654.40
渝北区	3281.51	3835.79	4646.76	5404.17	6561.30	7409.72
巴南区	452.03	527.05	621.91	716.07	823.94	924.72
长寿区	281.19	294.09	294.63	332.48	369.86	432.02
江津区	408.74	460.07	487.92	572.15	690.33	819.40
合川区	287.25	317.38	330.67	386.89	451.16	540.69
永川区	357.29	419.55	468.06	498.88	584.21	671.42
南川区	172.44	199.91	242.85	306.17	364.18	434.77
綦江区	290.18	349.18	402.54	426.37	510.17	418.95
大足区	218.50	252.39	277.28	303.46	351.62	407.91
璧山区	274.02	284.15	311.62	360.22	421.93	501.31
铜梁区	195.52	234.51	310.10	312.22	359.70	396.71
潼南区	110.63	142.13	179.12	224.89	254.00	292.11
荣昌区	164.40	177.70	216.88	259.27	332.26	375.60
开州区	213.54	222.48	225.71	236.82	302.11	414.05
梁平区	100.40	118.98	155.82	196.75	238.33	257.13
丰都县	120.76	145.72	148.56	162.31	186.50	221.03
垫江县	132.59	165.18	193.84	229.22	242.85	284.76

续表

区域	2015年	2016年	2017年	2018年	2019年	2020年
忠　县	111.63	128.90	182.74	223.70	284.65	316.31
云阳县	116.15	132.47	162.65	199.13	238.69	286.13
四川部分	34717.12	39147.89	44065.94	49576.49	56099.47	64088.05
成都市	21970.64	25009.20	28359.31	31422.96	35131.39	39686.24
自贡市	614.57	708.35	825.98	1010.40	1198.43	1401.81
泸州市	1092.70	1281.64	1451.30	1714.16	2001.09	2366.98
德阳市	1075.92	1190.04	1292.54	1442.31	1650.09	1911.01
绵阳市	1532.85	1667.43	1864.71	2167.25	2476.18	2812.66
遂宁市	740.81	820.20	922.72	1040.67	1171.96	1308.89
内江市	688.15	731.65	782.70	901.69	1020.70	1179.73
乐山市	1230.91	1308.83	1431.65	1558.88	1726.36	1917.68
南充市	1293.89	1479.68	1684.34	1961.17	2268.61	2606.19
眉山市	683.76	747.19	864.31	1042.89	1257.19	1537.92
宜宾市	1054.48	1223.82	1390.60	1636.91	1971.69	2510.24
广安市	582.13	639.09	725.86	809.57	930.22	1027.34
达州市	929.32	1077.62	1277.93	1502.91	1713.16	1949.66
雅安市	510.09	527.85	594.84	657.82	764.79	853.94
资阳市	716.90	735.29	597.15	706.89	817.62	1017.77

三、经济统计分算方法研究与实证——以川渝高竹新区为例

成渝地区双城经济圈作为国家战略的实施区域,承担的重要使命之一是探索经济区和行政区适度分离改革。而经济统计分算方式作为改革任务中的一项基础性工作,探索研究它,能全面反映经济区和行政区适度分离改革的成效。为此,我们选取

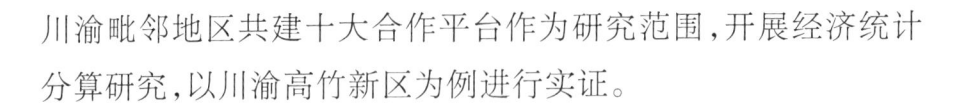

川渝毗邻地区共建十大合作平台作为研究范围,开展经济统计分算研究,以川渝高竹新区为例进行实证。

(一)经济统计分算总体思路

1.指导思想

坚持以习近平新时代中国特色社会主义思想为指导,深入贯彻党的十九大和十九届二中、三中、四中、五中、六中全会精神以及中央财经委员会第六次会议精神,认真落实《纲要》要求,按照重庆市委、四川省委关于推动成渝地区双城经济圈建设安排部署,坚持新发展理念,牢固树立"一盘棋"思想和"一体化"发展理念,坚持统一谋划、一体部署、相互协作、共同实施,以法人单位为基本单元,行政区划码和共建法人单位(项目)标识码为分算划分标识,选取地区生产总值等主要统计指标率先突破,通过先行先试,构建川渝一体化的统计工作合作机制,为深化区域合作、促进区域协调发展探索经验。

2.遵循原则

(1)统筹协同、持续推进。

深刻把握经济区和行政区适度分离改革任务要求,坚持经济区经济一体化发展,各行政区经济贡献明晰,加强对探索经济统计分算方式的通盘考虑和整体设计,建立跨行政区统计协作、工作对接体制机制,通过共同研究、协商一致,更好地为经济区与行政区适度改革任务提供统计服务。

（2）分头报送、统一核算。

企业遵循在地原则向所属统计机构报送统计报表，各统计机构各司其职，既统计好所属行政区经济发展情况，又共同核算好经济区内各区域分算数据。主要经济统计指标既能统一核算至经济区，又能准确合理分算至各行政区。

（3）法人溯源、规范统计。

坚持以法人单位为分算的基本单元，力求分算结果能追溯到每一个统计调查单位。所有统计指标严格按照统一标准、统一口径、统一方法进行统计和分算。

（4）存量保留、增量商定。

在对共建经济区进行分算时，采用原有经济活动各自保留，共建部分按"权责关系、出资比例和资源环境因素等协商确定"的原则对分算指标数据进行分劈。

（5）由易到难、逐步推广。

立足经济发展和统计工作实际，选取有统计基础的统计指标先行先试，充分发挥试点地区试验示范作用，由易到难逐步突破，推动经济统计分算取得实效。

3. 分算对象

分算对象为川渝毗邻地区合作共建十大平台中经济共享区的新增法人企业（项目）。

其中，经济共享区指十大平台中双方（多方）在各自行政区划定某一区域或多个区域，双方（多方）在规划、土地、投资、招商、要素保障、公共服务等方面实行统一管理、统一标准。

新增法人企业(项目)指经济共享区自确定之日起,在该区域实际落户的法人企业(项目)。

川渝毗邻地区合作共建十大平台具体见表2-10。

表2-10 川渝毗邻地区合作共建十大平台

序号	共建平台	区域范围	
		重庆市	四川省
1	万达开川渝统筹发展示范区	万州区、开州区	达州市
2	遂潼川渝毗邻地区一体化发展先行区	潼南区	遂宁市
3	川渝高竹新区	渝北区茨竹镇、大湾镇的部分行政区域	广安市邻水县高滩镇、坛同镇的部分行政区域
4	内荣现代农业高新技术产业示范区	荣昌区	内江市
5	资大文旅融合发展示范区	大足区	资阳市
6	泸永江融合发展示范区	江津区、永川区	泸州市
7	合广长协同发展示范区	合川区、长寿区	广安市
8	明月山绿色发展示范带	梁平区、垫江县	达州市达川区、大竹县、开江县,广安市邻水县
9	城宣万革命老区振兴发展示范区	城口县	达州市宣汉县、万源市
10	川南渝西融合发展试验区	江津区、永川区、綦江区(含万盛经济技术开发区)、大足区、铜梁区、荣昌区	自贡市、泸州市、内江市、宜宾市

4.分算指标

根据《纲要》《川渝毗邻地区合作共建区域发展功能平台推进方案》等文件要求,结合毗邻区共建情况和统计工作实际,确定以下指标作为统计分算指标。

(1)地区生产总值(GDP)。

指经济区所有常住单位在一定时期内生产活动的最终成果。GDP是国民经济核算的核心指标,也是衡量经济区经济状况和发展水平的重要指标。

(2)其他重要指标。

包括:农业总产值、工业总产值、建筑业总产值、全社会固定资产投资额、社会消费品零售总额、服务业营业收入等。

目前拟对以下指标进行分算(表2-11)。

表2-11 经济统计分算指标

序号	指标	指标解释
1	地区生产总值	是按市场价格计算的经济区所有常住单位在一定时期内生产活动的最终成果
2	农业总产值	指以货币表现的农、林、牧、渔业全部产品和对农、林、牧、渔业生产活动进行的各种支持性服务活动的价值总量,它反映一定时期内农、林、牧、渔业生产总规模和总成果
3	全社会固定资产投资额	以货币形式表现的在一定时期内全社会建造和购置固定资产的工作量以及与此有关的费用的总称
4	工业总产值	指工业企业在报告期内生产的以货币形式表现的工业最终产品和提供工业劳务活动的总价值量
5	社会消费品零售总额	指企业(单位、个体户)通过交易直接售给个人、社会集团非生产、非经营用的实物商品金额,以及提供餐饮服务所取得的收入金额。个人包括城乡居民和入境人员,社会集团包括机关、社会团体、部队、学校、企事业单位、居委会或村委会等
6	服务业营业收入	指服务业企业(单位、个体户)从事销售商品、提供劳务和让渡资产使用权等生产经营活动形成的经济利益流入

5.分类标准

(1)川渝毗邻区分类。

根据毗邻区共建合作方式,将10个重大合作平台分为两类。

一类为由跨省域的两省市分别划出部分行政区域、全域共同开展实体化建设的合作平台。目前,该类只有一个,即川渝高竹新区,该新区所有区域均为经济共享区。

另一类为由跨省域的两省市分别划出部分行政区域、共同推进该区域协同发展的合作平台,该平台仅有部分区域用于双方共同实地开发,即该部分区域为经济共享区。包括万达开川渝统筹发展示范区、遂潼川渝毗邻地区一体化发展先行区、内荣现代农业高新技术产业示范区、资大文旅融合发展示范区、泸永江融合发展示范区、合广长协同发展示范区、明月山绿色发展示范带、城宣万革命老区振兴发展示范区和川南渝西融合发展试验区9个重大合作平台。如遂潼川渝毗邻地区一体化发展先行区,目前仅划出10平方千米建设遂潼涪江产业园区,在规划、土地、投资、招商、要素保障、公共服务等方面实行统一管理、统一标准,该经济共享区区域面积占先行区的0.14%。

(2)企业分类。

对经济区的统计单位设置分算标识,该标识包括经济共享区标识和新增企业(项目)标识,主要用于确定企业(项目)是否属于分算企业。即企业是否属于经济共享区、是否为新增企业(项目)。两者均为是,则该企业(项目)为分算企业。(表2-12)

表2-12　经济区企业(项目)分算标识表

标识	选项	
是否属于经济共享区	是	否
是否为新增企业(项目)	是	否

（3）区域分类。

对所有统计单位赋予经济区区划码,主要用于汇总生成经济区和所属行政区相关数据,厘清经济区中所属行政区各自对经济区的贡献情况。经济区区划码由"经济区平台码+行政区划码"组成,经济区平台码为2位代码,01—10分别代表川渝毗邻地区合作共建十大平台。行政区划码为12位行政区划码,通过计算公式直接从统计报表中抓取。各级统计机构根据该区划码,既能统一核算整个经济区的发展情况,又能分算至共建经济区所在县级行政区域,乃至所辖的乡级行政区域对经济区的经济贡献量。(表2-13)

表2-13　经济区区划码

经济区平台码	□□	01 万达开川渝统筹发展示范区
		02 遂潼川渝毗邻地区一体化发展先行区
		03 川渝高竹新区
		04 内荣现代农业高新技术产业示范区
		05 资大文旅融合发展示范区
		06 泸永江融合发展示范区
		07 合广长协同发展示范区
		08 明月山绿色发展示范带
		09 城宣万革命老区振兴发展示范区
		10 川南渝西融合发展试验区
行政区划代码	□□□□□□□□□□□□	

(二)主要统计指标分算方法

1. 基数确定

根据第四次经济普查数据和年度统计报表数据确定共建经济区以及组成部分基础年份的地区生产总值、农业总产值、工业总产值、社会消费品零售总额等主要指标绝对量。基础年份为经济区批准成立当年。

(1)经济区所辖行政区有相关统计指标数据。

经济区所辖行政区统计基础较好,即所辖行政区以县级行政区为基本区划单元,所辖各行政区统计机构在日常统计工作中,按照统计制度方法有本区域地区生产总值等主要统计指标。经济区主要统计数据可根据所辖行政区主要统计指标基础年份(经济区批准成立当年)数据直接汇总相加。即:

$$EA_{Xi} = \sum C_{X_{ij}} \qquad 式(6)$$

其中,X_i 为第 i 个主要统计指标,EA_{Xi} 为经济区第 i 个主要统计指标当年总量,C_{xij} 为第 j 个行政区第 i 个主要统计指标当年总量。

(2)经济区所辖行政区无相关指标数据。

经济区所辖行政区无相关指标基础数据,即所辖行政区以乡镇级行政区为基本区划单元,可根据以下方法确定。

①经济普查年度主要统计指标基数确定。

当经济区成立时间为经济普查年度,可根据经济普查数据确定经济区基数。

a. 地区生产总值。

首先,由经济区下辖行政区的上级统计机构按照经济普查数据核算经济区构成的行政区地区生产总值。主要采用收入法,即通过分行业核算各行业增加值,核算川渝共建经济区所属各行政区(满足分算最低要求,如分至区县级行政区能满足分算需求,则分算至区县级即可,否则分算至乡镇级行政区)生产总值,从而生成川渝共建经济区生产总值。如经济区下辖A,B,C和D四镇,其中A,B镇同属于重庆某区县,则由重庆某区县统计机构核算A镇和B镇的地区生产总值。

各镇地区生产总值计算公式如下:

$$GDP_j = \sum m_{ij} \qquad \text{式}(7)$$

其中,GDP_j为第j个行政区的地区生产总值,m_{ij}为第j个行政区第i个行业的增加值。该行业分为农林牧渔业、工业、建筑业、批发和零售业、交通运输仓储和邮政业、住宿和餐饮业、金融业、房地产业和其他服务业等9个行业。农林牧渔业增加值采用农业普查数据推算,其他行业采用经济普查数据根据支出法计算。具体公式如下:

$$m_{ij} = m_{ij\text{企业}} + m_{ij\text{个体户}} \qquad \text{式}(8)$$

其中:$m_{ij\text{企业}}$根据各个法人企业按照公式9计算汇总,$m_{ij\text{个体户}}$根据抽样调查推算。

$$m_{ij\text{企业}} = \sum 劳动者报酬 + 生产税净额 + 固定资产折旧 + 营业盈余 \qquad \text{式}(9)$$

$m_{ij\text{个体户}}$采用分劈所属各行政区数的方法,首先按照行业门类,按各区县级(乡镇级)行政区个体户营业收入占所属上一级省市级(区县级)行政区汇总数的比重,将所属省市级(区县级)行政区分行业个体户增加值分劈至各区县(乡镇),然后再利用各区县(乡镇)个体户核算中的相关比重,进一步将个体户数据细分至行业大类。

各行业增加值核算方法详见附录2《经济普查年度川渝共建经济区生产总值核算方法》。

经济区地区生产总值计算公式如下:

$$GDP_{ea} = \sum_{j=1} GDP_j \qquad 式(10)$$

b. 其他重要指标。

根据农业普查和经济普查数据计算经济区所辖各行政区其他重要指标数据。其中,农业总产值根据各组成部分农林牧渔业产品及其副产品的产量分别乘以各自单位产品价格计算。工业总产值、社会消费品零售总额等指标根据经济普查一套表企业、非一套表企业和个体户报送数据计算。

经济区其他重要指标数据计算公式如下:

$$EA_{Y_i} = \sum C_{Y_{ij}} \qquad 式(11)$$

其中,Y_i为第i个其他重要统计指标,EA_{Y_i}为经济区第i个其他重要统计指标当年总量,$C_{Y_{ij}}$为第j个行政区第i个其他重要统计指标当年总量。

②非经济普查年度主要统计指标基数确定。

当经济区成立时间为非经济普查年度,先根据经济普查数据,确定最近的经济普查年度经济区数据,然后根据以下方法测算非经济普查年度主要指标数据。

a. 地区生产总值。

根据相关指标增速进行测算,地区生产总值计算公式为:

$$\mathrm{GDP}_{ea} = \sum \mathrm{GDP}_j \qquad 式（12）$$

$$其中，\mathrm{GDP}_j = \sum m_{ij上一年} \times G \qquad 式（13）$$

$m_{ij上一年}$为第j个行政区第i个行业上一年的增加值，第一个上一年为经济普查年度，G为第j个行政区第i个行业当年增加值发展速度。各行业增加值增速测算方法见表2-14。

表2-14 地区生产总值增速测算

对象	测算方法
第一产业	根据各自农业总产值增速，以及经济区所辖县级行政区域各自产值和增加值关系系数测算
第二产业	—
工业	—
规模以上工业	按各自总产值增速以及经济区所辖县级行政区域各自产值和增加值关系系数测算
规模以下工业	统一按经济区所辖县级行政区域各自规模以下工业企业速度测算。有条件，经济区可制定规模以下工业企业抽样调查方案，根据经济区规模以下工业抽样调查数据测算
建筑业	按固定资产投资增速推算，依据经济区所辖县级行政区域各自所属固定资产投资和增加值之间关系测算
第三产业	—
交通运输仓储邮政业	—
规模以上	按各区域实际规模以上交通运输业营业收入增速计算
规模以下	按经济区所辖县级行政区域各自周转量增速测算
批发和零售业	根据各区域实际限额以上批发和零售业销售总额增速和全口径增速关系测算，没有限额以上批发和零售企业的用经济区所辖县级行政区域各自该行业增加值平均值测算

续表

对象	测算方法
住宿和餐饮业	根据各区域实际限额以上住宿和餐饮业营业额增速和全口径增速关系测算,没有限额以上住宿和餐饮业企业的用经济区所辖县级行政区域各自该行业增加值平均值测算
金融业	各自所属企业增加值增速测算
房地产业	各自销售面积增速测算,自住房用全国统一增速5%测算,其他用各自物管中介工资总额增速
其他服务业	有规模以上其他服务业企业的,用各自企业营业收入增速根据相关关系系数测算增加值增速;没有规模以上其他服务业企业的,用经济区所辖县级行政区域各自其他服务业增加值平均增速测算

b. 其他重要指标。

仍采用先计算经济区所辖行政区数据,然后汇总生成经济区数据的计算方法。所辖各行政区其他重要指标(除农业总产值外),分"四上"和"四下"两部分组成。"四上"指规模以上工业、有资质的建筑业、限额以上批发和零售业、限额以上住宿和餐饮业、房地产开发经营业、规模以上服务业、其他有5000万元以上在建项目的法人单位。即:

$$EA_{Y_t} = \sum C_{Y_{ij}} \qquad 式(14)$$

$$C_{Y_{ij}} = C_{Y_{ij}四上} + C_{Y_{ij}四下} \qquad 式(15)$$

其中,$C_{Y_{ij}四上}$为第 j 个行政区第 i 个统计指标"四上"企业数据,根据当年一套表企业按在地原则测算;$C_{Y_{ij}四下}$为第 j 个行政区第 i 个统计指标"四下"部分数据,以经济普查数据为基础,采用抽样调查方法推算。

如,农业总产值。根据各组成部分农林牧渔业产品及其副产品的产量分别乘以各自单位产品价格计算。

如,工业总产值。工业总产值=规模以上工业总产值+规模以下工业总产值。其中,规模以上工业总产值根据12位行政区划码直接从经济区成立当年的《工业产销总值及主要产品产量表(B204-1表)》中"工业总产值"指标数据汇总生成。规模以下工业总产值根据第四次经济普查数据,采用抽样调查方法,选取企业样本调查,并根据样本增速推算共建经济区及组成部分工业总产值。

2.统计分算方法

分算遵循"存量保留、增量商定"原则,对经济共享区中的企业(项目)采用原有经济活动各自保留,新增部分按约定比例进行分劈。即经济区原有企业按在地原则直接汇总,分算企业按照"权责关系、出资比例和资源环境因素等协商确定"的原则分劈后计算至各行政区。

(1)经济区所辖行政区其他重要统计指标分算方法。

假定经济区中各方商定各行政区分算企业分劈比例为P,则经济区中各行政区其他重要统计指标分算方法如下:

$$C'_{Y_{ij}} = C'_{Y_{ij}四上} + C'_{Y_{ij}四下} \qquad 式(16)$$

$$C'_{Y_{ij}四上} = C_{Y_{ij}四上按行政区汇总} - C'_{Y_{ij}分算部分} + S'_{Y_{ij}分算部分} \times P \qquad 式(17)$$

$$C_{Y_{ij}四下} = C_{Y_{ij}上年度四下} \times C_g \qquad 式(18)$$

其中,$C'_{Y_{ij}}$为第j个行政区第i个统计指标分算后当年数,$C'_{Y_{ij}四上}$为第j个行政区第i个统计指标四上企业分算后当年数,

$C_{Y_{ij四上按行政区汇总}}$ 为第 j 个行政区第 i 个统计指标按行政区汇总的四上企业当年数，$C'_{Y_{ij分算部分}}$ 为第 j 个行政区第 i 个统计指标辖区内分算企业当年数，$S'_{Y_{i分算部分}}$ 为经济区第 i 个统计指标分算企业当年数，$C_{Y_{ij四下}}$ 为第 j 个行政区第 i 个统计指标四下部分当年数，$C_{Y_{ij上年度四下}}$ 为第 j 个行政区第 i 个统计指标四下部分上年数据，C_g 为第 j 个行政区第 i 个统计指标四下部分当年发展速度。

(2) 经济区其他重要统计指标计算方法。

经济区其他重要统计指标根据所辖各行政区相关指标分算后数据直接汇总相加，计算公式如下：

$$EA_{Y_i} = \sum C'_{Y_{ij}} \qquad 式(19)$$

其中，Y_i 为第 i 个其他重要统计指标，EA_{Y_i} 为经济区第 i 个其他重要统计指标当年总量，$C'_{Y_{ij}}$ 为第 j 个行政区分算后的第 i 个其他重要统计指标当年总量。

(3) 经济区及所辖行政区地区生产总值核算方法。

各行政区地区生产总值根据上述分算后的统计指标数据，按照年度增速测算方法核算各地区生产总值（地区生产总值经济区与行政区分算方法相同，不再列出）。经济区地区生产总值根据所辖行政区地区生产总值直接汇总相加。

(4) 分算企业分劈比例。

①川渝高竹新区。

川渝高竹新区为共建平台中唯一一个共同开展实体化建设的合作平台，其所辖区域均为经济共享区。以《川渝高竹新区总体方案》在创新合作开发模式中提出的"按照存量收益由原行政辖区各自分享、增量收益五五分成的原则,制定新区利益分配方案"为分算基本依据,经多次与川渝高竹新区相关部门和企业座谈、与四川省统计机构研讨,对经济共享区中新增企业(项目),即川渝高竹新区成立以来的新增企业(项目)采用"五五分成"的原则进行数据分劈。该"五五分成"的原则仅为当前研究思路,分劈原则将根据川渝高竹新区发展情况和新动态,不断更新完善。

②其他川渝毗邻地区合作共建平台。

除川渝高竹新区之外的其他共同协同推进的合作平台,对划定的经济共享区中的新增企业(项目)按"权责关系、出资比例和资源环境因素等协商确定"的原则对分算指标进行分劈。即根据各方共建经济共享区时,投入的财政资金、土地、矿产等资源,水、电、气等企业生产要素保障,区域发展优势、公共服务等,协商确定经济共享区重点行业主要经济指标共享数据分劈比例,该比例需经济区各方行政主管人民政府签订协议,可根据发展实际进行阶段性调整。

(三)川渝高竹新区分算实证

1.川渝高竹新区调查报告

2020年12月29日,四川省政府、重庆市政府共同批准设立川渝高竹新区,是川渝毗邻地区合作共建的"十大功能平台"中唯一一个由跨省域的两市区分别划出部分行政区域、共同开展实体化建设的合作平台,其使命就是探索经济区与行政区适度分离改革,为全国跨区域一体化发展提供可复制、可推广的经验。

(1)基本情况。

川渝高竹新区位于重庆中心城区以北,可有效承接其功能疏解;背靠广安、南充、达州等地市,可作为成渝中部地区重要的发展支点,辐射带动四川东部和重庆北部区域连片发展。规划面积262平方千米,其中重庆市渝北区124平方千米、四川省广安市邻水县138平方千米,具体包括渝北区茨竹镇、大湾镇的部分行政区域和广安市邻水县高滩镇、坛同镇的部分行政区域。

川渝高竹新区的前身为广安市邻水县高滩园区,该园区已建成面积6平方千米,入驻企业141户,规模以上工业企业34户,80%的企业来自重庆,90%的产品配套重庆,初步形成了以汽车研发制造为主的装备制造业集群,是重庆两江新区配套产业园、重庆空港工业园区配套区和四川省新型工业化示范基地。规划区域内既有重庆中心城区最高峰华蓥山,又有低缓浅丘和山间谷地,自然风光优美、生态资源丰富、气候条件宜人,适宜建设山水田园型高品质生活宜居城,打造青山绿水翠城交相辉映、人与自然和谐共生的绿色发展生态样板。

(2)辖区四镇情况。

①茨竹镇。

茨竹镇位于渝北区北部,东与大湾镇相邻,南与兴隆镇相接,西与北碚区、合川区毗邻,北与四川省广安邻水、华蓥市接壤,素有重庆"北大门"之称。茨竹面积112.79平方千米,辖16个村和2个社区,人口3.5万人,农业人口3.1万人,海拔高度在

440—1421米之间,是一个典型的农业山区镇。场镇建成区面积0.9平方千米,常住人口约6000人。辖区耕地5.9万亩,森林7.1万亩,森林覆盖率达57%。

②大湾镇。

大湾镇是渝北的北大门,也是重庆的北大门,周边与渝北区统景、古路、兴隆、茨竹等4镇相邻,东与长寿区毗邻,北与四川省邻水县接壤,位于两省市三区县交界处。全镇面积117.71平方千米,为全区面积第二大镇,总人口4.2万人,辖23个村和2个社区。

③高滩镇。

高滩镇地处邻水县县境西南部,东接御临镇,南连重庆渝北区茨竹镇、大湾镇,西依华蓥市溪口镇,北邻坛同镇,区域面积103.072平方千米,辖5个社区和11个行政村。截至2020年末,户籍人口4.7万人。工业企业69个,其中规模以上33个,有营业面积超过50平方米的综合商店(超市)22个。

④坛同镇。

坛同镇位于邻水县境西南部,距邻水县城27千米,210国道和御临河过境。区域面积131.921平方千米,下辖3个社区和16个行政村。截至2020年末,户籍人口5.1万人。工业企业6个,有营业面积超过50平方米的综合商店(超市)4个。坛同镇乡镇企业有小水电站、采煤、粮食加工、酿酒等行业。农业主产以水稻、玉米、小麦、油菜籽为主。养殖业主要有生猪、耕牛、家禽等。经济作物有柑橘、苎麻、茶叶、烟叶等。

(3)统计现状。

目前,因川渝高竹新区正在建设中,仅对已建成6平方千米的园区有较为翔实的统计,而整个新区的数据需要向渝北区和邻水县统计机构收集,因受经济发展较为单一、行政层级不一、统计力量较为薄弱等因素影响,能反映经济发展的综合性统计指标较少。

①经济发展较为单一,可测算的综合性统计指标较少。

从2020年茨竹镇、大湾镇、高滩镇、坛同镇四镇经济发展来看,高滩镇经济发展相对较好,有工业企业69个,其中规模以上工业企业33个,营业面积超过50平方米的综合商店(超市)22个。坛同镇有工业企业6个,营业面积超过50平方米的综合商店(超市)4个。而茨竹镇、大湾镇第一产业占比过半,第三产业主要集中在批零住餐业以及公共管理、社会保障和社会组织。

从第四次经济普查结果看,茨竹镇、大湾镇、高滩镇、坛同镇4镇法人单位较少,除高滩镇外其余3镇的法人单位主要集中在商贸业及公共管理、社会保障和社会组织两个行业,且几乎没有"四上"企业。按照川渝两地各专业统计指标统一测算方法,因缺乏基础数据,无法对社会消费品零售总额、服务业营业收入等指标进行准确测算。如社会消费品零售总额,因缺乏限额以上企业数据和限额以下抽样调查数据,无法提供相关数据(见表2-15和表2-16)。

表2-15 2018年法人单位数

单位:个

指标	合计	茨竹镇	大湾镇	高滩镇	坛同镇
法人单位数	533	163	99	134	137
农、林、牧、渔业	6	5			1
采矿业	5			1	4
制造业	71	10	5	52	4
电力、热力、燃气及水生产和供应业	3			2	1
建筑业	16	8	6	2	
批发和零售业	136	61	33	12	30
交通运输、仓储和邮政业	9	2	1	5	1
住宿和餐饮业	21	11	6	1	3
信息传输、软件和信息技术服务业	1				1
金融业	0				
房地产业	2				2
租赁和商务服务业	31	13	5	5	8
科学研究和技术服务业	15	2	2	5	6
水利、环境和公共设施管理业	2		1		1
居民服务、修理和其他服务业	8	6		1	1
教育	49	11	5	10	23
卫生和社会工作	12	4	1	3	4
文化、体育和娱乐业	14	4	2	3	5
公共管理、社会保障和社会组织	132	26	32	32	42

表2-16 2021年"四上"法人单位数

单位:个

指标	合计	茨竹镇	大湾镇	高滩镇	坛同镇
"四上"法人单位数	40		2	38	
工业	38			38	
批发和零售业					
住宿和餐饮业					
建筑业	2		2		
房地产开发					
服务业					

②行政层级不一,对统计产品的要求不同。

a.能提供的统计指标有限。

川渝高竹新区属两省市跨省共建,渝北、广安分属不同省级行政区,以渝北区的茨竹镇和邻水县的高滩镇为例,同样的乡镇区划,同样的人权、事权,但茨竹镇为正县级,高滩镇为正科级。在提供数据时,渝北区、邻水县基本能按要求提供本级主要经济统计指标数据,但是下属镇统计机构提供相关数据较困难,渝北区仅能提供茨竹镇、大湾镇部分指标数据,而邻水县基本不能提供高滩镇、坛同镇相关指标数据。(表2-17)

表2-17 川渝高竹新区下辖四镇可提供主要统计指标

指标	茨竹镇	大湾镇	高滩镇	坛同镇
地区生产总值	√	√		
全社会固定资产投资额	√	√	√	√
农业总产值	√	√		
工业总产值			√	

b.现有统计口径不一致。

经调查研究,川渝两地对外提供的全社会固定资产投资额相关指标统计口径不一致。重庆的固定资产投资额为本地区在一定时期内建造和购置固定资产的工作量以及与此有关的费用,不含农户自建房等农户建造和购置固定资产的费用。而四川省该指标数据不仅包含了本地区的固定资产投资额,还包含了跨省进行建造固定资产的工作量和与此有关的费用,以及农户自建房等农户建造和购置固定资产的费用。

c.统计力量较为薄弱。

从各镇统计力量来看,茨竹镇、大湾镇统计力量相对较强,但也仅有一名专职人员,除完成日常的统计工作任务外,还要承担其他临时性调查任务,每逢普查年度,还需承担相应普查工作。其他兼职人员多为聘用人员,且流动性较大,统计队伍不稳定。(表2-18)

表2-18　川渝高竹新区下辖四镇统计人员和工作量

指标	合计	茨竹镇	大湾镇	高滩镇	坛同镇
统计人员(人)	10	3	4	2	1
专职(人)	2	1	1		
报送统计报表(张)	117	40	28	26	23
当年调出、离(辞)职人员(人)	1		1		

2.经济统计分算实证

(1)分算范围。

根据川渝高竹新区国土空间规划,对川渝高竹新区和组成的行政区范围进行划分。(表2-19)

表2-19　川渝高竹新区核心区统计范围

统计用区划代码	社区居民委员会(村民委员会)	核心区
茨竹镇		
500112140001	竹峰社区居民委员会	√
500112140002	中河社区居民委员会	√
500112140201	金银村村民委员会	√
500112140202	茨竹村村民委员会	√
500112140203	玉兰村村民委员会	√
500112140204	大面坡村村民委员会	√
500112140205	半边月村村民委员会	√
500112140206	放牛坪村村民委员会	√

续表

统计用区划代码	社区居民委员会(村民委员会)	核心区
500112140207	中兴村村民委员会	√
500112140208	花六村村民委员会	√
500112140209	自力村村民委员会	√
500112140210	花云村村民委员会	√
500112140211	三江村村民委员会	√
500112140212	新泉村村民委员会	√
500112140213	同仁村村民委员会	√
500112140214	方家沟村村民委员会	√
500112140215	秦家村村民委员会	√
500112140216	华鏊村村民委员会	√
大湾镇(川渝高竹新区国土空间规划未出台,具体纳入新区的范围未确定)		
500112135001	滨河路社区居民委员会	
500112135002	红竹街社区居民委员会	
500112135201	河嘴村村民委员会	
500112135202	大湾村村民委员会	
500112135203	团丘村村民委员会	
500112135204	龙庙村村民委员会	
500112135205	拱桥村村民委员会	
500112135206	八角村村民委员会	
500112135207	凤龙村村民委员会	
500112135208	三沟村村民委员会	
500112135209	水口村村民委员会	
500112135210	天池村村民委员会	
500112135211	金安村村民委员会	
500112135212	杉树村村民委员会	
500112135213	建兴村村民委员会	
500112135214	空塘村村民委员会	
500112135215	杉木村村民委员会	
500112135216	金凤村村民委员会	
500112135217	黄阳村村民委员会	
500112135218	太和村村民委员会	

续表

统计用区划代码	社区居民委员会（村民委员会）	核心区
500112135219	高兴村村民委员会	
500112135220	两岔湖村村民委员会	
500112135221	石院村村民委员会	
500112135222	点灯村村民委员会	
500112135223	龙洞岩村村民委员会	
高滩镇		
511623109001	镇北社区居民委员会	√
511623109002	镇南社区居民委员会	√
511623109003	平安寨社区居民委员会	√
511623109004	高明社区居民委员会	√
511623109005	子中社区居民委员会	√
511623109201	马鹿村村民委员会	√
511623109203	跑马村民委员会	√
511623109205	石马河村民委员会	√
511623109207	接龙场村民委员会	√
511623109209	余家坪村民委员会	√
511623109211	青童庵村民委员会	√
511623109216	保家村民委员会	√
511623109217	桂花村民委员会	√
511623109218	西乐村民委员会	√
511623109219	长渠村民委员会	√
511623109220	八家山村民委员会	√
坛同镇（川渝高竹新区国土空间规划未出台，具体纳入新区的范围未确定）		
511623108001	坛子坝社区居民委员会	
511623108002	陡水坡社区居民委员会	
511623108003	黄桷冲社区居民委员会	
511623108203	滩口村民委员会	
511623108204	罗家庙村民委员会	
511623108207	硫磺沟村民委员会	
511623108208	青龙村民委员会	
511623108209	百灵庙村民委员会	

续表

统计用区划代码	社区居民委员会（村民委员会）	核心区
511623108212	石墙咀村民委员会	
511623108213	天才门村民委员会	
511623108214	白羊坝村民委员会	
511623108216	新拱桥村民委员会	
511623108217	蓼叶寺村民委员会	
511623108220	九峰村民委员会	
511623108221	金坪村民委员会	
511623108222	红星村民委员会	
511623108223	方井村民委员会	
511623108224	镰刀湾村民委员会	
511623108225	华蓥村民委员会	

因川渝高竹新区国土空间规划还未出来，目前核算范围为管控区，即四个镇直接加总，以9位行政区划代码为标识进行统计。

（2）基数确定。

从川渝高竹新区统计现状调研情况中，我们发现因基础数据缺乏，不能通过直接汇总的方式确定该区域地区生产总值等统计指标数据，需要根据《经济普查年度川渝共建经济区生产总值核算方法》、各主要指标计算方法和采集的统计基础数据，推算2018—2020年各镇除农业生产总值、全社会固定资产投资额外的统计指标数据，进而汇总生成川渝高竹新区相关数据。为此，我们采集了相关数据，对地区生产总值、社会零售额、营业收入等指标进行推算。

①采集的基础数据。

a.茨竹镇、大湾镇、高滩镇、坛同镇四镇2018年第二、三产业法人单位和个体户主要经济指标。（表2-20）

表2-20 2018年测算所需基础指标

单位类型	具体指标
规模以上成本费用调查工业法人企业	工业总产值、应交增值税、直接人工、生产单位管理人员工资、生产单位管理人员福利费、销售部门人员工资、销售部门人员福利费、管理费用中的行政管理人员工资、行政管理人员福利费、管理费用中技术(研究)开发费中支付科研人员的工资及福利费、管理费用中的职工取暖费和防暑降温费、制造费用中的社保费、销售费用中的社保费、管理费用中的社保费、管理费用中的住房公积金和住房补贴、制造费用中的劳务费、管理费用中的劳务费、制造费用中的保健补贴洗理费、管理费用中的保健补贴洗理费、其他直接费用中支付给个人部分、其他制造费用中支付给个人部分、其他销售费用中支付给个人部分、其他管理费用中支付给个人部分、管理费用中的工会经费、管理费用中的董事会费、制造费用中的差旅费、销售费用中的差旅费、管理费用中的差旅费、税金及附加、管理费用中的排污费、管理费用中的上交的各种专项费用、其他直接费用中上交给政府部分、其他制造费用中上交给政府部分、其他销售费用中上交给政府部分、其他管理费用中上交给政府部分、制造费用中水电费中上交的各项税费、管理费用中水电费中上交的各种税费、本年折旧、营业利润、资产减值损失、公允价值变动收益、投资收益、资产处置收益、其他收益、上交管理费
规模以上非成本费用调查工业法人企业	工业总产值、应交增值税、应付职工薪酬、销售费用、管理费用、财务费用、税金及附加、本年折旧、营业利润、资产减值损失、公允价值变动收益、投资收益、资产处置收益、其他收益
一套表法人企业	营业收入、营业成本、应交增值税、应付职工薪酬、税金及附加、本年折旧、营业利润、投资收益
行政事业法人单位	工资福利支出、商品和服务支出、对个人和家庭的补助、固定资产原价、经营收入、经营支出、劳务费、工会经费、福利费、税金及附加费用
民间非营利组织法人单位	本年费用合计、业务活动成本中的人员费用、管理活动中的人员费用、业务活动成本中的税费、管理费用中的税费、业务活动成本中的固定资产折旧、管理活动中的固定资产折旧
个体户	个体户数、从业人数、营业收入

b.茨竹镇、大湾镇、高滩镇、坛同镇四镇2019年和2020年一套表法人企业主要经济指标和渝北区、邻水县各行业规模以下工业增加值增速、限额以下批零住餐业和服务业增加值增速等指标。

②川渝高竹新区主要指标数据。

根据《经济普查年度川渝共建经济区生产总值核算方法》和各主要指标计算方法确定2018—2020年川渝高竹新区地区生产总值、全社会固定资产投资总额、农业总产值等统计指标数据（详见附录2和本报告第二部分）。2018—2020年川渝高竹新区指标数据见表2-21。

表2-21 2018—2020年川渝高竹新区主要经济指标数据

单位：亿元

指标	2018年	2019年	2020年
地区生产总值	41.54	44.94	47.73
全社会固定资产投资额	36.99	43.20	42.74
农业总产值	12.94	13.70	17.84
规模以上工业总产值	33.68	47.49	69.25
社会消费品零售总额	11.60	12.84	12.78
营利性服务业营业收入	2.41	2.89	3.33

注：因川渝高竹新区统计基础资料缺乏，2019年和2020年无测算规下（限下）部分的抽样数据，故规下（限下）部分分别根据渝北和邻水县规下（限下）增速推算所辖部分总量。

从测算的初步数据来看，2020年川渝高竹新区地区生产总值47.73亿元，同比增长5.1%；全社会固定资产投资额42.74亿元，同比下降1.1%；农业总产值17.84亿元，同比增长30.2%；规模以上工业总产值69.25亿元，同比增长45.8%；社会消费品零售总额12.78亿元,同比下降0.5%;营利性服务业营业收入3.33亿元,同比增长15.2%。

分产业看,川渝高竹新区三大产业比为24.1∶36.7∶39.2,第二、三产业为经济区的经济主要支撑,第一产业占比仍然较高。其中,第一产业增加值11.50亿元,同比增长4.3%,占川渝高竹新区地区生产总值的24.1%;第二产业增加值17.54亿元,同比增长10.6%,占川渝高竹新区地区生产总值的36.7%;第三产业增加值18.69亿元,同比增长3.3%,占川渝高竹新区地区生产总值的39.2%。(图2-24)

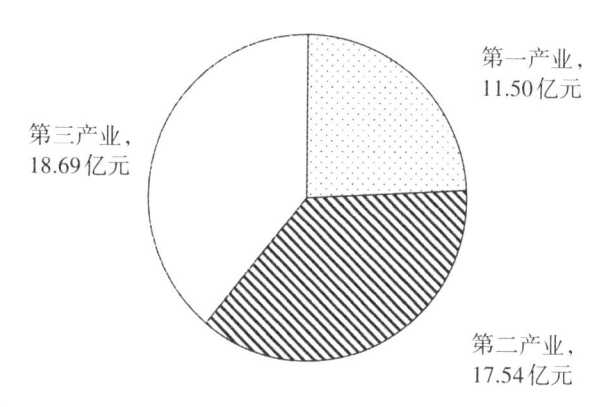

图2-24 2020年川渝高竹新区地区生产总值产业结构饼图

分区域看,川渝高竹新区主要经济指标中,广安部分占比较高。其中,地区生产总值中广安部分占78.3%,全社会固定资产投资额中广安部分占83.9%,农业总产值中广安部分占52.2%,规模以上工业总产值中广安部分占100%,社会消费品零售总额中广安部分占71.9%,营利性服务业营业收入中广安部分占76.0%。(图2-25)

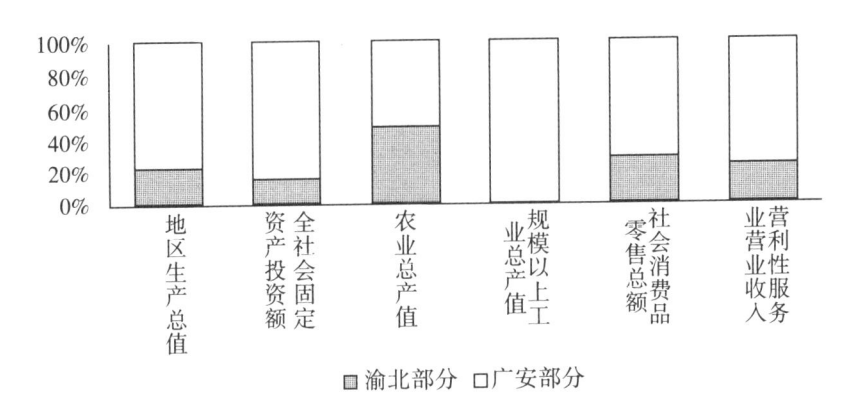

图 2-25　2020 年川渝高竹新区主要指标分区域情况

（3）分算试算。

经济区各组成部分的主要统计指标测算采用原有企业按在地直接汇总，共建企业（项目）五五分成的原则计算。对共建企业（项目）进行标注，汇总测算共建部分总量和增速，按照重庆和四川绝对量对半分，增速一致的原则进行分算。

截至 2020 年，川渝高竹新区规模以上企业均为广安市邻水县存量企业，引进的 29 个项目主要为政府工程和工业企业，只有重庆梓源新材料有限公司已开始动工平场，暂无数据可分劈。引进工业企业集中在装备制造、电子信息和新材料三个行业，为测试分算方法是否可行，假设共同引进的工业企业已有 2 家投产，对该企业进行分劈，进而测算 2021 年川渝高竹新区分算后的规模以上工业总产值和增加值。具体如下。

①假定投产工业企业情况。

假定两家工业企业均为规模以上工业企业，A 企业通过四川的统计机构作为规模以上非成本费用调查工业法人企业在四川省纳入统计，B企业作为规模以上成本费用调查工业法人企业在重庆市纳入统计。企业具体报送数据见表2-22、表2-23。

表2-22　A企业主要指标数据（在四川省纳入统计）

单位：万元

指标	2021年	指标	2021年
工业总产值	17560	本年折旧	270
应交增值税	650	营业利润	2580
应付职工薪酬	1040	资产减值损失	100
销售费用	660	公允价值变动收益	0
管理费用	920	投资收益	0
财务费用	73	资产处置收益	-20
税金及附加	120	其他收益	20

表2-23　B企业主要指标数据（在重庆市纳入统计）

单位：万元

指标	2021年	指标	2021年
工业总产值	6050	资产处置收益	-120
本年折旧	30	营业利润	860
税金及附加	40	应付职工薪酬	520
上交管理费	0	工会经费	50
董事会费	12	职工教育经费	20
利息费用	0	其他属于劳动者报酬的部分	10
利息收入	0	上交政府的各项非税费用	60
资产减值损失	-120	水电费中上交的各项税费	0
其他收益	0	差旅费	60
投资收益	0	应交增值税	196
公允价值变动收益	0		

②对A,B两企业总产值和增加值分劈。

首先，按照收入法，分别计算A、B两企业增加值。

A企业为非成本费用调查工业法人企业，为汽车制造业，按

增加值测算方法,计算如下:

劳动者报酬=应付职工薪酬+销售费用、管理费用和财务费用中其他属于劳动者报酬的部分(0.67%)=1040+(660+920+73)×0.67%=1051(万元)

生产税净额=税金及附加+应交增值税+销售费用、管理费用和财务费用中其他属于生产税净额的部分(0.85%)=120+650+(660+920+73)×0.85%=784(万元)

固定资产折旧=本年折旧=270(万元)

营业盈余=营业利润+资产减值损失－公允价值变动收益－投资收益－资产处置收益－其他收益+销售费用、管理费用和财务费用中其他属于营业盈余的部分(0.66%)=2580+100－0－0－(－20)－20+(660+920+73)×0.66%=2691(万元)

增加值=劳动者报酬+生产税净额+固定资产折旧+营业盈余=1051+784+270+2691=4796(万元)

B企业为成本费用调查工业法人企业,按增加值测算方法,计算如下:

劳动者报酬=董事会费中属于劳动者报酬的部分(53.2%)+应付职工薪酬－工会经费中属于劳动者报酬的部分(40%)－职工教育经费+其他属于劳动者报酬的部分+差旅费中属于劳动者报酬的部分(6.4%)=12×53.2%+520－50×40%－20+10+60×6.4%=500(万元)

生产税净额=税金及附加+上交政府的各项非税费用+水电费中上交的各项税费+应交增值税=40+60+0+196=296(万元)

固定资产折旧=本年折旧=30(万元)

营业盈余=上交管理费+利息费用中属于营业盈余部分(6%)-利息收入中属于营业盈余部分(6%)+资产减值损失-公允价值变动收益-投资收益-资产处置收益-其他收益+营业利润+工会经费中属于营业盈余部分(40%)=0+0×6%-0×6%+(-120)-0-0-(-120)-0+860+50×40%=880(万元)

增加值=劳动者报酬+生产税净额+固定资产折旧+营业盈余=500+296+30+880=1706(万元)

川渝高竹新区2021年分算数据。(表2-24)

表2-24 川渝高竹新区2021年共建企业数据

单位:万元

指标	工业总产值	增加值
共建企业	23610	6502
A企业	17560	4796
B企业	6050	1706

接下来,按照川渝高竹新区共建企业五五分成的原则,对共建的A、B两企业总产值和增加值对分。(表2-25)

表2-25 川渝高竹新区2021年共建企业分算数据

单位:万元

指标	工业总产值	增加值
川渝高竹新区	23610	6502
渝北区	11805	3251
广安市	11805	3251

然后,计算川渝高竹新区规模以上工业存量企业的总产值和增加值。因目前暂未有2021年年度数据,假定2021年增长速度分别为25%和15%,推算2021年规模以上工业总产值和增加

值。待年度数据出来后,根据每个企业主要指标直接汇总生产相关数据。(表2-26)

表2-26　川渝高竹新区2021年规模以上工业存量企业主要数据

指标	规模以上工业总产值			规模以上工业增加值		
	2020年(万元)	2021年增速(%)	2021年(万元)	2020年(万元)	2021年增速(%)	2021年(万元)
川渝高竹新区	692505	25.0	865631	129504	15.0	148930
渝北区	0	0	0	0	0	0
广安市	692505	25.0	865631	129504	15.0	148930

最后,将分劈后的共建企业数据和存量企业数据汇总,最终分算后的规模以上工业总产值和增加值见表2-27。

表2-27　川渝高竹新区2021年规模以上工业分算数据

单位:万元

指标	规模以上工业总产值			规模以上工业增加值		
	合计	存量	共建	合计	存量	共建
川渝高竹新区	889241	865631	23610	155432	148930	6502
渝北区	11805	0	11805	3251	0	3251
广安市	877436	865631	11805	152181	148930	3251

四、政策建议与展望

(一)推动成渝地区双城经济圈建设政策建议

1. 发挥引领作用,提升"双核"能级

(1)构建高效的现代产业体系。

《成渝地区双城经济圈建设规划纲要》提出,要加快构建高效分工、错位发展、有序竞争、相互融合的现代产业体系,并确定了"推动制造业高质量发展、大力发展数字经济、培育发展现代服务业、建设现代高效特色农业带"等四项具体任务。在推动制造业高质量发展方面,从优化重大生产力布局、培育具有国际竞争力的先进制造业集群、大力承接产业转移、整合优化重大产业平台四个方面入手,完善两地产业链"图谱"。在大力发展数字经济方面,布局完善新一代信息基础设施,合力打造数字产业新高地,积极拓展数字化应用,全面提升数字安全水平。在培育发展现代服务业方面,推动先进制造业和服务业融合发展,提升商贸物流发展水平,共建西部金融中心。在建设现代高效特色农业带方面,推动农业高质量发展、强化农业科技支撑、拓展农产品市场。

(2)深化合作,共建西部金融中心。

打造具有竞争力的金融机构体系。支持境内外大型金融控股集团、银行集团、保险集团在成渝地区布局区域总部,设立后台服务中心、资产管理中心、产品研发中心等功能性中心。构建具有区域辐射力的金融市场体系。推动在担保、不良资产处置、创业投资和私募股权投资等领域跨区域合作。构建支持高质量发展的现代金融服务体系。推动开展绿色金融改革创新。依托成渝两地绿色企业（项目）库,打造绿色金融数字化发展平台。推动金融基础设施互联互通。推动金融综合统计数据共享,共同提升金融统计数据处理能力。

（3）共同培育世界级汽车产业发展集群。

以新能源和智能网联汽车为主攻方向,在规划协同、技术攻关、产业配套等方面展开合作,共同培育世界级汽车产业发展集群。结合双方汽车产业基础现状,在制定汽车产业规划中体现协同发展思路、目标、路径、重点任务和保障措施等。围绕新能源汽车"三电"系统、燃料电池电堆、自动驾驶系统等领域,支持两市车业、院校、科研院所等共同参与关键零部件研发,加强关键共性技术攻关。加强汽车产业信息互联互通,促进产业链、供应链互补互强,共同提高两市汽车零部件配套水平,支持两市车企到双方基地建立研发中心、软件中心、营销中心等。推动形成一批示范应用合作项目,加快氢燃料电池、智能网联汽车等商业化运营,推动新能源汽车及充换电（加氢）基础设施运营跨平台、跨领域、跨区域多数据互联互通。

2. 加强成渝地区双城经济圈科技创新协同发展

科技创新是促进成渝地区双城经济圈建设的生动实践,成渝地区双城经济圈应该积极响应习近平总书记强调的科技创新塑造发展新格局以及培育竞争优势的新作用,借鉴国内其他大城市群,如珠三角、长三角、京津冀城市群科技创新协同发展的宝贵经验。因此本文提出以下几方面建议来推动成渝科技创新协同发展。

(1)推进共建具有全国影响力的科技创新中心。

共建成渝综合性科学中心,推动建设超重大科技基础设施,共建高水平研究机构,支持建设天府实验室、金凤实验室,联合重组优化国家重点实验室。共建西部科学城规划布局应用基础研究、前沿技术研究重大项目,打造国家科技体制改革"试验田",支持西部(重庆)科学城和西部(成都)科学城在智能制造、智慧文旅、城市大脑等领域相互开放应用场景,打造创新产品试验场。争创成渝国家技术创新中心,统筹布局建设若干专业化技术创新机构,形成大协作、网络化、立足成渝、面向西部的技术创新和产业创新策源地。强化创新链产业链协同,开展关键核心技术联合攻关。开展科技人才引进和培育,探索建立户口不迁、关系不转、身份不变、互聘互用的科技人才柔性流动机制。

(2)助推西部科学城建设。

共建共享重大科技基础设施,推动重庆高新区直管园、四川天府新区成都科学城协同布局大科学装置、国家(重点)实验室、技术创新中心等重大科技创新平台。协同推进高校院所交流互动,构建高等学校协同创新体系,聚焦新一代信息技术、人工智能、生物医药、先进制造等领域,建设环成渝高校创新生态圈。开放共享科技成果转化平台,推动重庆环大学创新生态圈、天府国际技术转移中心等高能级成果转化平台深度合作,探索科技成果跨区域转移转化机制;探索建立拍卖、挂牌、招投标等市场化的科技成果定价机制和交易模式,协同共建技术转移服务平台联盟。打造特色优势产业集群,促进新一代信息技术、人工智能、工业互联网、高新技术服务等新兴产业上下游加快对接。

(3)营造科技创新环境,促进双创生态活跃。

积极发挥公共部门的引导作用,营造优质的科技创新环境。以资助经费、税收优惠等间接经济手段支持高科技项目建设,鼓励个人、企业、大学等参与科技创新活动。积极推动两江新区、天府新区、东部新区等国际项目深度合作。推动成都科学城、重庆两江新区数字经济产业园联动发展,促进两地创新发展,构建良好的创新发展环境。此外,要发挥成渝两地在创新资源配置中的决定性作用,注重知识产权保护,培育公平竞争的市场环境,激发企业对创新的需求。共同建设成渝地区"新基建"项目,共建成渝沿线科技创新走廊,发挥龙头企业的带头作用以及知识溢出效应,带动中小型企业创新发展,促进企业间协同发展,共建完善的产业科技创新空间微生态。

3. 积极参与"一带一路"建设,打造成渝对外开放新格局

(1)南北双向共同拓展,全面与"一带一路"倡议区域接轨。

向南与云南、广西等开放中转站接轨,结合成渝与东南亚国家合作潜力,扩展南向合作对象,扩大向南开放空间。伴随成贵铁路、渝贵铁路、成昆铁路的修建与运行,成渝的西南出海通道正在形成,为与东南亚以及南亚国家建立经济联系打下基础。此外,提升"六省区市七方经济协调会"的权威性,根据产业发展实际需要,建立西南地区协作委员会,学习原有跨境资源开发经验,深化与东南亚、南亚国家产业链式合作,聚焦能源开发、农产品加工等优势领域互补,提高合作效率,合作制度化,形成稳定、长久的合作机制,形成高标准的贸易框架。

向北与陕西、甘肃等亚欧大陆沿线桥省市合作。其中要强调与西安建设成渝西"西部经济金三角"。目前三地互飞时间均为一小时左右,高铁通行时间都在三小时以内。今后随着交通基础设施更加完善,以及西安咸阳西咸一体化,成都、绵阳、乐山成绵乐一体化进程加深,预计三地的联系会更加紧密频繁,从而使西部内陆整体实力得到极大的提升。

(2)加快建设国际物流大通道。

"一带一路"倡议中,渝新欧、蓉欧快铁是推进国际合作、打开对外贸易新格局的重要载体。其货源已经东延至宁波、厦门等沿海地区,向南也延伸至昆明、贵阳以及珠三角地区。随着川渝自贸区的建设,以中欧班列(成渝)为纽带,万州港、果园港、青白江铁路等为窗口,整合成渝物流资源,加快物流通道以及港口建设,促进成渝物流水平向国际顶尖水平迈进。

加快构建高效能对外开放大通道。合力共建西部陆海新通道;共同做强中欧班列(成渝)品牌;优化畅通东向开放通道;打造国际航空门户枢纽,建设世界级机场群;合力推进多式联运发展,联合打造国家多式联运示范工程。

(3)推进开放型经济平台建设。

推进高能级开放平台建设。打造内陆开放门户,突出重庆主城都市区和成都双核引领作用,打造国际门户枢纽;建设川渝自贸试验区协同开放示范区;高标准实施中新(重庆)战略性互联互通示范项目、中日(成都)城市建设和现代服务业开放合作示范项目两个高层级开放合作项目。共同壮大高水平开放型经济。打造开放型产业体系,推动一、二、三产业协同开放;推动对外贸易提质增效,共同拓展海外市场;提升双向投资水平,打造高质量外资集聚地,深化对外投资合作。

4. 增强双核连线之间城市联系,加强边缘城市发展,推动区域均衡发展

成渝双城之间的内江、荣昌、大足等中小型城市虽然自然、区位条件优异,但由于地处两省市交汇处,落入了"接壤区陷阱"。而重庆周边的渝东北、东南区域自然地理、交通条件较差,导致城市规模小,对外联系少,形成了"边缘区塌陷"。解决这两个问题,是推动成渝经济圈均衡发展,实现成渝区域一体化的重要手段。为解决这两个问题,可从以下几方面入手。

(1)完善城市群交通网结构。

以成都、重庆为主要枢纽,提高区域内其他中小型城市的交通运输能力。强化门户枢纽功能,加快完善传统和新型基础设施,构建互联互通、管理协同、安全高效的基础设施网络,加快推动西部国际综合交通枢纽和国际门户枢纽建设。加速构建轨道多层次、高速多通道、航道千吨级、机场双枢纽、管道一张网、寄递村村通、运输一体化的成渝地区双城经济圈综合交通网络,推动重庆、成都加快形成"高铁双通道、高速八车道"的复合快速通道,全力打造"多向辐射、立体互联、一体高效"的4个"1小时交通圈",有力支撑成渝地区双城经济圈建设。对重庆周边的边缘城市,加大交通建设投入,力求高铁、高速纵横完善、互联互通,进而打造一条旅游服务链,形成边缘城市与重庆主城区的联动,进而发展区域旅游。交通基础设施的完善,虽然在空间距离上没有减少城市间的距离,但可以显著降低广义的"交易成本"以及时间成本。

(2)加强顶层设计。

强调这两块区域在成渝城市群整体规划中的地位,对其做出有目的性、合理的重点规划,并强调区域专项发展规划。加强针对性的顶层设计,引领成渝城市群向高质量方向迈进。

(3)强化政策引导。

通过各种针对性政策的适当倾斜,包括人才、税收、产业、财政转移支付、生态补偿等政策,共同支持两大区域的快速腾飞,集中力量解决区域发展不协调等问题。要进一步突破行政壁垒,对两省市接壤处的城市,要积极寻求探索跨区域的合作模式,推动跨区域的各类产业园建设与发展。充分利用双核中间城市的区位优势,发挥自身中转与纽带作用。

(4)增加重庆周边次级城市密度。

城市化水平的提高,可以减缓城市经济吸引力的下降,因此可以培育更多的次级城市来增加板块内城市间的经济吸引力。四川在1997—2000年间新设了资阳、眉山两个地级市以增加成都周边城市密度。重庆也可培育合川、永川等作为周边重点次级城市,提升城市总体发展水平。

5.进一步完善城市群协同发展的体制机制,实现区域一体化发展

成渝城市群发展迅猛,已经不是简单的城市等级结构,而是实现了向复杂网状结构的转变,接下来则应该向域面空间演化,

实现真正的区域一体化发展。为了实现成渝城市群区域一体化，首先应该做好区域一体化发展的顶层设计，以《纲要》为基础，结合成渝城市群发展实际情况，做好各类专项规划。明确城市群发展的目标与方向，明确发展内容与实施细则。法律法规与发展政策方面也要做好完善工作，配合城市群发展，推动成渝城市群一体化向国家战略层面转化。此外，需要破除各种区域壁垒以及制度藩篱，完善制度创新并推行信息化建设。通过"跨区办公""一网办事"等方便快捷的工作方式，提升行业工作效率。另外，在基础设施与市场方面，要加强基础设施一体化建设，完善市场一体化开放制度，进一步促进区域内资源、人才等要素的自由流通与优化配置，由此形成一体化的产业链、供应链与资金链，从而充分激发市场潜力，培育市场活力与市场新功能，实现真正的区域一体化发展。

6. 注重民生环境，推行绿色发展

(1) 加强生态保护和修复。

推动落实成渝地区双城经济圈国土空间生态修复工作的实施意见，强化生态空间保护。共同建设"六江"生态廊道、绿色青山林带。开展生态环境分区管控，加强"三线一单"（生态保护红线、环境质量底线、资源利用上线和生态环境准入清单）实施对接。强化流域水资源联合管理调度，完善生态补偿机制，严格执行生态环境损害赔偿制度。严格落实长江"十年禁渔"要求，加强生态环境司法立法和执法协作。

(2) 实施污染防治攻坚。

推进跨界水体环境治理，落实水生态环境共建共保协议，联

动实施河(湖)长制。深化大气污染联防联控,落实大气污染联合防治协议,依法依规推进"散乱污"企业分类整治。加强土壤污染协同治理,开展土壤污染治理与修复技术交流与合作。深化固废危废协同治理,协同开展"无废城市"建设。

(3)推动绿色低碳发展。

加快推动万州及渝东北地区、广阳岛等区域开展绿色发展试验示范。开展生态文明建设示范创建。推进环境权益交易深度合作。共建绿色城市标准化技术支撑平台,倡导绿色生活方式。开展绿色发展试点示范,加快打造高品质生活宜居地。

(二)构建成渝地区双城经济圈统计体系政策建议

1.完善成渝地区双城经济圈统计指标体系

符合推动成渝地区双城经济圈发展需求的统计指标体系,是反映重庆贯彻落实党中央、国务院提出的成渝地区双城经济圈建设重要决策部署的重要载体。在本研究中已根据《纲要》发展目标构建了成渝地区双城经济圈发展监测指标体系,但仍存在因部分指标无基础数据等问题,未将数字经济增加值占GDP比重、二氧化碳排放量等体现成渝地区双城经济圈经济发展和生态建设的指标纳入。因此,要紧跟成渝地区双城经济圈协同发展和统计工作推进情况,不断充实和调整反映综合绩效、基础设施、现代经济、科技创新、改革开放和生态宜居等方面的统计指标,进一步发挥统计指标的衡量和导向作用。要因地制宜,根据万达开川渝统筹发展示范区、遂潼川渝毗邻地区一体化发展先行区、川渝高竹新区等川渝共建平台的资源禀赋、区域特色和发展目标等因素,构建反映川渝共建平台经济社会发展的统计指标体系,全面准确监测成渝地区双城经济圈建设进程。

2.探索成渝地区双城经济圈统计标准体系

在对川渝共建毗邻区调研中,我们发现仍存在个别统计指标统计口径不一致,共建中出现的新经济业态、新产业等统计分类尚未形成统一标准等问题。为此,在严格贯彻执行国家统计标准的基础上,需要我们以《中华人民共和国统计法》《中华人民共和国标准化法》为依据,遵循标准化工作规律,借鉴国际国内统计标准先进经验,探索研究推动成渝地区双城经济圈发展的统计分类标准,以推进成渝地区双城经济圈统计工作标准化。

(1)强化国家统计标准贯彻实施。

加强统计标准的实施,在组织实施成渝地区双城经济圈统计调查时,严格贯彻执行节能环保清洁产业、数字经济及其核心产业等统计分类标准以及国民经济行业分类、大中小微型企业划分、城乡划分办法等国家统计标准,切实维护统计标准的科学性与系统性、统一性与强制性、通用性与稳定性。要加强统计标准实施情况的检查和部门统计制度统计标准管理,进一步推动国家统计标准在成渝地区双城经济圈贯彻落实。

(2)探索研究成渝地区双城经济圈新出现的统计调查标准。

基于国民经济行业分类、统计单位划分、城乡划分办法等统计标准以及统计报表制度,以反映成渝地区双城经济圈发展为基本出发点,积极探索成渝地区双城经济圈出现的现代服务业、贸易服务业等新经济活动类型分类标准,研究完善夜间灯光指数、高铁行车密度等新指标的含义、计算方法,研制共建开发区、园区、各类功能区区划码以及共建项目分算标准等,通过健全统计标准,进一步规范成渝地区双城经济圈统计工作。

3.优化成渝地区双城经济圈统计数据采集和共享体系

在开展成渝地区双城经济圈发展统计监测和经济统计分算研究中,发现存在如夜间灯光指数、高铁行车密度、5G基站数量、接待入境旅游者人数等指标无数据,数据收集工作量大,个别指标数据不连续,乡镇一级统计基础数据缺乏等问题。为此,我们要进一步完善成渝地区双城经济圈发展统计数据采集和共享工作机制,优化统计调查制度方法,加强统计数据共享,健全统计数据质量管理机制,进一步提高统计数据质量,全面、准确、及时反映成渝地区双城经济圈发展。

(1)做好成渝地区双城经济圈发展统计指标数据采集。

建立成渝地区双城经济圈发展统计指标数据采集工作机制,按年度和季度频率从成渝地区双城经济圈各级统计机构和部门定期获取相关统计数据,使数据采集制度化、规范化,进一步提高成渝地区双城经济圈发展统计监测工作能效。

(2)完善成渝地区双城经济圈统计制度方法。

科学的统计制度方法是保证统计质量的关键,要全面贯彻落实推进统计现代化改革的要求,加强统计制度方法的设计和规范管理,努力构建全面反映成渝地区双城经济圈建设的统计调查体系。一方面,围绕成渝地区双城经济圈协同发展需要,加强基础调查指标研究,建立适应川渝高竹新区等川渝毗邻区经济发展的综合报表制度,补齐短板、精简冗余,健全完善统一规范、方便简约的统计调查体系。另一方面,围绕成渝地区双城经济圈发展特色和亮点,推进数字经济、科技创新等统计制度方法改革,大力推动政府部门行政记录、商业记录、互联网记录等非传统数据在统计工作中的应用,进一步增强成渝地区双城经济圈统计工作的科学性和高效性。

(3)加强成渝地区双城经济圈统计数据共享。

以成渝地区双城经济圈建设为契机,积极运用大数据、互联网等现代信息技术,通过探索川渝高竹新区等川渝毗邻区开放各区域统计微观数据库汇总权限,加强重庆和四川之间、重庆和四川各部门之间的统计数据交换共享,推动政府统计数据共享,扩大数据开放,建立科学高效的成渝地区双城经济圈统计数据共享体系。

(4)强化成渝地区双城经济圈统计工作全流程管理。

全面落实《国家统计质量保证框架(2021)》和川渝两地相关制度规章,压实成渝地区双城经济圈各级统计机构和广大统计人员的数据质量责任,强化统计工作全员、全域和全流程质量控制,健全数据生产各环节和数据管理各方面的数据质量追溯机制,全面提升成渝地区双城经济圈统计数据质量。

4.健全成渝地区双城经济圈国民经济核算体系

《纲要》提出的探索经济统计分算方式,是对现有国民经济核算体系的创新和突破。文中第三部分专门对川渝高竹新区地区生产总值进行核算,也看到在核算实践中,现有的国民经济核算体系不能完全满足经济区与行政区适度分离的要求,需要我们加快推进经济统计分算方法研究,建立主要统计数据经双方协商分劈、省级统计机构核定、报国家统计局审定的核算机制，使共建的企业（项目）既能核算到经济区，又能分算到行政区。同时，要进一步完善成渝地区双城经济圈地区生产总值统一核算工作机制，研究完善成渝地区双城经济圈新经济、旅游产业、民营经济等相关产业年度核算方法，进一步提高国民经济核算的质量和水平，准确反映成渝地区双城经济圈的经济总量、速度、结构、效益全貌以及各种重大比例关系和发展态势。

5.构建成渝地区双城经济圈统计监测分析体系

主要是要根据成渝地区双城经济圈发展情况和现有统计基础，不断完善成渝地区双城经济圈统计监测分析体系，监测和分析评价成渝地区双城经济圈发展的进程和成效。

（1）完善成渝地区双城经济圈统计监测机制体制。

立足新发展阶段、贯彻新发展理念、构建新发展格局，从国家战略全局和成渝地区双城经济圈高质量发展整体出发，持续完善成渝地区双城经济圈统计监测指标体系，健全成渝地区双城经济圈统计监测工作机制，不断夯实监测基础，更好地服务成渝地区双城经济圈建设大局。持续优化升级统计监测平台，做好相关运维工作，根据工作需要不断丰富共享平台的数据和信息资源，实现资料交换畅通无阻、互惠共赢。

（2）加强成渝地区双城经济圈分析研究。

及时、有序、高效开展成渝地区双城经济圈统计监测与分析研究，综合反映成渝地区双城经济圈发展水平，多维度展示成渝地区双城经济圈高质量发展成效和短板，进一步提高统计服务的时效性和针对性。聚焦聚力推动成渝地区双城经济圈建设的重大理论和实践问题与四川省统计局、川渝科研机构联合攻关,形成一系列统计科研成果,为两地党委政府提供"含金量"高的决策参考,充分展现统计智慧能力和担当作为。

6. 强化成渝地区双城经济圈统计组织管理和保障体系

(1) 完善成渝地区双城经济圈统计管理运行制度。

要进一步建立和完善各项统计管理运行制度,确保成渝地区双城经济圈统计机构和统计人员依法行使独立调查、独立报告和独立监督的职权,充分整合利用各种统计资源,全面理顺统计工作中的关系,有效调动统计人员的积极性、主动性和创造性,保证统计工作高效、有序开展。

(2) 夯实成渝地区双城经济圈统计基层基础。

要进一步加强对成渝地区双城经济圈统计基层基础工作的组织领导,夯实统计名录库、地域库、统计台账建设等基础工作。加强所属的统计机构队伍建设,配齐配强统计人员,明确基层统计职责任务,压实统计责任。健全完善成渝地区双城经济圈基层统计工作制度,加强基层统计人员教育培训,加强辅助调查员管理,确保基层统计有人员、有经费、有场所、有设备、有网络、有制度、有培训。

(3) 强化成渝地区双城经济圈统计工作信息技术支撑。

加快推进成渝地区双城经济圈统计信息化建设,推动智能移动终端在统计调查中的应用,探索新一代信息技术与成渝地区双城经济圈统计的深度融合,实现统计工作全流程电子化、网络化,以推进统计数据生产方式变革,提升统计生产效能。完善网络安全防护技术措施和运营维护体系,保障数据安全。

(4)完善成渝地区双城经济圈统计工作财务保障机制。

要将落实成渝地区双城经济圈统计合作所需经费列入财政预算,为各级统计部门开展成渝地区双城经济圈统计工作提供必要经费保障。以成渝地区双城经济圈统计合作为契机,完善统计部门向社会力量购买服务的机制,提高经费保障能力,逐步推进部分统计业务由社会调查机构和其他社会力量承担的工作进程。

(三)展望

1.形成全国可推广的经济统计分算方案

经济统计分算改革任务是一个复杂的系统工程,也是一个长期的工作任务。当前,我们以点为突破口,研究制定的分算办法,因受毗邻区企业数量少规模小、统计基层基础薄弱等因素制约,存在数据来源受限、测算方法相对简单等问题。下一步,我们将加大对毗邻区统计调研,进一步总结经济区统计需求和测算基础,完善经济统计分算办法,并形成全国可推广的经济统计分算方案。

2.建立一套符合经济区与行政区适度分离的报表制度

如何将经济统计分算方案落到实处,也是我们下一步研究的方向。我们将在现有统计报表制度的基础上,根据统计监测体系和经济统计分算方案实施情况,对涉及的指标数据和原始记录进一步细化研究,遵循统一规范的原则和要求,建立一套符合经济区与行政区适度分离的统计报表制度。通过对调查对

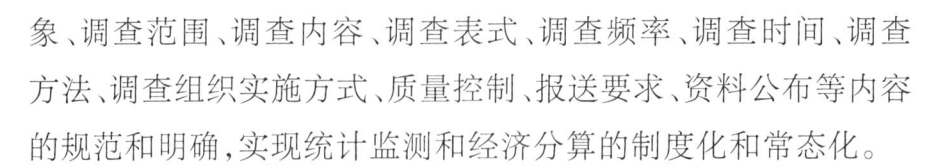

象、调查范围、调查内容、调查表式、调查频率、调查时间、调查方法、调查组织实施方式、质量控制、报送要求、资料公布等内容的规范和明确,实现统计监测和经济分算的制度化和常态化。

3.搭建成渝地区双城经济圈统计数据共享平台

收集跨省统计数据和各部门数据仍是研究中的一个难点。构建符合成渝地区双城经济圈的统计指标体系,不仅需要完善统计方法制度,更需要建立健全相关工作机制。下一步,我们将依托双方统计数据生产、管理和应用等核心业务系统,从需求出发,积极运用大数据、云计算等信息技术和资源,探索研究成渝地区双城经济圈统计数据共享平台的有效路径,为成渝地区双城经济圈统计数据自动化处理、相互调用,实现统计信息共享提供参考。

附录1 成渝地区双城经济圈发展监测三级指标选取说明

一、"综合质效"

(一)"发展能级"

城市发展能级是指一个城市的现代化程度和对周边地域的影响力,主要反映在规模效应方面。针对成渝地区双城经济圈这样的城市群而言,主要表现为区域的经济总量及人口规模等重要的总量指标的影响。

成渝地区双城经济圈地区生产总值占全国比重(X_1):地区生产总值是反映区域经济发展最为重要和综合的指标,而考量一个区域的发展能级,不仅要考虑该区域的绝对量,更要考虑区域经济总量的影响力,因此使用经济圈地区生产总值占全国的比重指标衡量区域经济的综合影响力。

成渝双核地区生产总值占成渝地区双城经济圈比重(X_2):经济圈规划中,重点提及了双核地区的带动引领作用。双核地区作为成渝地区双城经济圈的核心区域,其战略位置和经济社会发展均具有超前的带动辐射作用,因此使用双核地区生产总值占经济圈的比重来衡量双核地区的引领作用。

常住人口占全国比重(X_3):人口是一个区域的经济社会发展的重要前提,人口规模、人口结构以及人口的再生产等将通过生产、交换、消费等领域影响全社会的发展,因此需要考虑经济圈的人口因素。而人口规模是人口因素中最为核心的部分,同时考虑到经济圈的影响带动作用,因此选取经济圈常住人口占全国人口的比重进行衡量。

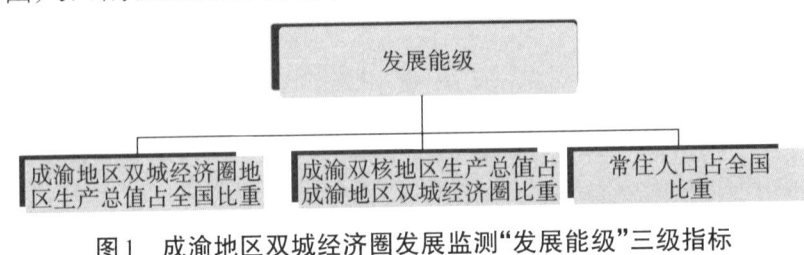

图1 成渝地区双城经济圈发展监测"发展能级"三级指标

(二)"发展效率"

人均GDP(X_4):GDP是衡量一个地区经济总量发展最具综合性和代表性的指标,为消除总量规模带来的量纲差异影响,并综合反映地区发展的效率,采用人均GDP来度量经济发展水平。

全员劳动生产率(X_5):党的十九大明确提出经济向高质量方向发展,而高质量发展在一定层面上意味着生产效率的提升。全员劳动生产率在一定程度上反映了社会生产效率,因此选取全员劳动生产率衡量经济发展效率。

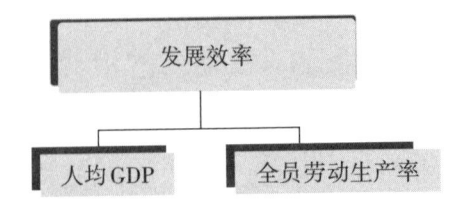

图2 成渝地区双城经济圈发展监测"发展效率"三级指标

(三)"区域协调"

人均GDP差异系数(X_6):区域内部的协调发展既包括各地区间的统筹协调,也包括各地区间的差异。为衡量区域间的经济发展平衡状态,选取人均GDP差异系数反映各地区间经济发展差异情况。该数值越大,表明各地区间的经济发展差异度越大。

常住人口城镇化率(X_7):在城市群城乡一体化发展的相关概念和进程划分中,城镇化进程是最基础也是最为重要的一个方面。城镇化有效地推进了农村人口向城市的集聚、农业与工业的融合,是区域协调发展的重要指征,因此将城镇化率作为反映城镇化进程最直接的指标纳入指标体系。

城乡居民人均可支配收入比(X_8):收入是保证城乡居民进行正常的生产生活的基础,而由于长期以来城乡二元化结构的固化,城市中的产业劳动者的收入普遍较高,农村从业人员的收入普遍偏低。城乡一体化是要形成社会福利、公共服务、发展机会等方面的均等,收入机会均等是基础,因此选取城乡居民人均可支配收入衡量城乡居民收入机会均等进程。

夜间灯光指数(X_9):夜间灯光数据作为传统统计数据的有效补充,能够很好地反映一个区域的城市发展水平。一般来说,某一个区域的夜间灯光强度越大,则表明该区域的居民活动强度越强,则该区域的城市化水平越高。因此选取夜间灯光指数反映经济圈的整体城市化程度。

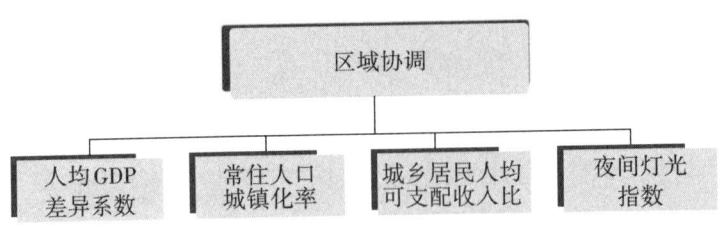

图3 成渝地区双城经济圈发展监测"区域协调"三级指标

二、"基础设施"

(一)"铁路设施"

高铁行车密度(X_{10}):高铁行车密度指区间(车站之间)内高铁运行间隔的时间长短或在单位时间内(昼夜)车站到达与发出的列车次数。它是衡量铁路设备效益与能力的一项指标,能反映铁路运输的繁忙程度。列车运行间隔时间越短,在车站到达与发出的列车次数越多,行车密度越大;反之则越小。因此选取高铁行车密度衡量双城经济圈两地间的要素交换效率。

铁路网总规模(X_{11}):铁路运输是一种非常有效的陆上运输方式,具有承载力强、运输量大的特点,能够兼顾货物运输和人员运输的功能,是地区之间进行流通的最主要的运输方式。因此选取铁路网总规模衡量经济圈的铁路运载能力。

20万以上人口城市铁路覆盖率(X_{12}):根据《国务院关于调

整城市规模划分标准的通知》,20万人以下的城市为Ⅱ型小城市,也就是人口规模最小的一个城市类型,铁路覆盖密度相对较小。而《纲要》中明确提出了20万人以上人口城市铁路覆盖率的目标,因此选取该指标衡量城市铁路通行便利度。

```
           铁路设施
    ┌─────────┼─────────┐
 高铁行车密度  铁路网总规模  20万以上人口城
                        市铁路覆盖率
```

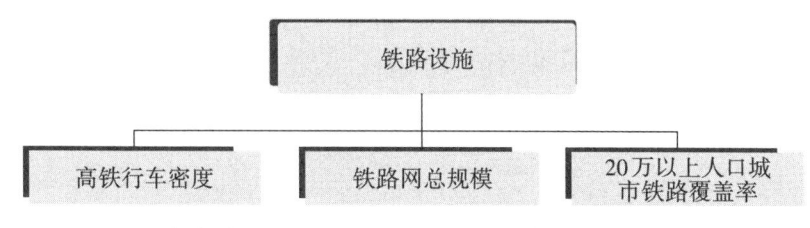

图4 成渝地区双城经济圈发展监测"铁路设施"三级指标

(二)"航空设施"

机场群旅客吞吐量(X_{13}):区域之间要素的流通是区域发展的重要环节,航空运输作为要素流通的重要载体,承担了非常重要的作用。而在各种要素中,人员的流通是保证各项活动开展的关键因素,因此选取机场群旅客吞吐量来衡量航空的人员流通量。

航空货运吞吐量(X_{14}):要素的交换不仅包括人员的流通,更包括物的交换,物的流通保证了区域间要素资源的共享和均衡,使得区域作为一个整体优化配置。因此,选取航空货运吞吐量衡量区域间通过航空渠道进行物的交换的体量。

```
         航空设施
    ┌──────┴──────┐
机场群旅客吞吐量  航空货运吞吐量
```

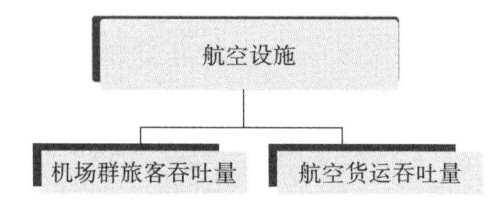

图5 成渝地区双城经济圈发展监测"航空设施"三级指标

(三)"信息技术"

5G基站数量(X_{15}):5G是具有高速率、低时延和大连接特点的新一代宽带移动通信技术,是实现人机物互联的网络基础设施。作为信息交换的重要载体,5G基站数量在一定程度上展现了一个区域信息技术建设的水平。

三、"现代经济"

(一)"产业发展"

金融机构人民币贷款余额(X_{16}):金融行业作为国民经济发展的重要行业,承担着货币流通和为国民经济各部门提供资金支持的重要功能。而贷款量则体现了一个区域金融机构对该地区产业部门提供资金支撑的力度,因此选取金融机构人民币贷款余额衡量产业资金支持规模。

限额以上企业通过互联网实现的商品零售额占比(X_{17}):互联网经济的快速发展带动了新经济、新业态的蓬勃发展,使得国民经济发展更有活力和生命力。在互联网经济中,实物交换是重要的一部分,因此选取限额以上企业通过互联网实现的商品零售额占比衡量线上交易水平。

文化产业增加值(X_{18}):人类的生活不仅包括物质层面的,更应包含精神层面的。文化产业是具有精神性娱乐性的文化产品的生产、流通、消费活动,能够反映一个区域居民精神活动的发展程度,是国民经济的重要组成部分。因此选取文化产业增加值进行衡量。

接待入境旅游者人数(X_{19}):旅游业是以旅游资源为凭借、以旅游设施为条件,向旅游者提供旅行游览服务的行业,能够将物质生活消费与文化生活消费有机地结合起来。旅游业的发展与旅游者有必然的联系,而一个区域旅游业的发展则主要依靠入境游客。因此选取接待入境旅游者人数衡量区域的旅游业发展程度。

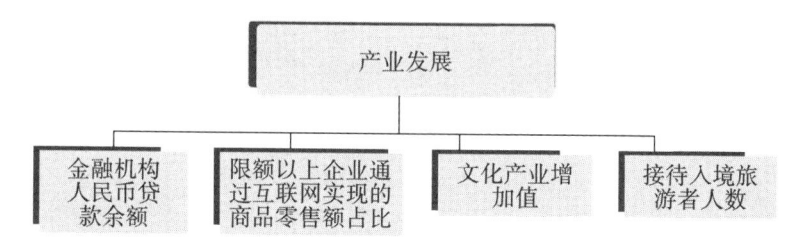

图6 成渝地区双城经济圈发展监测"产业发展"三级指标

(二)"经济结构"

制造业增加值占GDP比重(X_{20}):制造业在世界发达国家的国民经济中占据了重要的份额,制造业能够直接体现一个国家和地区的生产力水平,是区别发展中国家和发达国家的重要指征。因此,选取制造业增加值占GDP比重衡量经济圈的生产力水平。

数字经济及核心产业增加值占工业增加值比重(X_{21}):数字

经济及核心产业是以数据资源作为关键生产要素、以现代信息网络作为重要载体、以信息通信技术的有效使用作为效率提升和经济结构优化的重要推动力的一系列经济活动,是国民经济的新生力量。因此选取数字经济及核心产业增加值占工业增加值比重衡量区域的新经济发展状况。

战略性新兴制造业增加值占工业增加值比重(X_{22}):战略性新兴产业作为国民经济的新生力量,是新兴科技和新兴产业的深度融合,具有科技含量高、市场潜力大、带动能力强、综合效益好等特征,代表着科技创新和产业发展的方向。而制造业作为基础性和关键性的产业,在新兴产业中占据重要比重。因此选取战略性新兴制造业增加值占工业增加值比重衡量区域的新兴产业发展状况。

规模以上服务业营业收入(X_{23}):服务业作为国民经济的重要产业部门,涵盖了交通运输、信息传输、商贸、金融、房地产、科教文卫、社会保障等各个行业,是反映居民生活的重要产业,为社会经济发展提供了最为广泛的保障。因此选取规模以上服务业营业收入衡量第三产业的发展情况。

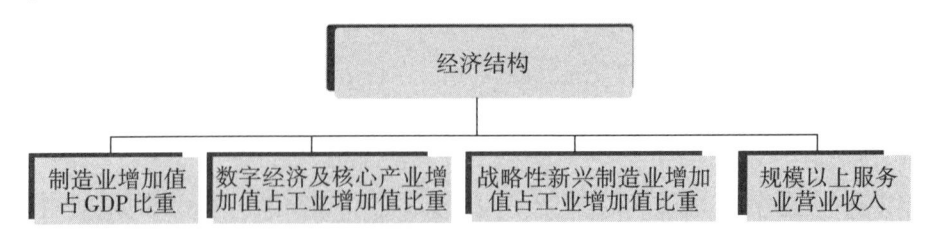

图7 成渝地区双城经济圈发展监测"经济结构"三级指标

四、"科技创新"

(一)"创新投入"

研发投入强度(X_{24}):从全社会科学技术事业发展的层面上考量,全社会研究与试验发展经费支出最直接地反映了整个区域在科学技术领域,为增加知识总量以及运用这些知识进行的创新性创造性活动(主要包括基础研究、应用研究、试验发展)的总支出。因此选取研发投入强度衡量科学技术事业发展水平。

每万人R&D人员全时当量(X_{25}):衡量一个区域创新投入能力的指标主要包含两大方面的内容,一个是资金的方面,一个是人力资源的方面。在资金方面主要的体现指标是研发投入强度,而在人力资源方面,选取每万人R&D人员全时当量反映创新人员的人力投入强度。

规模以上工业企业中有研发活动企业占比(X_{26}):企业作为科技创新的主体,承担了重要的研发工作。而工业企业由于主要活动为工业品的生产,需要进行传统产品的升级改良、新产品的研发等工作,更是科技创新的主力军。在市场经济中,具有研发活动的企业具有明显的竞争优势。因此选取规模以上工业企业中有研发活动企业占比衡量企业创新活力。

国家重点实验室数量(X_{27}):国家重点实验室作为国家科技创新体系的重要组成部分,是国家组织高水平基础研究和应用研究、聚集和培养优秀科学家、开展高层次学术交流的重要基地。一个区域具有的国家重点实验室数量越多,则反映该地区开展高水平科学研究的实力越强。因此选取国家重点实验室数量衡量高水平科技创新能力。

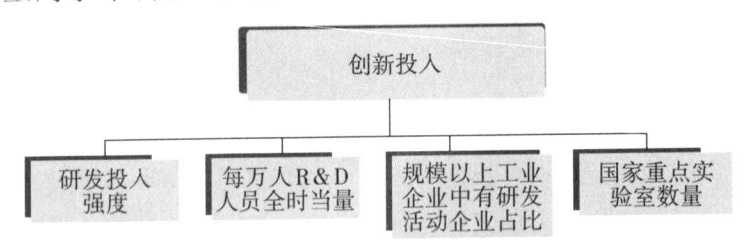

图8 成渝地区双城经济圈发展监测"创新投入"三级指标

(二)"创新成效"

科技进步贡献率(X_{28}):科技进步贡献率是指科技进步对经济增长的贡献,是扣除了资本和劳动力之外的部分。反映了科技竞争实力和科技成果转化为现实生产力的能力,同时也反映了科技对经济社会发展的支撑,是一项综合性指标。因此选取科技进步贡献率衡量经济圈的综合科技实力。

每万人发明专利拥有量(X_{29}):专利一般分为发明专利、实用新型专利和外观设计专利三种类型,而其中以发明专利的技术含量最高、创新价值最大、核心竞争力最强,发明专利的数量是衡量一个区域科研产出质量和市场应用水平的重要指标。因此选取每万人发明专利拥有量衡量科技创新成果的人均水平。

规模以上工业高技术产业营业收入(X_{30}):高技术产业是具有高尖端技术、生产高科技产品的产业群,具有研发投入高、研发人员比重大的特点,高技术产业的发展越快,对其他产业的渗透和带动作用越强。因此选取规模以上工业高技术产业营业收入衡量经济圈高技术产业的发展水平。

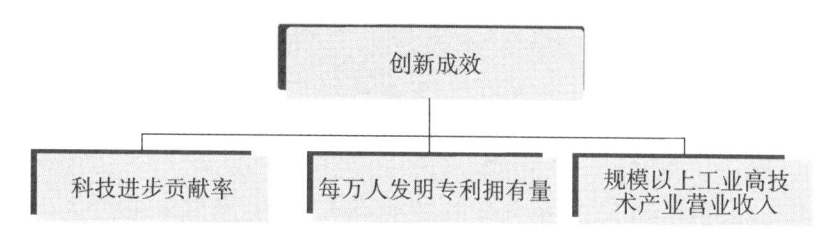

图9 成渝地区双城经济圈发展监测"创新成效"三级指标

（创新成效 → 科技进步贡献率；每万人发明专利拥有量；规模以上工业高技术产业营业收入）

五、"改革开放"

（一）"对外开放"

外贸依存度(X_{31}):国家之间的主要贸易方式即对外贸易,其直接衡量指标便是进出口总额。而外贸依存度是一个地区进出口总额与地区生产总值的比值,反映了该地区经济发展依赖于对外贸易的程度,以及参与国际经济的程度。因此选取外贸依存度衡量经济圈参与对外贸易的程度。

中欧班列(成渝)班次(X_{32}):中欧班列是往来于中国与欧洲及一带一路沿线各国的国际铁路航运班列,运输网络覆盖了亚欧大陆的主要区域,承担了中欧板块间主要商品的货物运输的重要功能,是大宗商品对外贸易的主要通道。因此选取中欧班列(成渝)班次衡量经济圈大宗商品对外贸易的参与度。

世界500强企业落户数(X_{33}):"世界500强企业"是国人对美国《财富》杂志每年评选的"全球最大五百家公司"排行榜的一种约定俗成的叫法。世界500强企业代表了先进的管理方式和理念,其在一个地区的落户数量也在一定程度上反映了该地区的吸引力。因此选取世界500强企业落户数衡量经济圈的综合吸引能力。

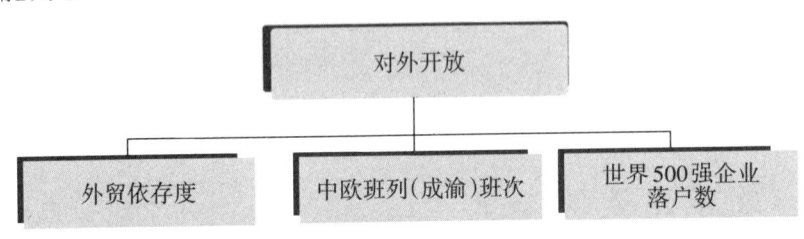

图10 成渝地区双城经济圈发展监测"对外开放"三级指标

(二)"市场主体"

新增市场主体数量(X_{34}):作为市场经济中最基本的单元,市场主体是提供就业机会、创造社会财富的基本力量,是决定区域经济实力和竞争力的关键因素。每年新增市场主体的数量直接反映了该区域市场经济的活力。因此选取新增市场主体数量衡量经济圈的市场基本单位的活力。

民营经济增加值(X_{35}):民营经济是天生的市场经济,是最有活力、最具创造力的实体经济。民营经济的发展程度体现了一个地区经济的发展活力和潜力。在转型升级阶段,民营经济的健康发展对区域转型升级及稳定增长至关重要。因此选取民营经济增加值衡量经济圈经济发展的活力。

民间投资总量(X_{36}):民间投资是来自民营经济所涵盖的各类主体进行的投资,是除国有投资和外商投资之外的投资,扩大民间投资有利于把社会资源蕴藏的巨大能量释放出来。因此选取民间投资总量衡量经济圈社会资源的利用能力。

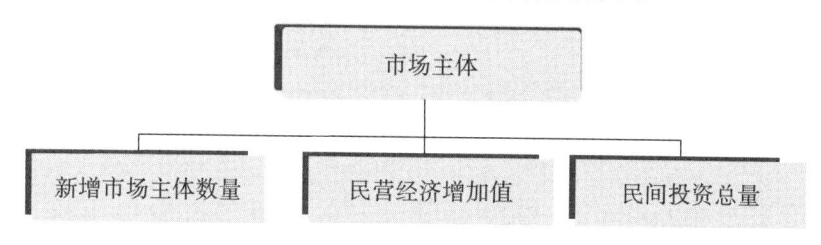

图11 成渝地区双城经济圈发展监测"市场主体"三级指标

六、"生态宜居"

(一)"生态环保"

单位地区生产总值能耗(X_{37}):自然资源是人类的巨大财富,但伴随着工业化的发展和城镇化的推进,产业发展对资源的消耗日益严重,人类面临着资源逐渐枯竭的危险。在保证区域经济社会发展的同时,必须想方设法减少资源的消耗,为后代生存留有余地。因此选取单位地区生产总值能耗衡量区域对自然资源消耗的控制程度。

森林覆盖率(X_{38}):森林是为城市提供氧气、净化城市空气的重要载体,一个地区拥有足够的森林面积是城市环境得以改善的基本保障。因此选取森林覆盖率衡量经济圈的森林储备情况。

空气质量优良天数比(X_{39}):人类赖以呼吸的空气的质量受各种因素影响,而空气的优、良、差等是对空气质量的综合评价。因此选取空气优良天数比衡量大气的综合质量。

河流断面水质达标率(X_{40}):空气和水的质量是环境质量的两大重要方面,水质的优良程度直接影响到当地的生产生活质量,对社会发展产生重要影响。因此选取河流断面水质达标率衡量经济圈的水质情况。

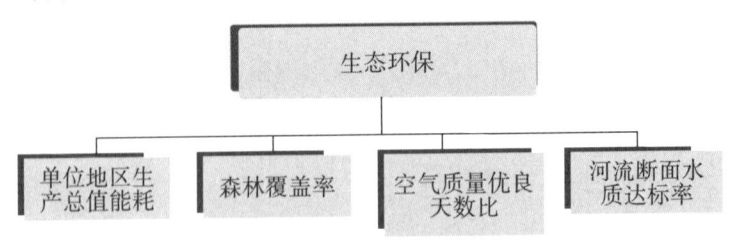

图12 成渝地区双城经济圈发展监测"生态环保"三级指标

(二)"公共服务"

基本医疗保险覆盖率(X_{41}):在居民生活的住房、医疗、教育三项重大支出中,医疗是存在最大不确定性的因素,许多中低收入家庭由于无法承担高额的医疗费用而因病致贫,成为影响居民生活质量的关键所在。通过健全的医疗保险机制,能够在很大程度上降低居民因突发疾病致贫的风险。因此,选取城乡医疗保险覆盖率衡量区域对居民医疗保障的力度。

基本养老保险覆盖率(X_{42})：当今社会的老龄化程度越来越高，家庭养老的负担越来越重，通过个人进行养老对中低收入家庭来说有很大的压力，并有可能因为养老问题造成家庭生活的困难。通过基本养老保险等社会保障的形式可以作为家庭养老的重要补充，为中低收入群体提供更好的保障。因此选取基本养老保险覆盖率衡量经济圈对养老的保障力度。

人均社会保障和就业支出(X_{43})：社会保障支出是用于保障居民最低生活水准的一项支出，能够保证社会保障制度的顺利运行，通过调节社会分配关系，缩小财产和收入差距，从而保障社会公平。因此选取人均社会保障和就业支出衡量经济圈的社会保障水平。

人均教育支出(X_{44})：教育是提升一个地区劳动力素质的重要途径和保障，财政支出中用于教育的支出能够直接反映地方政府对当地教育的重视程度，以及教育水平。因此选取人均教育支出衡量经济圈的教育发展水平。

人均卫生健康支出(X_{45})：随着医疗卫生体制改革的深入推进，全民医疗保障体系加快健全，对居民身体健康的保障力度越来越大。而财政支出中用于卫生健康部分的支出反映了地方政府对居民卫生健康的重视程度。因此选取人均卫生健康支出反映经济圈的卫生投入水平。

每万人医疗机构床位数(X_{46})：从近年发生的新冠肺炎疫情可以看到，医疗卫生资源是保证居民生命健康的基础，医疗卫生系统的健全也是区域经济社会健康稳步发展的保障。因此选取每万人医疗机构床位数衡量区域医疗卫生资源水平。

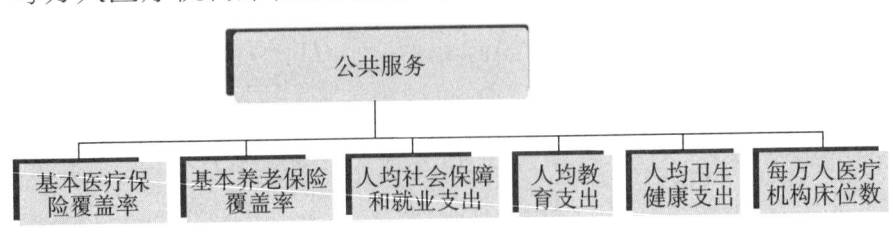

图13 成渝地区双城经济圈发展监测"公共服务"三级指标

附录2 经济普查年度川渝共建经济区生产总值核算方法

为了准确核算川渝共建经济区第四次经济普查年度地区生产总值数据,依据国家统计局《第四次全国经济普查年度地区生产总值核算方法》,结合共建经济区实际,制定本方法。

一、农林牧渔业

第一产业和农林牧渔业及辅助性活动增加值采用第三次农业普查数据推算。

二、工业

(一)核算范围

工业核算范围包括规模以上工业法人企业(一套表法人企

业,包括成本费用调查企业和非成本费用调查企业)、规模以下工业法人企业(非一套表法人企业)以及工业个体经营户。

(二)计算方法

1. 一套表法人企业

(1)规模以上成本费用调查工业法人企业。

总产出=工业总产值+应交增值税

增加值=劳动者报酬+生产税净额+固定资产折旧+营业盈余

劳动者报酬=制造成本中的直接人工+生产单位管理人员工资+生产单位管理人员福利费+销售部门人员工资+销售部门人员福利费+行政管理人员工资+行政管理人员福利费+支付科研人员的工资及福利费+职工取暖费和防暑降温费+制造费用、销售费用、管理费用中的社保费+住房公积金和住房补贴+制造费用、管理费用中的劳务费+制造费用、管理费用中劳动保护费的保健补贴、洗理费+其他直接费用、其他制造费用、其他销售费用、其他管理费用中支付给个人部分+工会经费中属于劳动者报酬的部分(60%)+董事会费中属于劳动者报酬的部分(15%)+制造费用、销售费用、管理费用中的差旅费属于劳动者报酬的部分(6.5%)

生产税净额=税金及附加+应交增值税+排污费+管理费用中的上交的各种专项费用+其他直接费用、其他制造费用、其他销售费用、其他管理费用中上交给政府部分+制造费用、管理费用中水电费中上交的各种税费

固定资产折旧=本年折旧

营业盈余=（营业利润+资产减值损失－公允价值变动收益－投资收益－资产处置收益－其他收益）+工会经费中属于营业盈余部分（40%）+上交管理费

注：资料取自"工业企业成本费用（成本费用调查单位填报）（B603-2表）"。

（2）规模以上非成本费用调查工业法人企业。

总产出=工业总产值+应交增值税

增加值=劳动者报酬+生产税净额+固定资产折旧+营业盈余

劳动者报酬=应付职工薪酬+销售费用、管理费用和财务费用中其他属于劳动者报酬的部分

生产税净额=税金及附加+应交增值税+销售费用、管理费用和财务费用中其他属于生产税净额的部分

固定资产折旧=本年折旧

营业盈余=（营业利润+资产减值损失－公允价值变动收益－投资收益－资产处置收益－其他收益）+销售费用、管理费用和财务费用中其他属于营业盈余的部分

注：资料取自"规模以上工业财务状况（非成本费用调查单位填报）（B603-1表）"。

2. 非一套表法人企业

核算方法和资料来源见"十、非一套表法人单位增加值核算方法"。

3. 个体经营户

核算方法和资料来源见"十一、个体经营户增加值核算方法"。

三、建筑业

(一)核算范围

建筑业核算范围包括有资质的建筑业法人企业(一套表单位)、资质外建筑业法人企业(非一套表单位)以及建筑业个体经营户。

(二)计算方法

1.一套表法人企业

(1)有总承包和专业承包资质的建筑业法人企业。

总产出=建筑业总产值+应交增值税

增加值=劳动者报酬+生产税净额+固定资产折旧+营业盈余

劳动者报酬=应付职工薪酬+销售费用、管理费用和财务费用中其他属于劳动者报酬的部分

生产税净额=税金及附加+应交增值税+销售费用、管理费用和财务费用中其他属于生产税净额的部分

固定资产折旧=本年折旧

营业盈余=(营业利润+资产减值损失－公允价值变动收益－投资收益－资产处置收益－其他收益)+销售费用、管理费用和财务费用中其他属于营业盈余的部分

注:"建筑业总产值"取自"有总承包和专业承包资质的建筑

业法人单位生产经营情况（C604-1表）"，其余指标取自"有总承包和专业承包资质的建筑业法人单位财务状况（C603表）"。

（2）有劳务分包资质的建筑业法人企业。

总产出=建筑业总产值+应交增值税

增加值=劳动者报酬+生产税净额+固定资产折旧+营业盈余

劳动者报酬=应付职工薪酬+销售费用、管理费用和财务费用中其他属于劳动者报酬的部分

生产税净额=税金及附加+应交增值税+销售费用、管理费用和财务费用中其他属于生产税净额的部分

固定资产折旧=本年折旧

营业盈余=营业利润+销售费用、管理费用和财务费用中其他属于营业盈余的部分

注：资料取自"劳务分包建筑业法人单位生产经营情况（C604-3表）"。

2.非一套表法人企业

核算方法和资料来源见"十、非一套表法人单位增加值核算方法"。

3.建筑业个体经营户

核算方法和资料来源见"十一、个体经营户增加值核算方法"。

四、批发和零售业

(一)核算范围

批发和零售业核算范围包括限额以上批发和零售业法人企业(一套表单位)、限额以下批发和零售业法人企业(非一套表单位)以及批发和零售业个体经营户。

(二)计算方法

1. 一套表法人企业

总产出=营业收入－主营业务成本+应交增值税

增加值=劳动者报酬+生产税净额+固定资产折旧+营业盈余

劳动者报酬=应付职工薪酬+销售费用、管理费用和财务费用中其他属于劳动者报酬的部分

生产税净额=税金及附加+应交增值税+销售费用、管理费用和财务费用中其他属于生产税净额的部分

固定资产折旧=本年折旧

营业盈余=(营业利润+资产减值损失－公允价值变动收益－投资收益－资产处置收益－其他收益)+销售费用、管理费用和财务费用中其他属于营业盈余的部分

注：资料取自"限额以上批发和零售业财务状况(E603表)"。

2.非一套表法人企业

非一套表批发和零售业法人企业采用相关比例推算法,增加值利用营业收入和对应行业小类全国平均增加值占营业收入比重推算。

增加值=营业收入×全国平均增加值占营业收入比重

注:"营业收入"取自"非一套表企业法人主要经济指标(611-3表)","行业小类全国平均增加值占营业收入比重"使用国家反馈数据。

3.个体经营户

核算方法和资料来源见"十一、个体经营户增加值核算方法"。

五、交通运输、仓储和邮政业

(一)核算范围

所有规模以上服务业法人企业、非一套表法人企业、非企业法人单位和个体经营户。

(二)计算方法

1.铁路运输业

采用分劈辖区内县级行政区域数的方法,分劈依据为各镇铁路客货运周转量占所属县级行政区的比重。

总产出=(某镇铁路客货运周转量÷各镇铁路客货运周转量汇总数)×所属县级行政区铁路运输业总产出

增加值=(某镇铁路客货运周转量÷各镇铁路客货运周转量汇总数)×所属县级行政区铁路运输业增加值

某镇铁路客货物周转量=某镇铁路旅客周转量+某镇铁路货物周转量

某镇铁路旅客周转量=(某镇铁路旅客发到量÷各镇铁路旅客发到量汇总数)×所属县级行政区铁路旅客周转量

某镇铁路货物周转量=(某镇铁路货物发到量÷各镇铁路货物发到量汇总数)×所属县级行政区铁路货物周转量

注：资料取自成都铁路局铁路运输数据。

2. 其他交通运输、仓储和邮政业

(1)一套表法人企业。

总产出=营业收入+应交增值税

增加值=劳动者报酬+生产税净额+固定资产折旧+营业盈余

劳动者报酬=应付职工薪酬+销售费用、管理费用和财务费用中其他属于劳动者报酬的部分

生产税净额=税金及附加+应交增值税+销售费用、管理费用和财务费用中其他属于生产税净额的部分

固定资产折旧=本年折旧

营业盈余=(营业利润+资产减值损失－公允价值变动收益－投资收益－资产处置收益－其他收益)+销售费用、管理费用和财务费用中其他属于营业盈余的部分

注：资料取自"规模以上服务业财务状况（F603表）"。

（2）非一套表法人企业、行政事业法人单位。

核算方法和资料来源见"十、非一套表法人单位增加值核算方法"。

（3）个体经营户。

核算方法和资料来源见"十一、个体经营户增加值核算方法"。

六、住宿和餐饮业

（一）核算范围

住宿和餐饮业核算范围包括限额以上住宿和餐饮业法人企业（一套表单位）、限额以下住宿和餐饮业法人企业（非一套表单位）以及住宿和餐饮业个体经营户。

（二）计算方法

1. 一套表法人企业

总产出=营业收入−主营业务成本+应交增值税

增加值=劳动者报酬+生产税净额+固定资产折旧+营业盈余

劳动者报酬=应付职工薪酬+销售费用、管理费用和财务费用中其他属于劳动者报酬的部分

生产税净额=税金及附加+应交增值税+销售费用、管理费用和财务费用中其他属于生产税净额的部分

固定资产折旧=本年折旧

营业盈余=(营业利润+资产减值损失－公允价值变动收益－投资收益－资产处置收益－其他收益)+销售费用、管理费用和财务费用中其他属于营业盈余的部分

注：资料取自"限额以上批发和零售业财务状况（E603表）"。

2.非一套表法人企业

核算方法和资料来源见"十、非一套表法人单位增加值核算方法"。

3.个体经营户

核算方法和资料来源见"十一、个体经营户增加值核算方法"。

七、金融业

(一)核算范围

金融业核算范围包括所有从事金融业的法人企业和民间非营利组织法人单位。

(二)计算方法

1. 货币金融服务

采用分劈各县级行政区数的方法,分劈依据为各镇人民币存贷款余额占所属县级行政区数汇总数的比重。

注:资料取自中国人民银行重庆(四川)营管部统计数据。

2. 资本市场服务

采用分劈各县级行政区数的方法,分劈依据为各镇证券交易额占所属县级行政区汇总数的比重。

注:资料取自重庆(四川)证监局统计数据。

3. 保险业

采用分劈所属县级行政区数的方法,分劈依据为各镇保费收入占所属县级行政区汇总数的比重。

注:资料取自重庆银保监局统计数据。

4. 其他金融业

(1)金融部门负责普查的其他金融业法人企业。

总产出=利息收入－利息支出+其他业务收入+租赁收益+手续费收入

增加值=劳动者报酬+生产税净额+固定资产折旧+营业盈余

劳动者报酬=职工工资+福利费+住房公积金和住房补贴+业务及管理费中其他属于劳动者报酬的部分

生产税净额=税金及附加+应交增值税+业务及管理费中其他属于生产税净额的部分

固定资产折旧=本年折旧

营业盈余=营业利润+资产减值损失－公允价值变动收益－投资收益－汇兑收益－其他收益+业务及管理费中其他属于营业盈余的部分

注：资料取自"银行及相关金融业财务状况表（613-2表）"。

（2）统计部门负责普查的其他金融业法人企业。

核算方法和资料来源见"十、非一套表法人单位增加值核算方法"。

八、房地产业

（一）核算范围

房地产开发经营的核算范围包括所有从事本行业的一套表法人企业、非一套表法人企业；物业管理、房地产中介服务和其他房地产业的核算范围包括所有从事上述行业的一套表服务业法人企业、非一套表法人企业、行政事业法人单位、民间非营利组织法人单位；房地产租赁经营活动的核算范围包括所有从事本行业的一套表法人企业、非一套表法人企业、行政事业法人单位、民间非营利组织法人单位；居民自有住房服务的核算范围包括城镇居民和农村居民的自有住房服务。

(二)计算方法

1.房地产开发经营业

(1)一套表法人企业。

总产出=营业收入－土地转让收入－主营业务成本+应交增值税

增加值=劳动者报酬+生产税净额+固定资产折旧+营业盈余

劳动者报酬=应付职工薪酬+销售费用、管理费用和财务费用中其他属于劳动者报酬的部分

生产税净额=税金及附加+应交增值税+销售费用、管理费用和财务费用中其他属于生产税净额的部分

固定资产折旧=本年折旧

营业盈余=(营业利润+资产减值损失－公允价值变动收益－投资收益－资产处置收益－其他收益)+销售费用、管理费用和财务费用中其他属于营业盈余的部分

注:资料取自"房地产开发经营业财务状况(X603表)"。

(2)非一套表法人企业。

核算方法和资料来源见"十、非一套表法人单位增加值核算方法"。

2.物业管理、房地产中介服务、房地产租赁经营和其他房地产业

(1)一套表法人企业。

总产出=营业收入+应交增值税

增加值=劳动者报酬+生产税净额+固定资产折旧+营业盈余

劳动者报酬=应付职工薪酬+销售费用、管理费用和财务费用中其他属于劳动者报酬的部分

生产税净额=税金及附加+应交增值税+销售费用、管理费用和财务费用中其他属于生产税净额的部分

固定资产折旧=本年折旧

营业盈余=(营业利润+资产减值损失－公允价值变动收益－投资收益－资产处置收益－其他收益)+销售费用、管理费用和财务费用中其他属于营业盈余的部分

注：资料取自"规模以上服务业财务状况（F603表）"。

（2）非一套表法人企业、行政事业法人单位和民间非营利组织法人单位。

核算方法和资料来源见"十、非一套表法人单位增加值核算方法"。

3.居民自有住房服务

居民自有住房服务分为城镇居民自有住房服务和农村居民自有住房服务，采用分劈法计算。分劈依据为各镇房屋的总造价占渝北（广安）汇总数的比重，其中房屋总造价根据渝北（广安）各乡镇年平均人口、人均居住面积和单位面积造价计算。

注：人口相关数据源自所在地区统计局人口统计资料，"城镇住宅单位面积造价"源自所在地区统计局房地产业统计资料，"人均住房建筑面积"和"农村住房单位面积价值"源自所在地区调查总队住户调查资料。

九、其他服务业

(一)核算范围

其他服务业核算范围包括规模以上服务业法人企业、非一套表法人企业、行政事业法人单位、民间非营利组织法人单位、个体经营户。

(二)计算方法

1. 一套表法人企业

总产出=营业收入+应交增值税

增加值=劳动者报酬+生产税净额+固定资产折旧+营业盈余

劳动者报酬=应付职工薪酬+销售费用、管理费用和财务费用中其他属于劳动者报酬的部分

生产税净额=税金及附加+应交增值税+销售费用、管理费用和财务费用中其他属于生产税净额的部分

固定资产折旧=本年折旧

营业盈余=(营业利润+资产减值损失－公允价值变动收益－投资收益－资产处置收益－其他收益)+销售费用、管理费用和财务费用中其他属于营业盈余的部分

注:资料取自"规模以上服务业财务状况(F603表)"。

2. 非一套表法人企业、行政事业法人单位和民间非营

利组织法人单位

核算方法和资料来源见"十、非一套表法人单位增加值核算方法"。

3.个体经营户

核算方法和资料来源见"十一、个体经营户增加值核算方法"。

十、非一套表法人单位增加值核算方法

(一)核算范围

非一套表法人单位的核算范围是本次经济普查中除一套表单位、金融和铁路部门负责普查的单位以外的法人单位,包括非一套表企业法人单位、行政事业法人单位和民间非营利组织法人单位。

(二)核算方法

1.非一套表法人企业

(1)总产出。

①批发和零售业。

总产出=营业收入−营业成本+应交增值税

②房地产开发经营业。

总产出=营业收入－土地转让收入－营业成本+应交增值税

土地转让收入=营业收入×(房地产开发经营业一套表法人企业土地转让收入÷房地产开发经营业一套表法人企业营业收入)

③其他行业。

总产出=营业收入+应交增值税

（2）增加值。

增加值=劳动者报酬+生产税净额+固定资产折旧+营业盈余

劳动者报酬=应付职工薪酬

生产税净额=税金及附加+应交增值税

固定资产折旧=本年折旧

营业盈余=营业利润－投资收益

注：资料取自"非一套表企业法人主要经济指标（611-3表）"。

2. 行政事业法人单位

（1）总产出。

总产出=经常性业务支出+固定资产折旧+经营性结余

经常性业务支出=工资福利支出+商品和服务支出+对个人和家庭补助中属于劳动者报酬部分

固定资产折旧 = 固定资产原价×折旧率（4%）

经营性结余=经营收入－经营支出

（2）增加值。

增加值=劳动者报酬+生产税净额+固定资产折旧+营业盈余

劳动者报酬=工资福利支出+劳务费+工会经费中属于劳动

者报酬的部分(60%)+福利费+对个人和家庭补助中属于劳动者报酬部分

生产税净额=税金及附加费用

固定资产折旧=固定资产原价×折旧率(4%)

营业盈余=经营收入-经营支出+工会经费中属于营业盈余部分(40%)

注:资料取自"行政事业单位主要经济指标(611-5表)"。

3.民间非营利组织法人单位

(1)总产出。

总产出=本年费用合计

(2)增加值。

增加值=劳动者报酬+生产税净额+固定资产折旧+营业盈余

劳动者报酬=业务活动成本中的人员费用+管理费用中的人员费用。

生产税净额=业务活动成本中的税费+管理费用中的税费

固定资产折旧=业务活动成本中的固定资产折旧+管理费用中的固定资产折旧

注:资料取自"民间非营利组织主要经济指标(611-6表)"。

十一、个体经营户增加值核算方法

(一)核算范围

由于第一产业(即农业、林业、畜牧业、渔业)不在本次经济普查范围内,所以本节仅核算从事第二产业和第三产业的个体经营户。

(二)核算方法

个体户采用分劈所属县级行政区数的方法,首先按照行业门类,按各镇个体户营业收入占所属县级行政区各乡镇汇总数的比重,将所属县级行政区分行业个体户总产出和增加值分劈至各乡镇,然后再利用各乡镇个体户核算中的相关比重,进一步将个体户数据细分至行业大类层次。

某镇某门类营业收入=该镇该门类大个体营业收入+该镇该门类一般个体营业收入+该镇公路货物运输业营业收入

某镇某门类一般个体营业收入=该镇该门类一般个体户户数×(该镇该门类一般个体户均营业收入×50%+该镇该门类所属片区一般个体户均营业收入×50%)

某镇公路货物运输业营业收入=该镇公路货物运输业户数×(该镇公路货物运输业户均营业收入×50%+该镇公路货物运输业所属片区户均营业收入×50%)

注:"该镇该门类个体营业收入"取自国家反馈数,其他资料利用国家反馈数推算。